PROYECTO
SABER
HACER

W0284017

ESO 1

Lengua y Literatura

SERIE **COMENTA**

El libro Lengua y Literatura 1, para primer curso de ESO, es una obra colectiva concebida, diseñada y creada en el Departamento de Ediciones Educativas de Santillana Educación, S. L., dirigido por **Teresa Grence Ruiz**.

En su elaboración ha participado el siguiente equipo:
Zita Arenillas Cabrera
Rafael Díaz Ayala
Julia Fernández Valdor
Pedro López Lara
Cristina Núñez Pereira
Paula Rojo Cabrera

EDICIÓN
Paula Rojo Cabrera

EDITOR EJECUTIVO
Raúl Balas Nieto

DIRECCIÓN DEL PROYECTO
Leonor Romo Fernández

Las actividades de este libro no deben ser realizadas en ningún caso en el propio libro. Las tablas, esquemas y otros recursos que se incluyen son modelos para que el alumno los traslade a su cuaderno.

SANTILLANA

Índice

Significado y sentido

1 El significado

Las palabras son conjuntos de sonidos que sirven para nombrar diferentes realidades: personas, animales, objetos, cualidades, acciones… Las palabras tienen un determinado significado, esto es, una idea o concepto que asociamos a ellas.

Los diccionarios recogen los significados de las palabras de una lengua.

El **significado** de una palabra es la idea o concepto con el que la relacionamos.

Conjunto de rasgos que describe la palabra

2 El sentido

Cuando se utiliza una palabra en un acto comunicativo concreto, su significado puede variar en función de distintos factores: la intención del hablante, la situación, el enunciado en que se incluye y los que le preceden… A estas diferencias de significado es a lo que nos referimos cuando decimos que hemos empleado una palabra en un sentido u otro.

El **sentido** es el significado que adquiere una palabra en función de la intención del hablante o del contexto en que se emplea.

Por ejemplo, la palabra *miedo*, en un determinado contexto, puede tomar el sentido de 'sensación de indiferencia' si se expresa en tono irónico:

–Me he disfrazado de fantasma.
–¡Oh! ¡Qué miedo!

ACTIVIDADES

1 Busca en el diccionario el significado de estas palabras:

grumete | anodino | estupor

➤ ¿Conocías todos los significados? ¿Cuál te ha sorprendido más?

2 Indica en qué oraciones la palabra destacada se emplea con un sentido especial.

- Sergio tuvo un **resbalón** y no aprobó el examen.
- Ten cuidado de no dar un **resbalón**, hay nieve.
- La noticia ha sido un **hachazo** para todos.
- De un fuerte **hachazo** partió el tronco en dos.

3 Explica el significado de las siguientes oraciones. Ten en cuenta el sentido de la palabra destacada.

- ¿Quién será el **genio** que se ha dejado la luz encendida toda la noche?
- Aquel **amable** camarero ni siquiera nos contestó.
- ¡Qué **valiente** eres, peleándote con un niño!

4 Indica cuál es el sentido que se da a estos nombres de animales cuando se aplican a una persona:

ganso | tortuga | lirón

➤ Escribe con cada palabra una oración en la que esa palabra tenga el sentido que has identificado.

Letras y sonidos

1 La representación de los sonidos en español

En español, la mayor parte de los sonidos se representan con una sola letra y a la mayoría de las letras les corresponde un solo sonido. Sin embargo, hay sonidos que admiten distintas grafías y también hay letras que representan sonidos distintos, como se puede ver en este cuadro:

SONIDOS	LETRAS
B *(bola)*	**b** o **v** (*ballena*, *burgués*, *velero*, *visillo*).
I *(isla)*	**y** como conjunción o a final de palabra si forma diptongo (*ley*) o triptongo (*buey*). Se exceptúan *bonsái*, *saharaui* y *fui*. **i** en los demás casos (*límite*, *inmigrante*).
K *(cuatro)*	**c** ante *a*, *o*, *u* (*canoa*, *corona*, *cubierto*). **qu** ante *e*, *i* (*queso*, *quirófano*). **k** en la raíz *kilo-* (*kilómetro*) y en palabras de origen extranjero (*kiwi*).
Z *(cierto)*	**z** ante *a*, *o*, *u* (*zanahoria*, *zoo*, *zumo*). **c** ante *e*, *i* (*cereza*, *ciruela*).
RR *(ramo)*	**rr** cuando va entre vocales (*zorro*). **r** en los demás casos (*rata*, *enroscar*).
G *(gorila)*	**g** ante *a*, *o*, *u* (*gamo*, *gorra*, *gusano*) y ante consonante (*gruta*). **gu** ante *e*, *i* (*guepardo*, *guinda*).
J *(jirafa)*	**j** ante *a*, *o*, *u* (*jarrón*, *jornada*, *juicio*). **g** o **j** ante *e*, *i* (*geranio*, *gigante*, *jefe*, *jinete*).

SABER MÁS

El seseo y el ceceo

Algunos hablantes pronuncian del mismo modo los sonidos S y Z, lo cual da lugar a dos fenómenos: el seseo y el ceceo.

El **seseo** consiste en el uso exclusivo de S (*siempiés* por *ciempiés*). El **ceceo** consiste en el empleo exclusivo de Z (*zaber* por *saber*).

ACTIVIDADES

1 Completa las palabras con *b* o *v*, con *z* o *c* y con *g* o *j*.

- *ruja
- *ictoria
- *esta
- *ar*a
- beren*ena
- *eranio

2 Escribe una palabra con el sonido I para cada definición.

- Árbol enano cultivado con una técnica japonesa.
- Primera persona, singular, del presente de indicativo del verbo *ser*.

3 Copia las siguientes palabras y complétalas con letras que representen el sonido K.

- *ilo*aloría
- *oordinador
- hama*a
- *imono
- es*eje
- al*iler

4 Escribe una oración en la que el sonido RR se represente de dos formas distintas.

5 AUTODICTADO. Copia este texto adaptado de Luis María Pescetti siguiendo sus instrucciones:

Tres serditos con ce

Había una ves (con zeta) tres serditos (con ce). El priméro (sin acento) tenia (con acento) su caza (con ese) echa (con hache) de paga (con jota). El segúndo (sin acento) la abía (con hache) hecho de madera (falta un punto seguido) Y el tersero (con ce) la abia (le falta la hache y el acento) hecho de ladriyos (con elle). Adibinen (con uve), cuando bino (también con uve) el lobo feros (con zeta): ¿cuál de todos se salbó (con uve)?

La lengua y su organización

Claves para empezar

- ¿Sabes cuál es la diferencia entre lenguaje y lengua?
- ¿Crees que hay unidades lingüísticas más pequeñas que la palabra? ¿Y mayores?
- ¿Cómo ordenarías las palabras *la, me, mano* y *duele* para formar una oración?

1 Lenguaje y lengua

Para comunicarnos utilizamos una serie de **signos**. Esos signos pueden ser gestos, imágenes, sonidos… o palabras.

El **lenguaje** es la facultad que tienen los seres humanos de comunicarse entre sí por medio de palabras. El lenguaje se manifiesta en diversas **lenguas** particulares.

Cada **lengua** es compartida por una comunidad de hablantes. El castellano, el catalán, el inglés o el chino son lenguas.

El término **lenguaje** se usa a veces también para referirse a cualquier sistema de comunicación. En este sentido, dependiendo de los signos que se emplean, el lenguaje puede ser no verbal o verbal.

- **Lenguaje no verbal.** Es un conjunto de signos que no utiliza la palabra; es decir, que emplea gestos, imágenes o sonidos no verbales.
- **Lenguaje verbal.** Es el lenguaje que utiliza las palabras (escritas o habladas) como signo.

2 El estudio de la lengua

Cada lengua se compone de un conjunto de signos –las palabras– y una serie de reglas que establecen cómo se combinan esos signos.

- El conjunto de las palabras que forman una lengua se denomina **léxico** o **vocabulario** y se recoge en los diccionarios.
- El estudio de las palabras y de cómo se combinan para que se produzca la comunicación se denomina **gramática**.

ACTIVIDADES

1. Indica las diferencias entre estos dos mensajes desde el punto de vista del lenguaje.

2. ¿Qué son estos signos? Explica para qué se emplean y si constituyen un lenguaje verbal.

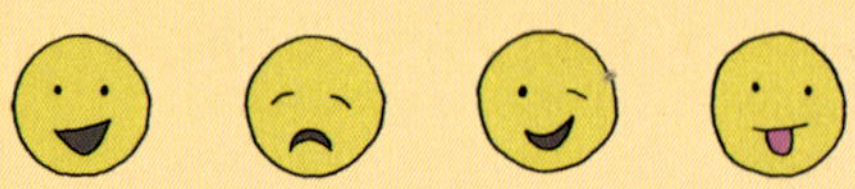

3. Combina de otra forma las palabras de este enunciado sin cambiar su significado.

   Vinieron a la fiesta Luis, Ana y Tomás.

4. Copia las oraciones y subraya en cada una la palabra que hace que desde un punto de vista gramatical esa oración no sea aceptable.
   - *La profesora y sus alumno están en el aula.
   - *Los esquemas de este tema está mal.
   - *Espero en que estés bien contento.

3 Las unidades lingüísticas

La **palabra** puede considerarse la unidad central de la lengua. Pero en la lengua hay otras unidades, unas inferiores a la palabra y otras superiores. Todas ellas mantienen entre sí una **relación jerárquica**.

Así, los sonidos se agrupan para formar morfemas; estos, a su vez, forman palabras; estas se combinan para formar grupos de palabras; y estos grupos se unen formando enunciados.

sonidos	▶	morfemas	▶	palabra	▶	grupo de palabras	▶	enunciado
L I B R O		libro + -ero		librero		el librero		Luis es el librero.

4 Los sonidos y los fonemas

Las unidades lingüísticas más pequeñas de la lengua son los sonidos y los fonemas. Estas unidades lingüísticas carecen de significado.

Los sonidos

Los **sonidos** son las unidades sonoras que se combinan para formar palabras.

La palabra *palo*, por ejemplo, está formada por cuatro sonidos: P, A, L y O. Si varias personas pronuncian esa palabra, cada una la articulará de una manera distinta, y eso hará que percibamos los sonidos de manera diferente.

Los fonemas

Si escuchamos la palabra *palo*, independientemente de cómo se pronuncie, identificamos cada uno de los sonidos (P, A, L y O) que se unen para formar la palabra. Además, diferenciamos esos sonidos de otros.

Un **fonema** es un sonido que nos permite diferenciar palabras.

En español, L, RR o LL son fonemas porque diferencian palabras como *lana*, *rana* o *llana*. Los sonidos, sin embargo, no tienen ese valor diferenciador: las distintas formas de pronunciar el fonema LL en la palabra *llana* constituyen sonidos diferentes, pero no dan lugar a palabras distintas.

SABER MÁS

Las letras y los fonemas

Una **letra** es cada uno de los signos gráficos del alfabeto. Utilizamos estos signos en la lengua escrita para formar palabras. En castellano hay veintisiete letras en el alfabeto.

Los **sonidos** y **fonemas** se representan mediante letras mayúsculas. En castellano hay veinticuatro fonemas, ya que hay fonemas que se pueden representar por medio de varias letras. Al sonido B, por ejemplo, le corresponden las letras *b* y *v*.

ACTIVIDADES

5 Explica la relación jerárquica que mantienen las unidades de la lengua.

6 Escribe una palabra a partir de cada grupo de letras.

- rolje
- liorb
- boraz
- conbla

7 Indica qué es lo que nos permite distinguir las palabras de cada uno de estos pares:

- bala - bola
- sueño - suelo

8 Copia esta palabra y, variando un solo fonema en cada ocasión, escribe cuatro palabras distintas.

C U N A

5 Los grupos sintácticos y los enunciados

Existen dos unidades lingüísticas superiores a la palabra: los grupos sintácticos y los enunciados.

Los grupos sintácticos

Los **grupos sintácticos** o **sintagmas** son conjuntos de palabras que desempeñan una función sintáctica, y no tienen sentido completo

Los alumnos *terminaron agotados.*
Grupo sintáctico — Grupo sintáctico

En la oración anterior, podemos distinguir dos grupos sintácticos: *los alumnos*, que funciona como sujeto; y *terminaron agotados*, que desempeña la función de predicado.

Los enunciados

Las palabras y los grupos de palabras tienen significado, pero no transmiten ningún mensaje: si decimos a alguien *casa* o *mi casa*, no comprenderá lo que le queremos comunicar; sin embargo, si pronunciamos el enunciado *Ven a mi casa*, esa persona entenderá que le estamos dando una orden y en qué consiste.

Los **enunciados** son conjuntos de grupos de palabras que transmiten una idea, con sentido completo

SABER MÁS

El texto

Los enunciados se combinan para formar textos.

Un **texto** es un mensaje completo formado por enunciados.

El texto constituye la unidad superior de la lengua.

Claves para estudiar

Asegúrate de que sabes resolver las siguientes actividades:

- Explica la diferencia entre lenguaje y lengua.
- Enumera las unidades lingüísticas en orden jerárquico.
- Define los conceptos de sonido, fonema, sintagma y enunciado.

ACTIVIDADES

9 Forma un enunciado con cada conjunto de palabras.

- castillo encima de está montaña el viejo escarpada la
- durante leo novelas solo el policiacas verano
- pública tarde iré a biblioteca la esta
- cubierto el estaba de cielo estrellas
- cerezas son fruta mi preferida las

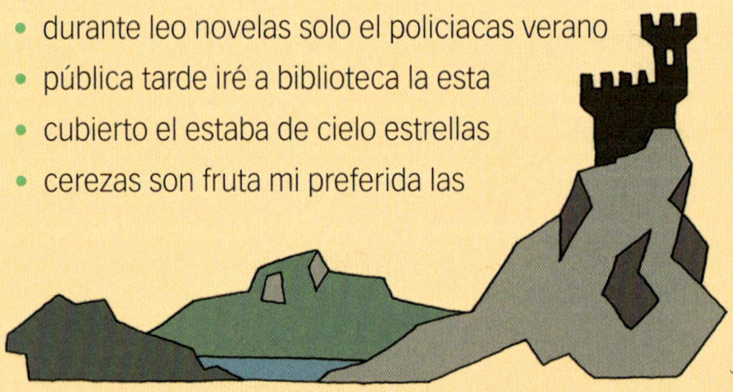

Hola

10 Combina los grupos sintácticos de cada columna para escribir enunciados.

el día	atrasa unos minutos
tu casa	tiene doce años
el reloj	me ha gustado mucho
tu prima	es muy frío

11 Divide estos enunciados en grupos sintácticos:

- Sus padres trajeron una tarta.
- Luis escribió una carta a María.
- Los niños jugaban a la pelota en el parque.

12 Divide este texto en enunciados:

> Ayer llegamos al hotel. Está en una zona tranquila de la ciudad. Me gusta mucho este sitio. Es muy agradable.

13 Escribe dos palabras y dos enunciados relacionados con esta imagen.

- ¿Cuáles de esas unidades lingüísticas transmiten un mensaje? Razona tu respuesta.

SABER HACER

Juegos de palabras

Este no va a ser un libro gracioso. Yo no sé contar chistes ni hacer juegos de palabras porque no los entiendo. He aquí uno, a modo de ejemplo.

El capitán dijo: «¡Arriba las velas!», y los de abajo se quedaron sin luz.

Sé por qué se supone que es gracioso. Lo pregunté. Es porque aquí la palabra *velas* tiene dos significados, que son 1) pieza de tela que tienen los barcos, y 2) cilindro de cera que se emplea para alumbrar.

Si trato de decir esta frase haciendo que la palabra signifique dos cosas distintas a la vez, es como si escuchara dos piezas distintas de música al mismo tiempo, lo cual es incómodo y confuso [...]. Es como si dos personas te hablaran a la vez sobre cosas distintas.

Y por eso en este libro no hay chistes ni juegos de palabras.

MARK HADDON, *El curioso incidente del perro a medianoche*

1 Responde las siguientes preguntas sobre el texto:

- ¿Por qué no sabe contar chistes el narrador?
- ¿Puede el narrador comprender por qué ese chiste es supuestamente gracioso? ¿Le hace gracia a él?
- ¿Qué problema suponen para él las palabras con varios significados?

▶ Inventa un chiste en el que emplees una palabra con dos significados.

Diferenciar significado y sentido →

2 Busca en el diccionario las palabras *hundir* y *flotar* y explica qué sentido tienen esas palabras en las siguientes oraciones:

- Cuando supieron la noticia, se hundieron en una profunda tristeza.
- Entre los marineros flotaba la incertidumbre; no sabían qué hacer.

Representar sonidos →

3 Indica cuántas letras y cuántos sonidos tienen las siguientes palabras:

velas | porque | arriba | haciendo

▶ ¿Qué dos letras distintas de esas palabras tienen el mismo sonido?

Conocer cómo se organiza la lengua →

4 Explica la diferencia entre lenguaje y lengua.

▶ Pon tres ejemplos de signos no verbales.

5 Copia cada término con la definición que le corresponde.

sonido
fonema
letra

- Sonido que nos permite diferenciar palabras.
- Signo gráfico del alfabeto.
- Unidad sonora que se combina con otras para formar palabras.

6 Explica la relación jerárquica que hay entre las unidades de la lengua.

Las lenguas de España

1 Las lenguas de España

En España hay varias lenguas oficiales: el **castellano** o **español**, el **gallego**, el **vasco** o **euskera** y el **catalán**. A excepción del vasco, estas lenguas son **lenguas romances**, es decir, lenguas que proceden del **latín**.

El castellano es la lengua oficial de todo el Estado español y las demás lenguas son, junto al español, oficiales en sus respectivas comunidades.

2 El castellano o español

El **castellano** o **español** es una lengua romance que se habla en España y en numerosos países de América.

El castellano se fue extendiendo por la península ibérica en sucesivas etapas de la historia, lo que provocó variedades distintas.

- **Variedad septentrional.** Es la variedad de la mitad norte de España.
- **Variedad meridional.** Es la variedad que se habla en la mitad sur.

3 El gallego

El **gallego** es la lengua que se habla en Galicia además del castellano.

Se habla, además, en algunas zonas de Asturias, León y Zamora.

4 El catalán

El **catalán** es la lengua que, junto al castellano, se habla en Cataluña y en Baleares. En la Comunidad Valenciana se habla **valenciano**, una modalidad del ámbito lingüístico del catalán.

También se habla catalán en zonas del norte de Aragón, en Andorra, en el Rosellón (al sur de Francia) y en Alguer (una ciudad de Cerdeña).

5 El vasco o euskera

El **vasco** o **euskera** es la lengua que se habla en el País Vasco, junto con el castellano.

También se habla vasco en Navarra y en Francia, en el sur de Aquitania. El vasco es una **lengua prerromana** que no proviene del latín.

SABER MÁS

El bable, el altoaragonés y el aranés

En España existen, además, otras variedades lingüísticas.

- En zonas de Asturias, Cantabria, Castilla y León y Cáceres se habla el **bable** o **asturleonés**.
- En el norte de Aragón se habla el **altoaragonés** o **fablas aragonesas**.
- En el valle de Arán (Lérida) se habla una modalidad del occitano denominada **aranés**.

RECURSOS

Comunidades bilingües

La diversidad lingüística de España supone una notable riqueza cultural. En todo el Estado es oficial el castellano o español. Algunas comunidades, además, tienen otra lengua oficial. Estas comunidades autónomas son **bilingües**.

En el siguiente mapa se indica la lengua oficial de las comunidades bilingües, además del castellano.

ACTIVIDADES

1 Explica cuál es el origen del castellano o español.

- ¿Qué otras lenguas de España tienen el mismo origen?

2 Explica dónde se hablan estas variedades del castellano:

septentrional | meridional

3 Indica en qué lugares se habla gallego, catalán y vasco.

- ¿Dónde se habla una modalidad que pertenece al ámbito lingüístico del catalán?

4 ¿Qué particularidad tiene el vasco o euskera respecto a su origen?

5 Indica dónde se hablan estas variedades lingüísticas:

- bable o asturleonés
- altoaragonés o fablas aragonesas
- aranés

6 USA LAS TIC. Consulta una enciclopedia o Internet y escribe el nombre de dos escritores y el título de una de sus obras en cada una de las lenguas oficiales: castellano o español, gallego, vasco o euskera y catalán.

¿Dónde está mi duro?

Pilara, una niña que ha perdido una moneda, se adentra en el bosque para buscarla. Allí se encuentra con Fendetestas, un ladrón de la zona.

Mediaba la mañana cuando Pilara acometió la faena de buscar lo perdido. Iba llorando, despacito. De repente, una voz la sobresaltó.

–¿Qué perdiste, niña?

Fendetestas, sentado en el alto borde de la corredoira[1], con las piernas colgando, comía una manzana.

–Perdí un duro[2] –gimió–. Venía del tren… –comenzó Pilara y se hundió en un relato prolijo[3]–. ¿Usted lo vio?

–Bien, pues sí que lo vi: lo llevaba una urraca en el pico.

–¡Usted lo encontró! ¡Démelo! ¡Por sus difuntiños: démelo!

–Pero, rapaza[4], ¿cómo quieres que te diga que no sé de él? Si lo perdiste, por ahí estará. Búscalo. –Fendetestas, aburrido, arrojó el trozo incomible de la manzana y se echó a andar. Ella marchó detrás de él.

–¡Deme el duro! ¡Deme el duro!

Pilara prorrumpió en gritos sin dejar de llorar ni de pedir su dinero. Fendetestas apresuró el paso y aquella estela de ayes y de reclamaciones le seguía incansablemente. La sentía pegada a sí como una llama en sus ropas.

–¡Ay, mi dineriño! ¡Ay, mi duriño de mi alma! ¡Ay, deme el duro! ¡Ay…!

Fendetestas llegó a pensar que estaría más a gusto si le diese caza la Guardia Civil. ¿Era posible que se pudiese llorar así, gritando tanto?

Fendetestas acababa de descubrir el arma de la infancia y comprobaba, espantado, su inesquivable poder. Se juró no entregar nunca el duro, pero apenas consiguió aguantar media hora. Terminó por pararse y metió la mano en el bolsillo.

–¡Me caso en Soria[5]…! –rugió arrojando al suelo la moneda.

WENCESLAO FERNÁNDEZ FLÓREZ, *El bosque animado* (Adaptación)

[1] **corredoira:** camino estrecho.
[2] **duro:** moneda de cinco pesetas.
[3] **prolijo:** muy largo y cuidadoso.
[4] **rapaza:** niña.
[5] **Me caso en Soria:** expresión para demostrar enfado.

ACTIVIDADES

1 Responde.
- ¿Quiénes son los protagonistas?
- ¿Qué le ocurre a Pilara?
- ¿Consigue su objetivo?

2 ¿Cuál crees que es el «arma de la infancia» a la que se refiere el texto?

3 ¿Dónde ocurre la historia que acabas de leer? ¿En qué comunidad autónoma crees que están? Señala qué palabras y expresiones del texto te han permitido averiguarlo.

4 Localiza en el diálogo tres palabras en diminutivo. ¿Cómo se forman esos diminutivos?

SABER HACER

Escribir un texto en otra lengua

Las diferentes lenguas de un mismo ámbito geográfico suelen tener ciertas similitudes y una pronunciación parecida.

A continuación, vas a redactar una breve presentación en una lengua distinta a la tuya.

1 Lee con detalle el siguiente cuadro:

CASTELLANO	GALLEGO	CATALÁN	VASCO
hola	ola	hola	kaixo
buenos días	bo día	bon dia	egun on
adiós	adeus	adéu	agur
y	e	i	eta
muchas gracias	moitas grazas	moltes gràcies	eskerrik asko
por favor	por favor	si us plau	mesedez
niño / niña	neno / nena	nen / nena	mutil / neska
Me llamo…	Chámome...	Em dic…	… dut izena
Mis padres se llaman…	Os meus pais chámanse	Els meus pares es diuen…	Nire gurasoek … dute izena
Soy de…	Son de…	Sóc de…	…-koa naiz
Vivo en…	Vivo en…	Visc a…	…-n bizi naiz
Tengo … años	Teño … anos	Tinc … anys	… urte ditut
doce	doce	dotze	hamabi
trece	trece	tretze	hamahiru
catorce	catorce	catorze	hamalau

2 Con las palabras y expresiones de la tabla intenta escribir un texto sencillo en una lengua que no sea la tuya habitual.

- Si necesitas utilizar alguna palabra que no está en la lista, puedes buscar en un diccionario de esa lengua o en Internet.

Pronunciar correctamente en otra lengua

Las lenguas tienen distintas normas de pronunciación y no siempre es fácil pronunciar bien las palabras en otros idiomas.

1 Busca un diccionario de la lengua del texto que has escrito en el apartado anterior que incluya información sobre la pronunciación. Normalmente, esa información va entre corchetes al principio de cada definición.

2 USA LAS TIC. Localiza en Internet algún traductor que permita escuchar la pronunciación de las palabras (*realacademia galega.org/dicionario; translate.google.es; bostakbat.org/azkue/*…). Repasa con el diccionario o el traductor de Internet las palabras de tu texto que te resulten más difíciles y aprende la pronunciación correcta.

3 Lee en voz alta tu texto en clase y escucha los de tus compañeros.

Sentido literal y sentido figurado

En publicidad, muchas veces las palabras se emplean con un sentido especial o diferente del habitual.

1 El sentido literal

Las palabras tienen en su origen un significado. Ese significado es el sentido literal de la palabra. Así, la palabra *alud* significa 'masa de nieve que se desprende de una montaña'.

Hoy hubo un alud en la cara norte de la montaña.

El **sentido literal** es el significado originario de una palabra.

2 El sentido figurado

A veces, empleamos las palabras en un sentido distinto del original, al que se llama sentido figurado. Este uso se hace con fines expresivos.

La directora del periódico recibió un alud de cartas.

El **sentido figurado** es un significado distinto del original que adquiere una palabra cuando se usa con fines expresivos.

El sentido figurado puede darse en una palabra o en un grupo de palabras.

Tienes ante ti un abanico de posibilidades.
Su entrada en el grupo fue una bocanada de aire fresco.

ACTIVIDADES

1. Indica si las palabras destacadas en estas oraciones están empleadas en sentido literal o figurado:
   - Esta paella de marisco tiene muchos **ingredientes**.
   - En mi opinión, solo faltó un **ingrediente**: la magia.
   - Cuando tiró la mesa, no quedó ni una sola copa **sana**.
   - Ana estuvo enferma esta semana, pero ya está **sana**.
2. Escribe el nombre de lo que representa cada dibujo. Luego, escribe oraciones en las que los uses en sentido literal y en sentido figurado.

3. Lee el siguiente texto y explica con tus palabras el significado de las expresiones destacadas:

En ruta

Hicimos casi toda la ruta, pero al llegar al **pie de la montaña** nos encontramos un grupo de rocas que formaban un **cuello de botella**.

Juan, que es mi **mano derecha** en las rutas, encontró otro camino más sencillo y pudimos regresar.

4. Escribe oraciones en las que emplees estas expresiones en sentido figurado:
   - trozo de pan
   - todo corazón
5. Escribe dos oraciones en las que emplees alguna palabra o expresión en sentido figurado.

Las mayúsculas

1 Funciones de las mayúsculas

Empleamos la mayúscula inicial con dos funciones básicas:

- Para indicar que comienza una oración o un texto.
- Para señalar que la palabra designa una realidad o un ser que es único o específico.

2 Uso de las mayúsculas

A continuación se ofrecen normas sobre el uso de la **mayúscula inicial**.

SE ESCRIBEN CON MAYÚSCULA INICIAL	EJEMPLOS
La primera palabra de un escrito y la que aparece después de un punto.	*Sonó el despertador. Eran las ocho.*
La primera palabra después de los puntos suspensivos, del cierre de interrogación (?) y del cierre de exclamación (!) cuando estos indican el fin de una oración.	*¿Sabes? Me gustaría saber qué te pasa… Estás muy alegre.*
Los nombres propios de personas, de personajes de ficción y de deidades.	*Rafael Nadal, Harry Potter, Minerva*
Los nombres propios de continentes, países y localidades; de monumentos; de accidentes geográficos (pero no los nombres comunes que los acompañan); y de planetas.	*Asia, Francia, Jaén, la Torre Eiffel, las cataratas del Iguazú, Saturno*
Los apodos, alias, sobrenombres y seudónimos, pero no los artículos que puedan acompañarlos.	*Rafael Álvarez, el Brujo; Alfonso X, el Sabio*
Las palabras que forman el nombre de instituciones y de organismos.	*Ministerio de Sanidad, Real Academia de Bellas Artes*

ACTIVIDADES

1 Copia estas oraciones escribiendo mayúsculas donde sea necesario:

- el monte everest está situado en asia, entre nepal y china.
- el pueblo azteca adoraba al dios quetzalcóatl.
- él es doménikos theotokópoulos, el greco.
- la real academia de gastronomía premió al cocinero.
- el río ebro pasa por zaragoza.
- marte tiene dos satélites naturales: fobos y deimos.

2 Escribe tres nombres de cada tipo.

accidentes geográficos	personajes famosos	monumentos locales

3 AUTODICTADO. Copia el texto escribiendo las mayúsculas necesarias.

Seis meses de viaje

¿adónde irías si pudieras viajar durante seis meses? el mundo es enorme, así que es difícil decidirse. mi amiga carmina dice que ella recorrería asia. no lo entiendo: ¿solo un continente? yo sin duda iría a perú, para visitar el machu picchu; a egipto, para navegar por el río nilo; a china, para conocer la gran muralla; y también a sídney, en australia… ahora que lo pienso, ¡seis meses son muy poco tiempo! sería mejor viajar todo un año.

La palabra. Los morfemas. Formación de palabras

Claves para empezar

- ¿Recuerdas lo que es un morfema? Pon un ejemplo.
- ¿En qué dos partes dividirías estas palabras: *niñas*, *infeliz*, *realista*?
- Explica cómo se han formado las palabras *pasatiempo* y *pelirrojo*.

1 La palabra

Los sonidos se combinan entre sí para formar palabras. Es decir, cuando hablamos, creamos conjuntos de sonidos que tienen un significado.

La **palabra** es un conjunto de sonidos dotado de significado.

Sonidos		Palabra
g-a-t-o	▶	gato
c-o-m-e-r	▶	comer

En la lengua escrita las palabras se representan como asociaciones de letras separadas por espacios o signos de puntuación.

2 Los morfemas

Cuando están aislados, los sonidos o las letras que componen una palabra no significan nada. No obstante, podemos descomponer las palabras en elementos más pequeños que sí aportan algún significado.

Los **morfemas** son las unidades mínimas que, dentro de la palabra, aportan significado.

Hay tres clases fundamentales de morfemas:

- **Raíz** o **lexema**. Es la parte de la palabra que le aporta el significado principal. Es una parte no modificable; es decir, se mantiene igual.

Palabra		Raíz
gato	▶	*gat-*
comer	▶	*com-*

- **Morfemas flexivos** o **desinencias**. Se añaden a la raíz para expresar el género, el número, el tiempo…

Raíz		Morfemas flexivos
gat-	+	*-a* + *-s*
com-	+	*-í*

En *gatas*, la desinencia *-a* indica el género femenino, y la desinencia *-s*, el número plural. En *comí*, la *-í* señala que es primera persona, número singular, tiempo pasado…

Las palabras que resultan de la unión de una raíz con un morfema flexivo son formas de la misma palabra, no palabras diferentes: *gato, gatos…*

- **Morfemas derivativos** o **afijos**. Los morfemas derivativos se añaden a una palabra o a la raíz de una palabra. El resultado es una palabra diferente.

Morfema derivativo		Palabra
in-	+	frecuente

Raíz		Morfema derivativo
gat-	+	*-ear*

Gatear no es una forma de la palabra *gato*, sino una palabra distinta.

Prefijos + sufijos + verbos

SABER MÁS

Palabras variables y palabras invariables

Las palabras que están formadas por una raíz a la que se le pueden añadir uno o más morfemas flexivos se llaman **palabras variables**:

pastel ▶ pasteles

camarero ▶ camarera

Si una palabra no admite que se le añada un morfema flexivo, se denomina **palabra invariable**:

• aquí • hola • aunque • muy

A estas palabras no se les puede añadir ningún morfema.

3 La derivación y la composición

La **derivación** y la **composición** son dos procedimientos de formación de palabras.

La derivación

Hay dos tipos distintos de afijos: **prefijos** (afijos que se sitúan delante de una palabra: ***in***-*frecuente*) y **sufijos** (afijos que se sitúan detrás de la raíz: *gat*-***ear***).

> Son **palabras derivadas** aquellas que se forman añadiendo un sufijo a una raíz o un prefijo a una palabra.

Atendiendo al tipo de afijo que se utilice en la formación de la nueva palabra, se distinguen dos procedimientos de derivación:

- **Prefijación.** Se añade un prefijo a la palabra.

  Prefijo | Palabra
  in- + -mortal ▶ inmortal

- **Sufijación.** Se añade un sufijo a la raíz de la palabra.

  Raíz | Sufijo
  botell- + *-ero* ▶ botellero

SABER MÁS

La parasíntesis

En ocasiones, a la raíz de una palabra se le añade un prefijo y un sufijo a la vez. Este procedimiento se llama parasíntesis.

Es una palabra parasintética, por ejemplo, el verbo *alejar*. En esta palabra se añaden a la raíz de *lejos* el prefijo *a-* y el sufijo *-ar*.

a- + *lej* + *-ar*

En este caso, el prefijo y el sufijo se han unido al mismo tiempo a la raíz *lej*, pues no existe la palabra **alej* ni tampoco la palabra **lejar*.

ACTIVIDADES

1 Escribe la raíz común a cada una de las series de palabras, y copia junto a ella las distintas desinencias.

- bailé, bailo, bailaría, bailarás, bailen.
- flacas, flaco, flacos, flaca.
- hermano, hermanas, hermana, hermanos.
- estudio, estudiarán, estudiaremos, estudié, estudiarais.

2 Clasifica estas palabras en variables e invariables.

- lápiz
- azules
- lobos
- después
- desde
- cantases

▶ Identifica la raíz y, si las hay, las desinencias en las palabras variables.

3 Indica la palabra a partir de la cual se ha formado cada una.

anclaje | grandeza | pinar

4 Escribe dos palabras con cada morfema.

- -amos
- -ista
- des-
- in-

▶ Indica si los morfemas de las palabras que has escrito son flexivos o derivativos.

5 Clasifica las siguientes palabras en compuestas por prefijación o por sufijación.

- deshacer
- rotura
- indirecto
- posguerra
- pescadería
- bebida

▶ Escribe el prefijo o el sufijo de cada palabra.

6 Forma palabras uniendo cada raíz con un sufijo.

-ero | -al | -able | -idad

- gramatic-
- felic-
- activ-
- moned-
- otoñ-
- agrad-

▶ Añade, cuando sea posible, algún prefijo a las palabras resultantes: *pre-*, *in-*, *des-*, *a-*…

7 PARA PENSAR. En esta palabra hay un prefijo y un sufijo, pero no es una palabra parasintética porque los afijos no se han unido simultáneamente a la raíz.

Explica cómo se ha formado esta palabra:

- submarino

La composición

Son **palabras compuestas** aquellas que contienen más de una raíz.

Claves para estudiar

Asegúrate de que sabes resolver estas actividades:

- Explica qué es una palabra, y cuál es la diferencia entre palabras variables e invariables.
- ¿Qué tres clases de morfemas conoces?
- ¿Qué procedimientos de formación de palabras hay? Explícalos y pon un ejemplo de cada clase.

La palabra *agridulce*, por ejemplo, se forma por composición a partir de los adjetivos *agrio* y *dulce*, y en ella hay, pues, dos raíces. También es compuesta una palabra como *parasol*, que está formada a partir del verbo *parar* y el sustantivo *sol*.

agrio + dulce ▶ agridulce (Palabra compuesta)

En la formación de una palabra compuesta pueden intervenir raíces de varias clases de palabras.

CLASES DE PALABRAS	EJEMPLOS
Sustantivo + sustantivo	*boca + calle = bocacalle*
Sustantivo + adjetivo	*pelo + rojo = pelirrojo*
Adjetivo + sustantivo	*medio + día = mediodía*
Verbo + sustantivo	*abrir + lata = abrelatas*
Adjetivo + adjetivo	*alto + bajo = altibajo*
Verbo + verbo	*dormir + velar = duermevela*
Adverbio + adjetivo	*bien + intencionado = bienintencionado*
Verbo + verbo + verbo	*corre + ve + dile = correveidile*

ACTIVIDADES

8 Analiza cómo se ha formado cada una de estas palabras: mediante derivación o composición.

- trastero
- tostadora
- portalibros
- guardabarros
- sordomudo
- desmontar
- subinspector
- pararrayos
- cuellicorto

9 Identifica la raíz de estas series de palabras:

- bocacalle, callejear, callejero, pasacalle
- papelera, papelería, papelucho, pisapapeles
- marino, bajamar, marinero
- comedor, malcomer, comedero, comilón

▶ Clasifica las palabras anteriores según se hayan formado por derivación o por composición.

10 Relaciona las columnas y escribe palabras compuestas.

• parar	• vida
• pata	• caída
• salvar	• corcho
• guardar	• corto
• sacar	• espalda

▶ ¿A qué clases pertenecen las palabras que se han unido en cada palabra compuesta?

11 Escribe las palabras simples de las que proceden estas palabras compuestas:

- ciempiés
- aguafiestas
- marcapáginas

12 Escribe en cada caso una palabra formada así:

- verbo + sustantivo
- sustantivo + verbo
- adjetivo + sustantivo
- sustantivo + adjetivo

SABER HACER

Extraños seres

Los seres humanos son cosas de tamaño variable. Los más pequeños de entre ellos lo son tanto, que si otros seres humanos más altos no los llevaran en un cochecito, no tardarían en ser pisados (y tal vez perderían la cabeza) por los de mayor estatura. [...] Algunos llevan bigote; otros barba y bigote. Casi todos tienen dos ojos, que pueden estar situados en la parte anterior o posterior de la cara, según se les mire. Al andar se desplazan de atrás adelante, para lo cual deben contrarrestar el movimiento de las piernas con un vigoroso braceo. Los más apremiados refuerzan el braceo por mediación de carteras de piel o plástico o de unos maletines denominados *Samsonite* [...].

No debo volar ni andar sobre la coronilla si no quiero ser tenido por excéntrico. Nota: mantener siempre en contacto con el suelo un pie –cualquiera de los dos–.

EDUARDO MENDOZA, *Sin noticias de Gurb*

1 Responde las siguientes preguntas sobre el texto:
- ¿Crees que el narrador es un ser humano? ¿Por qué?
- ¿Qué características humanas llaman la atención del narrador?
- ¿Qué capacidades tiene el narrador que no tienen los humanos?

Distinguir entre sentido literal y figurado

2 Explica si la expresión «perder la cabeza» está empleada en el texto en sentido literal o en sentido figurado. Justifica tu respuesta.

3 Escribe oraciones en las que emplees al menos dos de estas palabras en sentido figurado:

pisar | cabeza | hielo

Usar las mayúsculas

4 Explica por qué en el texto estas palabras se escriben con mayúscula:
- Los
- Algunos
- *Samsonite*
- No

5 Copia este texto escribiendo mayúscula donde corresponda:

sin noticias de gurb transcurre en la barcelona preolímpica. un extraterrestre (gurb) se pierde en la ciudad y un compañero lo busca mientras anota en un diario sus impresiones sobre la tierra y los terrícolas.

Identificar lexemas y morfemas

6 Identifica en estas palabras los morfemas y di si son flexivos o derivativos.
- seres
- humanos
- perderían
- sorprendente

7 Reconoce las palabras de esta oración que se han formado por derivación o composición y analiza sus elementos.

En la astronave en movimiento vimos un extraterrestre.

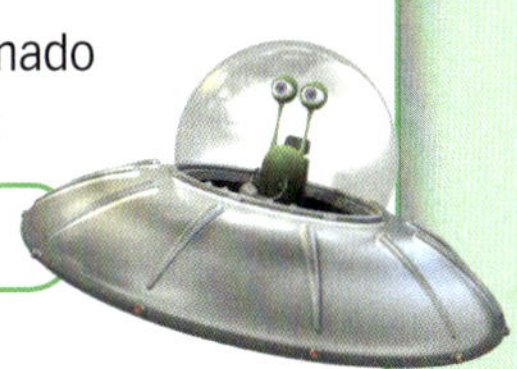

Los recursos estilísticos

Rima XXX

Asomaba a sus ojos una lágrima
y a mis labios una frase de perdón;
habló el orgullo y se enjugó su llanto,
y la frase en mis labios expiró.

Yo voy por un camino: ella, por otro;
pero al pensar en nuestro mutuo amor,
yo digo aún: «¿Por qué callé aquel día?»;
y ella dirá: «¿Por qué no lloré yo?».

GUSTAVO ADOLFO BÉCQUER

1 Los recursos estilísticos

El lenguaje literario procura apartarse de los usos lingüísticos comunes para llamar la atención del lector. A este fin contribuyen de manera destacada los recursos estilísticos. En los versos de arriba, por ejemplo, son recursos estilísticos la atribución de una acción humana a una emoción (*habló el orgullo*) y la repetición del pronombre *yo* al principio de dos versos.

Los **recursos estilísticos** son procedimientos expresivos que emplean los escritores para hacer atractiva su obra.

Los recursos estilísticos pueden ser fónicos (afectan a los sonidos), gramaticales (afectan a las palabras y a sus combinaciones) o semánticos (afectan al significado).

2 Recursos fónicos

Los recursos fónicos persiguen crear determinadas sensaciones en el lector mediante el uso de los sonidos de la lengua. Los recursos más destacados son la aliteración y la paronomasia.

Aliteración	Es la repetición de uno o varios sonidos que evoca una determinada sensación o emoción.	*infame turba de nocturnas aves,* *gimiendo tristes y volando graves.* LUIS DE GÓNGORA
Paronomasia	Se basa en el empleo de términos que resultan parecidos desde el punto de vista fónico. En ocasiones esta semejanza da pie a un juego de palabras.	*preso del piso, sin prisa,* *pasa una vida de prosa.* MIGUEL DE UNAMUNO

SABER MÁS

La onomatopeya

Otro recurso fónico es la **onomatopeya**, que consiste en emplear palabras que imitan en su forma determinados sonidos o ruidos: *tictac*, *crac*, *clac*…

3 Recursos gramaticales

Los recursos gramaticales se basan en la repetición, la supresión, la adición o la alteración del orden de las palabras. Destacan estos:

Anáfora	Es la repetición de palabras al principio de distintos versos o enunciados.	*la libertad es real igual que un sueño,* *la libertad aparece y ya no está,* *la libertad hay que inventarla siempre.* José Agustín Goytisolo
Paralelismo	Es la repetición de estructuras similares en distintos versos o enunciados.	*El Dios que todos llevamos,* *el Dios que todos hacemos,* *el Dios que todos buscamos.* Antonio Machado
Hipérbaton	Es la alteración del orden habitual que tienen los elementos en el enunciado.	*Del monte en la ladera* *por mi mano plantado tengo un huerto.* Fray Luis de León
Polisíndeton	Es la repetición de una conjunción. Imprime un ritmo monótono y lento al texto.	*Y hay nubes y viento* *y el jardín está sombrío…* Juan Ramón Jiménez

4 Recursos semánticos

Los recursos semánticos afectan al significado. Los principales son estos:

Metáfora	Consiste en designar una realidad con el nombre de otra basándose en una relación de semejanza.	*La guitarra es un pozo* *con viento en vez de agua.* Gerardo Diego
Símil	Es la comparación de dos objetos, acciones o conceptos.	*Las ranas se tiran al estanque como* *si se echaran al correo.* Ramón Gómez de la Serna
Metonimia	Consiste en designar una realidad con el nombre de otra próxima: el autor por la obra, la causa por el efecto…	*no des paz a la mano,* *menea fulminando el* hierro *insano.* Fray Luis de León (*Hierro* se emplea en lugar de *espada*).
Antítesis	Se basa en la presencia de dos palabras o expresiones de significado opuesto.	*Es tan corto el amor, y es tan largo* *el olvido.* Pablo Neruda

SABER MÁS

Otros recursos gramaticales

- **El epíteto**

  Llamamos epíteto al adjetivo que nombra una característica propia del sustantivo, sin añadir información: *la blanca nieve, las verdes hojas…*

- **El asíndeton**

  Al contrario que el polisíndeton, consiste en la supresión de conjunciones. Establece un ritmo rápido, dinámico: *Llegué, vi, vencí.*

Claves para estudiar

Comprueba lo que has aprendido:

- Explica qué es un recurso estilístico y cuál es su finalidad.
- Di qué efectos logran los recursos fónicos, los gramaticales y los semánticos.
- Nombra y explica dos recursos de cada tipo.

ACTIVIDADES

1 Di qué recurso estilístico está presente en cada texto.

> ¡Solo tu figura,
> como una centella blanca,
> en mi noche oscura!
>
> Antonio Machado

> Los recuerdos de Lina que sorbe su sopa sabrosa soplando siempre sonriendo.
>
> Julio Cortázar

2 Pablo Neruda se dirige de este modo a su amada en uno de sus poemas.

Mariposa del sueño, te pareces a mi alma
y te pareces a la palabra melancolía.

Explica qué dos recursos literarios emplea el autor.

3 Inventa un ejemplo de símil y explica qué parecido encuentras entre las dos realidades que comparas.

Elegía

La niña rosa, sentada.

Sobre su falda,
como una flor,
abierto, un atlas.

¡Cómo la miraba yo
viajar, desde mi balcón!

Su dedo, blanco velero,
desde las islas Canarias
iba a morir al mar Negro.

¡Cómo lo miraba yo
morir, desde mi balcón!

La niña, rosa sentada.
Sobre su falda,
como una flor,
cerrado, un atlas.

Por el mar de la tarde
van las nubes llorando
rojas islas de sangre.

RAFAEL ALBERTI

ACTIVIDADES

1 ¿Con qué identifica el poeta el dedo de la niña? ¿Por qué crees que lo identifica con eso?

▶ Di cómo se llama ese recurso estilístico y localiza otro ejemplo en el poema.

2 Indica qué recurso literario hay en los versos *Sobre su falda, / como una flor, / abierto, un atlas*. Luego, explica en qué consiste.

3 Localiza un paralelismo en el poema. ¿Crees que es un recurso importante en este texto? Justifica tu respuesta.

4 La personificación es un recurso que consiste en atribuir cualidades humanas a objetos o animales.

Busca algún ejemplo de personificación en el poema.

5 PARA PENSAR. ¿Cómo te parece el tono del poema: alegre o triste? ¿Por qué lo crees así?

▶ Busca en el diccionario el significado de la palabra que da título al poema. Luego, relaciona esa palabra con el contenido del texto.

Miel de sol

El inmenso valle azuleaba bajo el sol del invierno; las naranjas asomaban sus caras de fuego entre las hojas, como ofreciéndose a las manos laboriosas que las arrancaban de las ramas. En los caminos chirriaban los ejes de los carros, balanceando sobre los baches sus montones de dorado fruto; sonaban en los grandes almacenes los cánticos de las muchachas encargadas de escoger y empapelar las naranjas; retumbaban los martillos sobre los cajones de madera, y en oleadas de tráfico salían hacia Francia e Inglaterra las hijas del Mediodía, aquellas cápsulas de piel de oro repletas de dulce jugo que parecían miel de sol.

VICENTE BLASCO IBÁÑEZ, *Entre naranjos*

ACTIVIDADES

1 Lee el texto y responde.

- ¿Está escrito en verso o en prosa?
- ¿Qué predomina en el texto: la narración o la descripción?
- ¿Qué tipo de lenguaje emplea el autor: un lenguaje cotidiano o un lenguaje especialmente expresivo? Justifica tu respuesta mediante algún ejemplo.

2 Explica a qué se refieren estas expresiones:

- *las hijas del Mediodía*
- *aquellas cápsulas de piel de oro*

▶ Identifica el recurso literario que se da en las dos expresiones anteriores.

Si ves un monte de espumas...

Si ves un monte de espumas,
es mi verso lo que ves;
mi verso es un monte y es
un abanico de plumas.

Mi verso es como un puñal
que por el puño echa flor;
mi verso es un surtidor
que da un agua de coral.

Mi verso es de un verde claro
y de un carmín encendido;
mi verso es un ciervo herido
que busca en el monte amparo. [...]

José Martí

ACTIVIDADES

1. Según el poeta, su verso es un monte, un abanico de plumas y un surtidor.
   ¿Qué recurso estilístico está empleando para designar de esos modos a su verso? Extrae de este texto un ejemplo más de ese procedimiento.
2. Localiza un símil en el poema. Después, explica en qué se diferencia de la metáfora.
3. ¿Cuántos versos empiezan con las palabras «Mi verso»?
   - Di qué nombre recibe este recurso literario y defínelo.

SABER HACER

Emplear recursos literarios

Dos de los recursos semánticos más habituales son aquellos basados en el parecido entre dos realidades distintas: el símil y la metáfora.

1. Escribe símiles para las siguientes realidades.

Un cuello largo.	Una camiseta roja.
Una moto veloz.	Una noche oscura.

2. Explica qué relación de semejanza hay entre las palabras destacadas y las realidades que representan:
   *Tu cabello es **trigo** (= rubio).*
   *Las **perlas** de su boca (= dientes).*
   *Los **algodones** en el cielo (= nubes).*
3. Explica la diferencia entre el símil y la metáfora mediante ejemplos extraídos de las actividades 1 y 2.
4. Convierte las metáforas de la actividad 2 en símiles.
5. Describe algún paisaje, objeto, animal, etc. Después, piensa en realidades semejantes y sustituye algunas palabras por metáforas o símiles:

   Hacía una tarde gris, de esas en que las gotas (lágrimas) caen por los cristales, fríos como el hielo.

IDEAS CLAVE

COMUNICACIÓN. **Las lenguas de España**

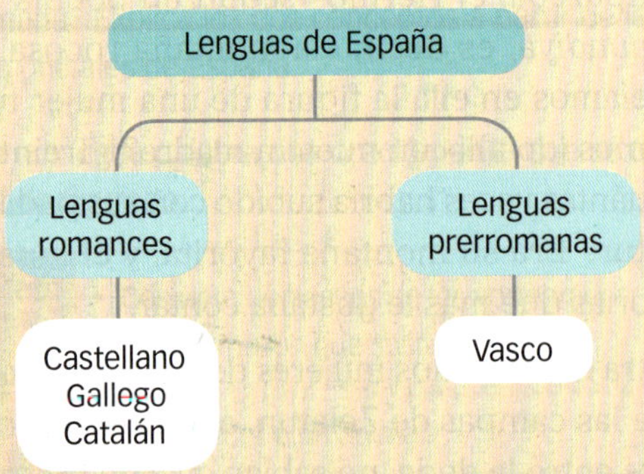

En España hay varias lenguas oficiales: el **castellano** o **español**, el **gallego**, el **vasco** o **euskera** y el **catalán**. Todas ellas son lenguas romances, es decir, proceden del latín, excepto el vasco, que es una lengua prerromana. El gallego se habla fundamentalmente en Galicia; el vasco, en el País Vasco y en otras zonas de España y Francia. El catalán se habla en Cataluña y Baleares. Y en la Comunidad Valenciana se habla valenciano, que es una variedad lingüística del catalán.

El castellano es la lengua oficial de todo el Estado español y las demás lenguas son, al mismo tiempo, oficiales en sus respectivas comunidades. El español se habla, además, en muchos países de América.

GRAMÁTICA. **La palabra. Los morfemas. Formación de palabras**

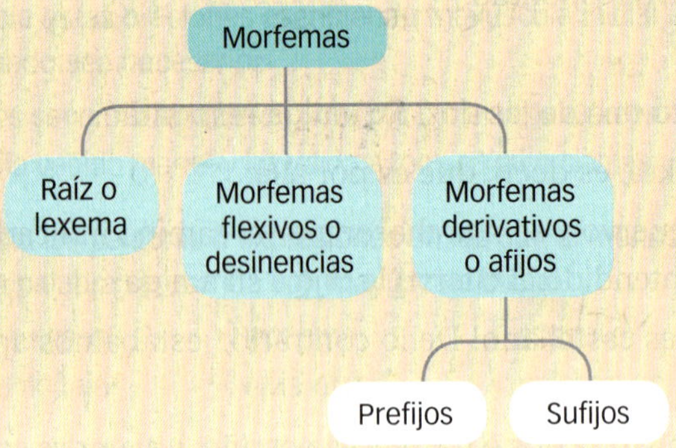

Las **palabras** son conjuntos de sonidos dotados de significado y están compuestas por **morfemas**. Hay tres clases de morfemas: raíz o lexema, que es la parte de la palabra que le aporta el significado principal; morfemas flexivos o desinencias, que se añaden a la raíz para indicar el género, el número, el tiempo…; y morfemas derivativos o afijos, que forman palabras diferentes.

Existen dos procesos de **formación de palabras**: por derivación, añadiendo un afijo a una palabra (prefijación) o a la raíz de una palabra (sufijación); y por composición, uniendo dos o más palabras.

LITERATURA. **Los recursos estilísticos**

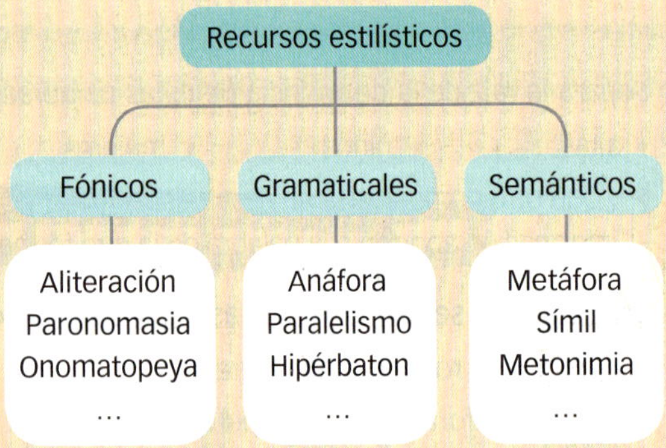

Los **recursos estilísticos** son procedimientos expresivos que emplean los escritores para hacer atractiva su obra.

Existen diferentes tipos:

- Los recursos **fónicos** persiguen crear sensaciones mediante el uso de los sonidos (aliteración, paronomasia, onomatopeya…).
- Los recursos **gramaticales** se basan en la repetición, la supresión, la adición o la alteración del orden de las palabras del enunciado (anáfora, paralelismo, hipérbaton, polisíndeton, asíndeton…).
- Los recursos **semánticos** afectan al significado de las palabras (metáfora, símil, metonimia, antítesis…).

Los textos
El sustantivo. Los determinantes. El artículo
Los temas literarios

3

Comunicación

SABER

- Los textos

SABER HACER

- Corregir un texto
- Resumir oralmente un texto escrito

Estudio de la lengua

SABER

- Palabras polisémicas
- La letra *b*
- El sustantivo. Los determinantes. El artículo

SABER HACER

- Reconocer la monosemia y la polisemia
- Escribir palabras con *b*
- Identificar sustantivos, determinantes y artículos

Educación literaria

SABER

- Los temas literarios

SABER HACER

- Escribir un texto sobre un tema universal

Escucha y resuelve.

- ¿Lo que has escuchado es un texto o un fragmento de un texto? ¿Por qué lo crees?
- ¿Crees que es una historia real o inventada? Justifica tu respuesta.
- Inventa dos títulos diferentes para ese texto.
- Resume en tres líneas el contenido del texto que has escuchado.

El último instante

La muchacha había sabido que estaba condenada mucho antes de que la sacaran del húmedo y apestoso calabozo en que la habían confinado, mucho antes de que la subieran, maniatada, al carro que recorrería las calles de la ciudad hasta la plaza mayor, mucho antes de que la amarraran al poste y encendieran la pira.

Lo había sabido al mirar a los ojos a los miembros del tribunal.

Había pasado toda la noche pensando en ello, haciéndose a la idea de que iba a morir y, por eso, cuando los guardias acudieron a buscarla al amanecer, ella los recibió con orgullo y frialdad, sin un ápice de miedo en sus ojos. Era inocente, no había hecho nada malo, y estaba siendo víctima de una injusticia. Lo gritaría por el camino, lo gritaría sobre la carreta, durante el vergonzoso paseo hasta la plaza, lo gritaría en lo alto de la pira hasta que las llamas ahogaran su voz.

Sin embargo, no le resultó fácil encontrar valor para proclamar su inocencia cuando el carro salió de la prisión y la multitud la recibió con gritos, insultos, amenazas y una lluvia de huevos y hortalizas. El paseo se le hizo eterno, y casi agradeció que la subieran a lo alto de la pira.

–Muchacha –dijo el aguacil–, aún puedes salvar tu alma. Confiesa tu pecado.

–¿Pecado? Soy inocente –repuso la joven con calma.

–Si eres inocente, no tendrás nada que temer: el fuego no podrá dañarte –dijo el alguacil.

Ella dejó escapar una risa amarga.

–Si yo fuera una bruja, el fuego no podría dañarme –rectificó–, y tampoco estaría aquí ahora. Haría rato que habría salido volando sobre mi escoba.

Los razonamientos no entraban en la lógica de aquel hombre. La chica vio la tea ardiendo acercarse a la paja de la pira.

–¡Soy inocente! –gritó–. ¡Y mi muerte caerá sobre vuestras conciencias como una losa, y os perseguirá eternamente!

Los ejecutores no se entretuvieron más, y lanzaron la antorcha ardiendo al montón de paja, que prendió rápidamente.

Una llamarada se alzó súbitamente frente a la joven condenada, que miró a su alrededor. El fuego la rodeaba y se acercaba a ella inexorablemente. Cerró los ojos y respiró hondo, pero el humo la hizo toser. El calor se hacía insoportable.

–No… soy… una bruja… –musitó, sintiéndose desfallecer.

Le pareció de pronto que la gente dejaba de gritar y murmuraba, pero no podía estar segura y, de todas formas, ahora ya daba igual.

Alguien chilló:

–¡El diablo!

Y la chica abrió los ojos. Entre las llamas vio una alta figura vestida de rojo que se movía con elegancia y seguridad. Se dijo que su mente comenzaba a desvariar, sobre todo cuando el desconocido subió a la pira como si nada, atravesó el fuego y se colocó junto a ella, que apenas podía respirar ya. Estaba desfallecida, pero, aun así, pudo preguntar a aquel producto de su imaginación:

–¿Quién eres?

–Alguien que ha venido a rescatarte –dijo él, sacando un cuchillo.

La chica lanzó una exclamación de miedo, pero el extraño se limitó a inclinarse hacia ella para cortar sus ataduras.

LAURA GALLEGO
La maldición del maestro (Adaptación)

Comentario de texto

Obtener información

1 Contesta.

- ¿Dónde se encuentra la muchacha al principio del texto? ¿Adónde la llevan en el carro?
- ¿Cómo recibe la multitud a la chica cuando sale en carro de la prisión?
- ¿Qué propone el alguacil a la joven? ¿Qué le contesta ella entonces?
- ¿Qué sucede cuando el fuego rodea a la muchacha y la gente deja de gritar?
- ¿Cuál es el propósito de la alta figura vestida de rojo?

Integrar e interpretar la información

2 Localiza en el texto una alusión a un objeto que tradicionalmente se asocia con las brujas y copia la oración en la que aparece.

3 En el texto, la figura vestida de rojo sube a la pira y atraviesa el fuego.

¿Cómo interpreta la chica esa figura? ¿Por qué crees que lo concibe así? Copia dos expresiones del texto que justifiquen tus respuestas.

4 La chica se debate entre la indignación ante la injusticia de su condena y la resignación por no poder eludir el castigo.

Indica cuál de los dos sentimientos está presente en cada uno de los siguientes fragmentos del texto:

- *Cuando los guardias acudieron a buscarla al amanecer, ella los recibió con orgullo y frialdad, sin un ápice de miedo en sus ojos.*
- *El paseo se le hizo eterno, y casi agradeció que la subieran a lo alto de la pira.*
- *Si yo fuera una bruja, el fuego no podría dañarme –rectificó–, y tampoco estaría aquí ahora.*
- *–¡Soy inocente! –gritó–. ¡Y mi muerte caerá sobre vuestras conciencias como una losa, y os perseguirá eternamente!*
- *Le pareció de pronto que la gente dejaba de gritar y murmuraba, pero no podía estar segura y, de todas formas, ahora ya daba igual.*

5 Identifica en el texto cuatro sustantivos y tres verbos relacionados con el fuego.

▸ ¿Hay algún sinónimo de la palabra *antorcha* en el texto? ¿Cuál es?

6 Localiza y lee las primeras palabras del segundo párrafo. ¿A qué hace referencia el pronombre personal *lo*?

7 ¿Con qué locución comienza el cuarto párrafo? ¿Qué significa esa locución?

▸ Indica qué dos conceptos o ideas se oponen mediante esa locución.

Reflexionar y valorar

8 Localiza el pasaje del texto en el que la protagonista defiende su inocencia por medio de un razonamiento. ¿Resulta eficaz? ¿Por qué?

9 PARA PENSAR. ¿Cómo crees que es la muchedumbre del texto: valiente o asustadiza? Justifica tu respuesta con ejemplos del texto.

Los textos

1 El texto

Un **texto** es un enunciado o un conjunto de enunciados con sentido completo que, en una determinada situación, transmite un emisor con una intención comunicativa concreta.

Los textos tienen una extensión variable. Desde una palabra como *¡Cuidado!*, con la que alertamos a alguien de un peligro, hasta una novela de cientos de páginas. Un mensaje que dejamos en un contestador, un cuento, un correo electrónico, una conversación o un anuncio son textos.

En un texto, cada enunciado presenta una idea que guarda relación con las de los otros enunciados; por lo tanto, los textos tienen unidad temática.

2 Propiedades de los textos

PROPIEDADES DE LOS TEXTOS	
Adecuación	Un texto debe ser adecuado, es decir, adaptado en su contenido y expresión a la persona a quien va dirigido y al propósito con que se construye.
Coherencia	Un texto debe ser coherente, de modo que las ideas no sean contradictorias entre sí y se vayan presentando progresivamente.
Cohesión	Un texto debe estar cohesionado, esto es, sus partes han de estar relacionadas entre sí. Se emplean con este fin distintos elementos y procedimientos, entre los que destaca el uso de conectores.

3 Los conectores

Los **conectores** son palabras o grupos de palabras que permiten enlazar las ideas de un texto y expresar las relaciones lógicas que se dan entre ellas.

Entre los conectores se encuentran algunos adverbios (*primero, luego, después*...), las conjunciones (*pero, aunque, pues*...) y ciertas locuciones o agrupaciones de palabras como *no obstante, sin embargo, por tanto, por consiguiente*... que pueden ordenar el texto de distintas formas:

PRINCIPALES TIPOS DE CONECTORES			
De orden	*En primer lugar, por último*...	**Adversativos**	*Sin embargo, ahora bien*...
Ejemplificativos	*Por ejemplo, así*...	**Consecutivos**	*Así pues, por tanto*...
Aditivos	*Además, encima*...	**Explicativos**	*Es decir, esto es*...

SABER MÁS

La estructura externa

Al escribir es importante organizar la información. Por eso los textos tienen una estructura externa, es decir, una división en párrafos. En cada uno de ellos se desarrolla un aspecto concreto del tema que se está tratando, de modo que las ideas del texto quedan ordenadas.

Algunos textos se organizan en apartados, y cada apartado va precedido por un epígrafe que lo identifica. Esta página, por ejemplo, se divide en tres apartados, cada uno con un epígrafe.

RECURSOS

Conectores textuales

Los enunciados que forman un texto tienen relación entre sí. Los conectores expresan esas relaciones. Veamos algunos ejemplos en el siguiente texto.

Conector de orden. Permite organizar temporalmente las ideas del texto.

Conector aditivo. Se utiliza para añadir una nueva idea y ligarla a la anterior.

A favor del deporte

El deporte es indispensable en la vida de los jóvenes por muchos motivos. **En primer lugar,** de todos es sabido que es muy beneficioso para la salud. **Además,** la práctica de un deporte desarrolla la capacidad de superación y de esfuerzo. **Así pues,** parece necesario que tanto desde las familias como desde las instituciones públicas se promueva y favorezca la realización de actividades deportivas. **Sin embargo,** todavía queda un largo camino por recorrer en este sentido: son muchos los jóvenes que hoy en día no realizan ningún tipo de ejercicio ni practican habitualmente ningún deporte.

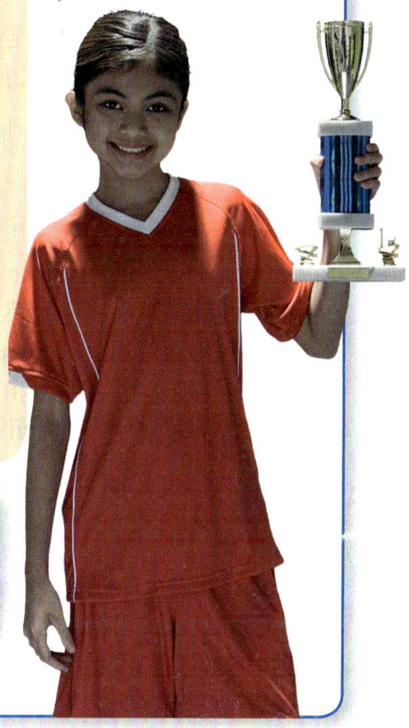

Conector adversativo. Introduce una contraposición a una idea anterior.

Conector consecutivo. Introduce una consecuencia de lo que se ha expuesto con anterioridad.

ACTIVIDADES

1. ¿Qué es un texto? Di tres ejemplos distintos de textos orales o escritos.

2. Explica las tres propiedades del texto: adecuación, coherencia y cohesión.

   Ejemplifica tu explicación con el texto sobre la carrera.

3. Escribe un enunciado que respete el principio de adecuación para cada situación.

   - Para pedir al profesor que te permita ir al servicio.
   - Para invitar a una amiga a tu fiesta de cumpleaños.

4. Sustituye el primer conector que aparece en el texto por otro distinto sin que cambie el significado.

   ▸ Ahora haz lo mismo con el último conector del texto.

5. Identifica los conectores que se emplean en las siguientes oraciones y explica el tipo de relación que establecen.
   - Tengo que estudiar mucho; por tanto, no podré ir a tu casa.
   - Pedro ha ganado el concurso; no obstante, no se le ve muy contento.
   - Primero compraremos los ingredientes; luego, los cocinaremos.
   - No irá a clase porque está enferma.

5 Los determinantes

Los **determinantes** son palabras variables que se anteponen al sustantivo para delimitarlo y concretarlo.

Si decimos *bolsa*, no hacemos referencia a una concreta. Pero si decimos *esta bolsa* o *mi bolsa* estamos concretando a cuál nos referimos. Son determinantes los artículos, los demostrativos, los posesivos, los cuantificadores, los relativos, los interrogativos y los exclamativos.

6 El artículo

El **artículo** es una palabra variable que concreta si lo designado por el sustantivo es algo desconocido (*una mesa*) o conocido (*la mesa*).

El artículo concuerda con el sustantivo al que acompaña en género y número.

el armario *las ventanas* *unos relojes*

Formas de los artículos

	Singular			Plural	
	Masculino	**Femenino**	**Neutro**	**Masculino**	**Femenino**
Determinados	el	la	lo	los	las
Indeterminados	un	una	–	unos	unas

A diferencia de los demás artículos, que se anteponen a sustantivos, el artículo *lo* precede a adjetivos: *lo justo, lo importante, lo raro*…

Clases de artículos

- **Determinados.** Indican que la entidad designada por el sustantivo es conocida por el oyente.
- **Indeterminados.** Indican que la entidad designada por el sustantivo es desconocida para el oyente.

Una mujer misteriosa entró en la sala. La mujer parecía inquieta.

SABER MÁS

La concordancia en palabras que comienzan por *a* o *ha* tónicas

Hay que tener en cuenta que los sustantivos femeninos que comienzan por *a-* o *ha-* tónicas llevan en singular la forma masculina del artículo. Esto no afecta a la concordancia con otros determinantes.

el agua *esta agua*

un hada *muchas hadas*

Las construcciones **este agua* o **mucho hambre* son erróneas.

Claves para estudiar

Asegúrate de que sabes resolver estas actividades:

- Define qué es un sustantivo y nombra sus clases.
- ¿Cómo forman, por lo general, el femenino y el plural los sustantivos masculinos singulares?
- Enumera las excepciones que hay en el cambio de género y de número de los sustantivos.
- ¿Qué es un artículo? ¿Cuáles son sus clases y formas?

ACTIVIDADES

8 Completa estas oraciones con un sintagma nominal formado por un artículo y un sustantivo:

- Mi hermano ha terminado ___.
- ___ entró en erupción.

9 Explica la diferencia de significado entre estas oraciones:

Dame el jersey. Dame un jersey.

10 Localiza los artículos de estas oraciones y analízalos.

- El detective encontró una huella.
- Unos chicos se olvidaron el balón.

11 PARA PENSAR. Completa con *un, una, unos, unas* o *el, la, los, las* y explica las razones de tu elección.

___ cielo está gris. Me gustaría ___ cielo azul.

SABER HACER

El domador de focas

Era un muchacho moreno, de pelo muy abrillantado, que solo se dedicaba a domar sus focas dándoles azotitos en las nalgas negras.

Había conseguido de las focas que tocasen la marimba[1], que fumasen en pipa, que escribiesen a máquina, que hiciesen punto de jersey, que tocasen la guitarra y hasta que cantasen flamenco.

Pero tanto esfuerzo hizo con sus focas, tanto se dedicó a ellas día y noche, que un día apareció arrastrándose por la alfombra convertido en foca.

Fueron a llamar al director del circo y a decirle que había salido una foca de más, pero que no se encontraba al domador por ninguna parte.

El domador de leones hizo de domador de focas aquella noche, y desde entonces el hombre convertido en foca fue la foca prodigio, la foca que dibujaba y que sabía matemáticas, la foca que recibía la primera corvina en el reparto de peces.

Ramón Gómez de la Serna, *Seis barbas de besugo y otros caprichos*

[1] **marimba:** instrumento musical en el que se golpean listones de madera.

1 Responde las siguientes preguntas sobre el texto:

- ¿En qué se parecía el domador de focas a una foca?
- ¿Qué le ocurrió al domador? ¿Por qué?
- ¿Qué sabían hacer las focas? ¿Y el domador convertido en foca?
- ▶ ¿Crees que sabían en el circo lo que había ocurrido? Justifica tu opinión con la información del texto.

Reconocer la monosemia y la polisemia

2 Clasifica estas palabras del texto según sean monosémicas o polisémicas. Puedes ayudarte de un diccionario.

foca | máquina | jersey | flamenco

- ▶ Escribe una oración con cada acepción de la palabra *flamenco*.

Escribir palabras con *b*

3 Explica qué regla sobre el uso de la *b* cumple cada palabra.

- abrillantado
- dedicaba
- escribiesen
- alfombra

Identificar sustantivos, determinantes y artículos

4 Copia los primeros cinco sustantivos del texto e indica su clase.

- ▶ Escribe todas las variaciones de género y número que sean posibles.

5 Copia las afirmaciones sobre los determinantes que son ciertas.

- Son palabras invariables.
- Se colocan tras el sustantivo.
- Delimitan al sustantivo.
- El artículo lo es.

6 Identifica los artículos y di su género, su número y si son determinados o indeterminados.

Era un muchacho moreno. | Consiguió todo de las focas.

Los temas literarios

Domestícame

El zorro se calló y miró un buen rato al principito:

–Por favor... domestícame –le dijo.

–Bien quisiera –le respondió el principito–, pero no tengo mucho tiempo. He de buscar amigos y conocer muchas cosas.

–Solo se conocen bien las cosas que se domestican –dijo el zorro–. Los hombres ya no tienen tiempo de conocer nada. Lo compran todo hecho en las tiendas. Y como no hay tiendas donde vendan amigos, los hombres no tienen ya amigos. ¡Si quieres un amigo, domestícame!

ANTOINE DE SAINT-EXUPÉRY, *El principito*

1 Los temas de la literatura

La literatura ha abordado todo tipo de **temas**; entre los textos literarios podemos encontrar una oda a la cebolla, un poema sobre el trabajo, un relato de ciencia ficción... No existen, pues, unos cuantos temas exclusivos de la literatura, ni esta se ocupa solo de asuntos elevados. La literatura trata todos los temas, ideas y experiencias que puedan interesar a los autores y lectores, tanto si son existenciales o filosóficos como si son menores o cotidianos.

No obstante, la literatura trata con mayor frecuencia ciertos **temas universales**, que se relacionan con el disfrute de la vida (el amor, la libertad, la belleza, la naturaleza...) y con las grandes preocupaciones de la humanidad (la muerte, el paso del tiempo, el dolor...). El texto de Antoine de Saint-Exupéry que encabeza esta página trata uno de esos temas: la amistad.

2 Los tópicos literarios

Los **tópicos literarios** son temas o ideas que la tradición literaria ha consagrado y que aparecen con frecuencia en la obra de autores de todas las épocas.

Los tópicos se identifican por medio de una expresión en latín, dado que sus orígenes se remontan a la literatura clásica griega y romana. Algunos de los tópicos literarios más conocidos son estos:

- ***Carpe diem*** ('aprovecha el momento'). Se invita al lector a disfrutar de la vida. Un ejemplo podemos verlo en estos versos:

  Vive la vida con sus alegrías
  incomprensibles, con sus decepciones
  (casi siempre excesivas), con su vértigo.

  LUIS ALBERTO DE CUENCA

- ***Locus amoenus*** ('lugar idílico'). Se representa un entorno natural idealizado. Es muy frecuente en la literatura medieval y renacentista:

  Daban olor soberbio las flores bien olientes,
  refrescaban al par las caras y las mentes;
  manaban cada canto fuentes claras corrientes,
  en verano bien frías, en invierno calientes.

  GONZALO DE BERCEO

- ***Beatus ille*** ('feliz aquel'). Ensalza la figura de quien renuncia a la vida mundana y se retira a vivir en la naturaleza:

  ¡Qué descansada vida
  la del que huye el mundanal ruido
  y sigue la escondida
  senda por donde han ido
  los pocos sabios que en el mundo han sido!

  FRAY LUIS DE LEÓN

3 La transmisión literaria

Muchos de los temas y motivos que se tratan en las obras literarias proceden de un modelo que ya existía; es decir, de una primera obra que sirve de inspiración al autor de una segunda obra. A su vez, el nuevo texto puede servir de inspiración a otros autores posteriores. Este proceso de influencias se denomina **transmisión literaria**.

Cada obra está enmarcada dentro de una tradición literaria, que está formada por el conjunto de obras que la han precedido y que le sirven de inspiración. Así, la literatura española está formada por el conjunto de obras que se han escrito en España a lo largo del tiempo.

Pero la literatura española también recibe influencias de otras literaturas: la italiana, la francesa, la inglesa, la árabe…

Claves para estudiar

Pon a prueba tus conocimientos resolviendo estas actividades:

- ¿Qué temas trata la literatura? ¿Cuáles de ellos son universales?
- Cita los tres tópicos literarios que has estudiado y explica en qué consiste cada uno.
- Define el concepto de transmisión literaria.

ACTIVIDADES

1 ¿Qué tópicos están presentes en estos versos?

Estás ya con quien quieres

Estás ya con quien quieres. Ríete y goza. Ama.
Y enciéndete en la noche que ahora empieza,
y entre tantos amigos (y conmigo)
abre los grandes ojos a la vida
con la avidez preciosa de tus años.

FRANCISCO BRINES

Dichoso aquel

Dichoso aquel, Horacio,
que huye del mundanal ruido
(y del tráfico
y del *smog*)
y, lejos de los negocios de la poesía,
se dedica (como aconseja Voltaire)
a cultivar su jardín.

ARTURO DÁVILA

2 Lee estos versos y contesta.

Cántico doloroso al cubo de la basura

Tu curva humilde, forma silenciosa,
le pone un triste anillo a la basura.
En ti se hizo redonda la ternura,
se hizo redonda, suave y dolorosa.

Cada cosa que encierras, cada cosa
tuvo esplendor, acaso hasta hermosura.

RAFAEL MORALES

- ¿Qué tema trata el poema?
- ¿Es un tema complejo o un tema sencillo y cotidiano?
- ¿Te parece apropiado este tema para un poema? Justifica tu opinión.

Del diario de Jonathan Harker

Bistritz, 3 de mayo. Ya estaba anocheciendo cuando llegamos a Bistritz. El conde Drácula me había indicado que fuese al hotel Golden Krone. Cuando me acerqué a la puerta me encontré frente a una mujer ya entrada en años.

–¿El señor inglés? –me preguntó.

–Sí –le respondí–: Jonathan Harker.

Ella sonrió y le dio algunas instrucciones a un hombre anciano. El hombre se fue, pero regresó inmediatamente con una carta:

«Mi querido amigo: bienvenido a los Cárpatos. Lo estoy esperando ansiosamente. Duerma bien esta noche. Mañana a las tres saldrá la diligencia para Bucovina; ya tiene un lugar reservado. En el desfiladero de Borgo mi carruaje lo estará esperando y lo traerá a mi casa. Espero que su viaje desde Londres haya transcurrido sin tropiezos y que disfrute de su estancia en mi bello país.

Drácula.»

4 de mayo. Averigüé que mi posadero había recibido una carta del conde; pero al inquirir acerca de los detalles, se mostró un tanto reticente. Él y su mujer, la anciana que me había recibido, se miraron con temor. Cuando le pregunté si conocía al conde Drácula y si podía decirme algo de su castillo, tanto él como su mujer se persignaron y, diciendo que no sabían nada, se negaron a hablar.

Estaba ya próxima la hora de mi partida y todo me parecía muy misterioso y de ninguna manera tranquilizador. Unos instantes antes de que saliera, la anciana subió hasta mi cuarto y dijo, con voz nerviosa:

–¿Sabe usted qué día es hoy? Es la víspera del día de San Jorge. ¿No sabe usted que hoy por la noche, cuando el reloj marque la medianoche, todas las cosas demoníacas del mundo tendrán pleno poder? ¿Sabe usted adónde va y a lo que va?

Traté de calmarla, pero sin efecto. Finalmente, cayó de rodillas y me imploró que no fuera. Intenté levantarla y le dije, tan seriamente como pude, que mi deber era partir. Entonces ella se levantó, secó sus ojos y, tomando un crucifijo de su cuello, me lo ofreció.

Estoy escribiendo esta parte de mi diario mientras espero el coche, que está retrasado; y el crucifijo todavía cuelga alrededor de mi cuello. No sé si es el miedo de la anciana o las tradiciones fantasmales de este lugar o el mismo crucifijo, pero lo cierto es que no me siento tranquilo.

BRAM STOKER, *Drácula* (Adaptación)

ACTIVIDADES

1. ¿Quién es el narrador del texto? ¿Cómo lo has averiguado?
2. Este fragmento de la novela posee el formato de diario. Señala qué otro tipo de texto hay en el fragmento.
3. Localiza fragmentos de la narración que colaboren a crear un ambiente misterioso e inquietante.
4. USA LAS TIC. ¿Sabes quién es el conde Drácula? Escribe todo lo que sepas de él. Si no lo conoces, consulta Internet.
   - Documéntate y menciona dos novelas y dos películas protagonizadas por vampiros.
5. ¿Cuál de los siguientes dirías que es el tema del texto? Justifica tu elección.
   - El paso del tiempo.
   - El dolor.
   - El miedo.

La primavera besaba

La primavera besaba
suavemente la arboleda
y el verde nuevo brotaba
como una verde humareda.

Las nubes iban pasando
sobre el campo juvenil…
Yo vi en las hojas temblando
las frescas lluvias de abril.

Bajo ese almendro florido,
todo cargado de flor
–recordé–, yo he maldecido
mi juventud sin amor.

Hoy, en mitad de la vida,
me he parado a meditar…
¡Juventud nunca vivida,
quién te volviera a soñar!

ANTONIO MACHADO

ACTIVIDADES

1. Di cómo se llama el tópico literario presente en las dos primeras estrofas del poema y explica en qué consiste.
2. ¿En qué momento de la vida escribe el poeta? ¿Qué dice echar de menos?
   - Explica con qué tópico literario relacionarías su añoranza.
3. Relee la tercera estrofa y explica cómo se relacionan en ella los dos tópicos literarios del poema.
4. Localiza dos recursos estilísticos en los cuatro primeros versos.
   - Explica en qué consiste cada uno.

SABER HACER

Escribir un texto sobre un tema universal

Los temas universales de la literatura son el amor, la libertad, la belleza, la naturaleza, la muerte, el paso del tiempo… Estos temas están presentes en todas las culturas y todas las épocas, y responden a los anhelos e inquietudes del ser humano.

1. Observa las siguientes relaciones entre temas universales y otros elementos.
   - amor – corazón
   - libertad – paloma
   - belleza – espejo

   ▶ Propón ahora un elemento que tenga relación con los siguientes temas universales:
   - naturaleza
   - muerte
   - tiempo

   ▶ Piensa en un tema universal distinto de los mencionados y propón un elemento que se relacione con él.
2. Elige uno de los temas universales citados en la anterior actividad y escribe ideas que se asocian con él: si se considera que es algo positivo o negativo, cuáles son sus características…
3. Organiza tus reflexiones de la actividad 2 y parte de ellas para escribir un texto literario sobre el tema universal que has elegido. En tu texto tiene que estar presente el elemento relacionado con ese tema.

BANCO DE ACTIVIDADES

NIVEL I

1 Copia el siguiente texto y complétalo con conectores que expresen orden temporal:

> **Resumen meteorológico**
>
> Hoy ha sido un típico día de primavera. ____ el cielo amaneció cubierto de nubes. ____ se fue despejando y lució un sol espléndido. ____ volvieron a aparecer las nubes. ____ comenzó a llover y parece que continuará así durante toda la noche.

2 Escribe sus nombres. ¿Qué otro significado pueden tener las palabras que has escrito?

3 Escribe con cada palabra dos oraciones en las que se use con significado diferente.

- puente
- manzana
- encantado

4 Busca en el diccionario la palabra destacada y copia el significado que corresponde a su uso en cada oración.

- Necesito **comer** algo.
- Le **come** la curiosidad.
- El sol **se come** el color.
- **Se comió** algunas letras al leer.

5 Explica la regla ortográfica que sigue cada palabra.

- buzón
- submarino
- cable

6 Escribe oraciones con estas clases de sustantivos:

concreto / abstracto | individual / colectivo

7 Haz un esquema en el que se recojan todas las clases y formas de los artículos.

8 Elige alguno de los tópicos literarios tratados en la unidad y explica su significado con tus propias palabras.

NIVEL II

9 Elige un tipo de conectores y escribe un breve texto en el que los uses.

delante | a un lado | al fondo | abajo

a causa de | por eso | en consecuencia

10 Explica el significado más habitual de estas palabras. Después, escribe una oración en la que estén usadas con otro significado.

- cruz
- ola
- escudo

11 Lee estos versos y contesta:

> Ya no es ayer; mañana no ha llegado;
> hoy pasa, y es, y fue, con movimiento
> que a la muerte me lleva despeñado.
>
> FRANCISCO DE QUEVEDO

- ¿Qué tema trata el poeta?
- ¿Qué tópico literario está presente en este fragmento?

DISFRUTA Y APRENDE

El dadaísmo

El *collage* es una técnica artística que consiste en pegar diferentes materiales sobre una superficie para hacer un cuadro.

El dadaísmo, una de las vanguardias artísticas del siglo XX, seguía una técnica similar para crear sus poemas: sus cultivadores recortaban las palabras de un artículo de periódico; luego, las metían en una bolsa y la agitaban; por último, iban sacando una a una las palabras y las iban copiando tal cual iban saliendo, sin importar el orden.

▶ Escribe tu texto vanguardista. Coge un artículo de prensa, selecciona un párrafo y haz lo mismo que hacían los dadaístas.

El tío Víctor

El hermano mayor de mi madre era un soltero de cuarenta y tres años, larguirucho y de nariz aguileña, que se ganaba la vida como clarinetista. Como todos los Fogg, tenía tendencia a la apatía y la ensoñación.

No era difícil querer al tío Víctor. Habíamos desarrollado un juego consistente en inventar países imaginarios entre los dos y los mapas que dibujé de ellos los colgamos en la cocina.

Poco después de mi llegada a Chicago, el tío Víctor me llevó a ver la película *La vuelta al mundo en 80 días*. El héroe de la historia se llamaba Phileas Fogg, como es sabido, y desde entonces me llamaba Phileas como apelativo cariñoso. Al tío Víctor le encantaba inventarse complicadas y disparatadas teorías acerca de las cosas y no se cansaba nunca de explicarme las glorias ocultas en mi nombre: Marco Stanley Fogg. Según él, demostraba que llevaba los viajes en la sangre, que la vida me llevaría a lugares donde ningún hombre había estado antes. Marco, naturalmente, era por Marco Polo, el primer europeo que visitó China; Stanley, por el periodista norteamericano que había seguido el rastro del doctor Livingstone hasta «el corazón del África más oscura»; y Fogg, por Phileas, el hombre que había dado la vuelta al mundo en menos de tres meses. No importaba que mi madre hubiese elegido Marco simplemente porque le gustaba, ni que Stanley fuese el nombre de mi abuelo, ni que Fogg fuera un nombre equivocado, el capricho de un funcionario norteamericano medio analfabeto. El tío Víctor encontraba significados donde nadie los hubiera encontrado.

PAUL AUSTER, *El Palacio de la Luna* (Adaptación)

ACTIVIDADES

1 ¿Dirías que este texto tiene unidad temática? ¿Por qué?

2 Identifica un conector temporal en el tercer párrafo del texto.

- Di con qué propiedad de los textos se relaciona el uso de conectores.

3 ¿Es el sustantivo *historia* una palabra polisémica? ¿Y *corazón*? Ilustra tu respuesta con ejemplos.

4 Escribe al menos dos significados distintos para cada una de las siguientes palabras del texto:

- película
- llamar
- encantar

5 Explica por qué se escriben con *b* estas palabras:

- ganaba
- nombre
- analfabeto

6 Las formas verbales *sabido* y *hubiese* siguen la misma regla de uso de la letra *b*.

Indica de qué norma se trata.

7 Explica cómo se realiza el cambio de género de es sustantivos:

- hermano
- madre
- clari

- ¿Qué otro tipo de sustantivo conoces según Pon un ejemplo extraído del texto.

8 Di en qué número están estos sustanti y cámbialo.

- nariz
- países

9 Identifica los artículos de los sig y clasifícalos en determinados

- El héroe de la historia se ll
- Llevaba los viajes en la s
- El capricho de un fun

10 PARA PENSAR. ¿Cre tema universal de

COMUNICACIÓN. **Los textos**

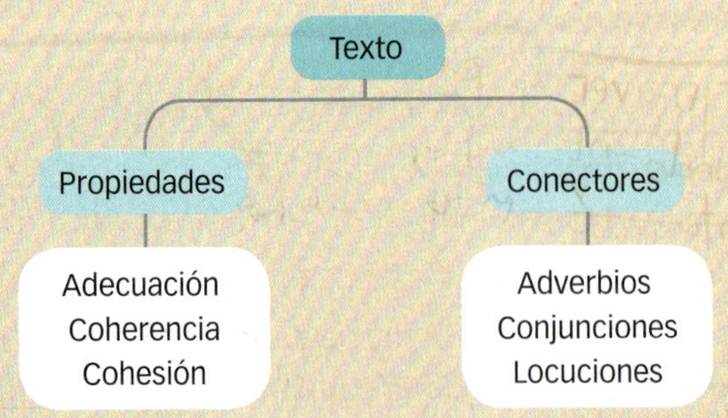

Un **texto** es un conjunto de enunciados con sentido completo que, en una determinada situación, transmite un emisor con una intención comunicativa concreta.

Un texto bien escrito ha de tener unidad temática y reunir tres propiedades: adecuación, coherencia y cohesión.

Los **conectores** son palabras o grupos de palabras que permiten enlazar las ideas de un texto y expresar la relación que existe entre ellas. Existen conectores de orden, ejemplificativos, aditivos, adversativos, consecutivos, explicativos…

GRAMÁTICA. **El sustantivo. Los determinantes. El artículo**

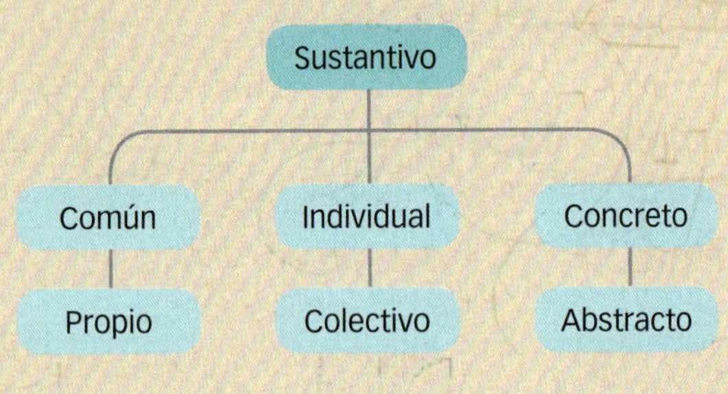

Los **nombres** o **sustantivos** son palabras variables que señalan realidades: personas, animales, objetos, sentimientos, ideas, lugares… Pueden ser comunes o propios, contables o no contables, individuales o colectivos, concretos o abstractos. Los sustantivos, además, tienen **género** y **número**.

Los **determinantes** son palabras variables que se anteponen al sustantivo para delimitarlo y concretarlo. Hay varios tipos de determinantes: el artículo, los demostrativos, los posesivos, los cuantificadores, los relativos, los interrogativos y los exclamativos.

El **artículo** es una palabra variable que indica si lo designado por el sustantivo es algo desconocido o conocido. Hay dos clases de artículos: indeterminados y determinados.

literatura trata todo tipo de **temas**, pero con mayor fre-ncia temas universales como el amor, la muerte, la libertad, elleza…

ópicos literarios** son temas consagrados que emplean es de todas las épocas; los más conocidos son el *carpe* , el *locus amoenus* y el *beatus ille*.

transmisión literaria es el proceso por el que las obras iterarias influyen en otras posteriores. Cada obra está enmarcada dentro de una tradición literaria, formada por el conjunto de obras que la han precedido e inspirado.

Clases de textos
Los demostrativos, posesivos y cuantificadores
Los géneros literarios

4

Comunicación

SABER

- Clases de textos

SABER HACER

- Escribir textos diferentes sobre un mismo tema
- Argumentar oralmente

Estudio de la lengua

SABER

- Palabras sinónimas
- La letra *v*
- Los demostrativos, posesivos y cuantificadores

SABER HACER

- Reconocer sinónimos
- Escribir palabras con *v*
- Emplear demostrativos, posesivos y cuantificadores

Educación literaria

SABER

- Los géneros literarios

SABER HACER

- Transformar un texto literario

Escucha el texto y resuelve.

- ¿De quién habla el locutor? ¿Quién fue? ¿De dónde era? ¿Qué inventó?
- ¿Por qué motivo su invento no pasó de ser una curiosidad?
- ¿A qué objeto tecnológico actual podría compararse el invento?
- Este texto tiene una parte descriptiva. ¿Qué se describe? Anota todo lo que recuerdes de esa descripción.

Qué es un marrón y cómo afrontarlo

Definición de marrón

Un marrón (*brown*) es todo aquel trabajo que nadie desea realizar.

Desde el punto de vista del jefe, es aquella tarea de suma importancia para el desarrollo estratégico de la empresa que ha de ser realizada con el máximo esmero y en el menor plazo posible.

Desde el punto de vista del empleado, es el hartarse a currar, normalmente como consecuencia de la última *idea genial* del jefe, con un trabajo que no suele servir para nada pero que debería estar listo ayer.

Agravantes que pueden darse en un marrón: urgencia, nocturnidad, alevosía, recochineo, inutilidad.

¿Cómo reconocer un marrón?

En general, los marrones se reconocen inmediatamente, pero por si el lector es aún novato en estas lides y tiene dificultades para reconocerlos, se dan a continuación algunas pistas:

Introducción. Por regla general, la introducción del marrón suele llevarse a cabo por medio de frases del estilo de «Oye, tú no tienes nada urgente que hacer, ¿verdad?» o «Mira, ha surgido una cosa que hay que resolver esta misma tarde».

Síntomas. Una vez que el marrón ha caído encima, se puede reconocer por los siguientes síntomas: nerviosismo y desasosiego; ojeras, dificultad para conciliar el sueño; mala leche, en función del tipo y plazos del marrón, incremento desusado en el número de visitas que tu jefe hace a tu despacho para ver «qué tal»; aumento alarmante en el consumo de café, salida de la oficina a horas intempestivas con la inquietante sensación de que uno va a casa de visita.

La prueba del nueve. Si pese a las indicaciones anteriores el lector aún no tiene claro si lo que le ha caído encima es un marrón, puede llevar a cabo la llamada «prueba del nueve» del marrón. Solicítese ayuda referente al marrón objeto de sospechas a un compañero. Si el compañero responde con alguna de las siguientes evasivas: «Es que yo no sé nada de eso», «Es que estoy muy ocupado» (cuando ostensiblemente se ve que no está haciendo nada) o «Mira, a mí no me líes», se puede estar plenamente seguro de que uno está frente a un auténtico y genuino marrón.

POSTULADOS DE SKAKEITOR

Se incluyen aquí los 10 postulados de Skakeitor, desarrollados con la intención de suavizar la pendiente de la curva de marrones:

1. Si no tienes nada que hacer, nunca lo confieses.
2. Espera sin impaciencia una orden de trabajo, nunca la provoques.
3. No inquietes a los que trabajan.
4. Adopta una postura especial, dando sensación de actividad.

5. Permanece relajado y soporta sin fatiga aparente toda inactividad por larga que sea.
6. Ama el trabajo bien hecho y por ese motivo déjalo para los compañeros más cualificados.
7. Si te vienen ganas de trabajar, siéntate y espera a que se te pasen.
8. No sufras complejo alguno al recibir del cajero la primera mensualidad.
9. Hay muchos más accidentes de trabajo que de reposo.
10. El trabajo consume, el reposo economiza.

Conclusión: El trabajo es una cosa buena. No seas egoísta y déjalo para los demás.

Brown MoU Group (Adaptación)

Comentario de texto

Obtener información

1 Explica qué es un marrón y pon algún ejemplo.

▶ Explica con tus palabras en qué consiste la «prueba del nueve».

2 ¿Cuál de los siguientes enunciados caracteriza el texto de modo más preciso?

- Es una definición rigurosa de una situación frecuente en el ámbito profesional: el *brown*.
- Es una recreación humorística de una situación laboral: un trabajo engorroso que nadie desea.

3 Explica con ayuda del diccionario el significado de las palabras *agravante*, *alevosía*, *evasiva*, *ostensiblemente* y *postulado*.

▶ Responde:
- ¿Dirías que son palabras pertenecientes a un registro culto o a uno coloquial?
- ¿Hay en el texto palabras o expresiones propias del registro coloquial? Localiza y copia dos de ellas.

4 ¿Qué nombre reciben los diez postulados del texto? ¿De qué palabra (sustantivo o verbo) crees que deriva ese nombre?

Integrar e interpretar la información

5 Resume en una sola idea los postulados de Skakeitor.

▶ ¿Crees que es conveniente, en un ámbito profesional, seguir esos postulados? Justifica tu respuesta.

6 Contesta.
- ¿En qué partes aparece dividido el texto? Escribe el título de cada una.
- ¿Qué elementos del propio texto te han permitido identificar esas partes?

7 Indica si estas afirmaciones son verdaderas o falsas:
- El texto no posee adecuación porque mezcla palabras del registro coloquial y del culto.
- El texto es coherente porque las ideas que contiene no son contradictorias entre sí.
- No es un texto cohesionado porque está dividido en apartados distintos.
- Hay unidad temática en el texto: cada enunciado tiene una relación de sentido con los otros enunciados.
- El enunciado «Si pese a las indicaciones anteriores…» contribuye a reforzar la cohesión del texto.

8 Indica qué modo verbal predomina en los postulados de Skakeitor que se presentan de manera afirmativa. ¿Y en los que tienen forma negativa?

Reflexionar y valorar

9 Explica razonadamente cuál crees que es la intención comunicativa de los postulados.

informar | convencer | ordenar

10 PARA PENSAR. Localiza la conclusión que extrae de los diez postulados el autor y explica por qué tiene carácter irónico. ¿Consigue el efecto que desea en el receptor? ¿Por qué?

Clases de textos

1 Criterios de clasificación de textos

Los textos se pueden clasificar según diferentes criterios. Dos de los más habituales son la **forma del discurso**, esto es, la forma como se presenta el mensaje que se transmite, y la **intención del emisor** o el propósito que este tiene al emitir el mensaje.

2 Formas del discurso y tipos de textos

Tradicionalmente se distinguen cinco formas del discurso: narración, descripción, diálogo, exposición y argumentación.

El predominio en un texto de una de estas formas sobre las demás nos permite distinguir textos narrativos, descriptivos, dialogados, expositivos y argumentativos.

TIPOS DE TEXTOS SEGÚN LA FORMA DEL DISCURSO	
Textos narrativos	Cuentan hechos que se suceden en el tiempo.
Textos descriptivos	Muestran las características de seres, objetos, entidades o fenómenos.
Textos dialogados	En ellos dos o más interlocutores intercambian información.
Textos expositivos	Desarrollan un tema o explican un concepto determinado.
Textos argumentativos	Defienden razonadamente las opiniones propias y emiten juicios críticos sobre las ideas ajenas.

3 Intención del emisor y tipos de textos

Los textos pueden presentar distintas intenciones por parte del hablante: informar de algo, convencer a alguien, dar una orden… Atendiendo al propósito o intención comunicativa que tiene el emisor podemos distinguir cuatro tipos de textos: informativos, persuasivos, prescriptivos y literarios.

TIPOS DE TEXTOS SEGÚN LA INTENCIÓN DEL EMISOR	
Textos informativos	Tienen como objetivo informar de algo al receptor. Una noticia, por ejemplo, o una guía turística son textos informativos.
Textos persuasivos	Buscan convencer a alguien de una idea. Los discursos o los anuncios publicitarios son ejemplos de textos persuasivos.
Textos prescriptivos	Pretenden guiar la acción del receptor. Las reglas de juego, por ejemplo, o las instrucciones de montaje son textos prescriptivos.
Textos literarios	Pretenden crear una impresión estética en el receptor. Una poesía o un cuento son ejemplos de textos literarios.

SABER MÁS

Otra clasificación de los textos

Los textos se pueden clasificar también en función del ámbito al que pertenecen o del tema que tratan. Aplicando este criterio, hablamos de textos periodísticos, jurídicos, científicos…

Dentro de cada una de estas categorías se distinguen a su vez diversos tipos de textos. Así, la noticia, el reportaje o la columna son textos periodísticos; y la sentencia, el decreto o la ley son textos jurídicos.

RECURSOS

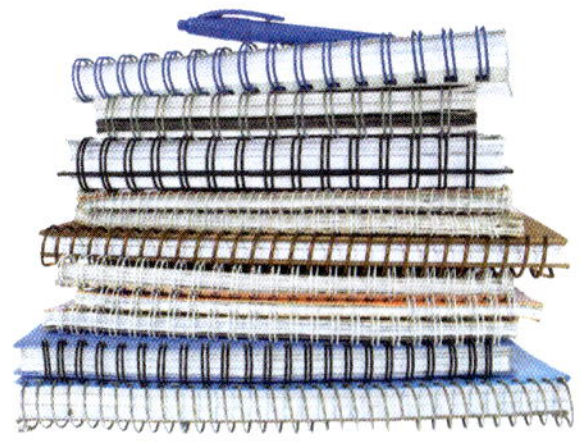

Empleo del lenguaje según el propósito

Todo texto persigue una finalidad. Esa finalidad condiciona el modo en el que se emplea el lenguaje: de un modo más preciso o menos preciso, en un tono elevado o coloquial, con una visión objetiva o subjetiva... Veamos algunos ejemplos.

Los **textos informativos** utilizan un lenguaje claro y objetivo con el que se pretende evitar cualquier tipo de ambigüedad.

Se comunica a los vecinos de este bloque que el próximo lunes, 7 de abril, se cortará el suministro de agua entre las 9.00 y las 11.00 horas para reparar una avería. Les rogamos disculpen las molestias.

Los **textos persuasivos** emplean un lenguaje subjetivo y valorativo, con frecuentes apelaciones al receptor, al que intentan convencer de algo.

¡Toma Fortarex!

¿Te levantas cansado? ¿Sientes que te faltan fuerzas? ¡No lo dudes! Un comprimido de este complemento vitamínico hará que te sientas a tope de vitalidad. Con Fortarex, ¡la fuerza te acompaña!

Los **textos prescriptivos** emplean un lenguaje preciso y fácil de comprender. Son frecuentes las explicaciones concisas, los marcadores de orden y el uso del imperativo y el infinitivo para guiar la acción.

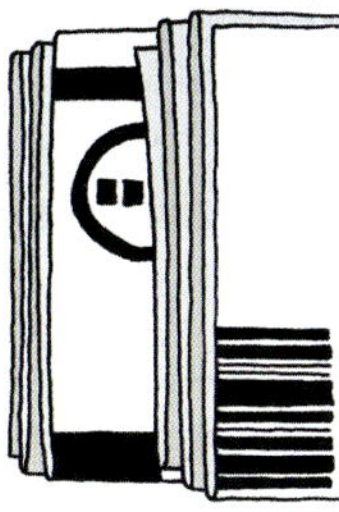

Cómo tomar este medicamento.

1. Rompa la cabeza de la ampolla por la línea roja.
2. Vierta el contenido en un vaso con agua.
3. Remueva el líquido con una cucharilla.
4. Deje reposar el preparado dos minutos antes de ingerirlo.

Los **textos literarios** poseen un lenguaje rico y elaborado, en el que son frecuentes los adjetivos calificativos y los recursos estilísticos. Su finalidad es crear una impresión estética en el receptor.

Platero, no sé si con su miedo o con el mío, trota, entra en el arroyo, pisa la luna y la hace pedazos. Es como si un enjambre de claras rosas de cristal se enredara, queriendo retenerlo, a su trote...

JUAN RAMÓN JIMÉNEZ, *Platero y yo*

ACTIVIDADES

1 Di cuáles son los tipos de textos según la forma del discurso y explica por qué se caracteriza cada uno.

- Indica cuáles son los tipos de textos según la intención del emisor.

2 Indica de forma precisa cuál es la información que transmite el primer texto de esta página. ¿Hay algún tipo de ambigüedad en él?

3 Pon algún ejemplo de apelación al receptor presente en el texto persuasivo de esta página.

4 Reescribe el texto prescriptivo de esta página sustituyendo los números por conectores textuales (*primero*..., *después*...).

5 Localiza algún recurso estilístico en el texto de Juan Ramón Jiménez y explica en qué consiste.

- Indica la clase de los recursos que identifiques.

Palabras sinónimas

Es difícil encontrar dos palabras que sean sinónimos plenos. En España podemos emplear *tiesto* y *maceta* como sinónimos, pero en parte de Sudamérica un tiesto es cualquier tipo de vasija.

1 La sinonimia

Hay palabras que coinciden en su significado, como *dentista* y *odontólogo*. Y hay también palabras que, teniendo varios significados, comparten alguno de ellos. Una palabra como *contento*, por ejemplo, se puede intercambiar en muchos contextos por palabras como *alegre*, *radiante*, *feliz*..., sin que varíe el significado de la oración.

Juan estaba contento. *Juan estaba radiante.*
Juan estaba alegre. *Juan estaba feliz.*

De las palabras como *dentista* y *odontólogo* o como *contento*, *alegre*, *radiante*, *feliz*... decimos que son **palabras sinónimas**.

Son **palabras sinónimas** las que tienen el mismo significado.

2 Palabras sinónimas y contexto

A menudo, el contexto no permite la sinonimia. Dos palabras que son sinónimas en una oración pueden no serlo en otra. Podemos decir *Hacía un sol radiante*, pero no *Hacía un sol contento*. La razón es que en ese contexto la palabra *radiante* se emplea con el significado de 'brillante, resplandeciente', que es una acepción que no comparte con *contento*, a diferencia de la acepción 'alegre', que sí tienen en común.

ACTIVIDADES

1 Copia en tu cuaderno parejas de sinónimos.

- alumbrar
- resplandor
- destello
- vela
- iluminar
- candela

2 Escribe sinónimos de estas palabras:

- listo
- divertido
- hablar

3 Indica cuáles de estos sinónimos no pueden emplearse en esta oración:

ágil
rápido
apresurado
veloz

- El tren que cogí esta mañana iba muy...

4 Sustituye una de las palabras destacadas en cada oración por un sinónimo, de modo que se eviten las repeticiones.

- Quique **consiguió** el premio del jurado, pero no **consiguió** el diploma.
- El **contrincante** de Alicia era mejor que el **contrincante** de Jaime.

5 Reescribe este texto sustituyendo las palabras destacadas por sinónimos de uso más habitual.

Nota de prensa

Los corredores del equipo ciclista Delta **acordaron** ayer hacer un **ímprobo** esfuerzo para **ubicar** de nuevo al jefe de filas en los primeros puestos. Siempre fueron un equipo **puntero**, seguro que pronto conseguirán **retornar** a los primeros puestos.

La letra *v*

1 Representación del sonido B. La grafía *v*

La **letra v**, al igual que la letra *b*, representa el sonido B. A continuación se ofrecen una serie de normas para escribir correctamente palabras con *v*.

SE ESCRIBEN CON *V*	EJEMPLOS
Las palabras que empiezan por *ll* y contienen el sonido B.	*llave, llavín, llevar, llover, lluvioso*
Las palabras que empiezan por la sílaba *di-* seguida del sonido B. Se exceptúa *dibujar* y sus derivados.	*divagar, diversidad, división, divino*
Las palabras que empiezan por *villa-*, excepto *billar*, y las que comienzan con el prefijo *vice-, viz-, vi-* ('que hace las veces de' o 'en lugar de').	*villano, vicerrector, vicepresidenta, vizconde, virrey*
Las palabras que tienen el sonido B después de la consonante *b* o *d*.	*subversión, obvio, advertencia, adverso*
Las palabras terminadas en *-ívoro* y en *-ívora*. Se exceptúa *víbora*.	*carnívoro, herbívora, omnívoro*
Los adjetivos de acentuación llana acabados en *-ave, -avo, -ava, -eve, -evo, -eva, -ivo* o *-iva*.	*grave, brava, leve, longevo, nociva*
Las formas de los verbos que, sin tener *b* ni *v* en su infinitivo, llevan el sonido B. Se exceptúan las formas del pretérito imperfecto de indicativo de los verbos de la primera conjugación (*cantaba*…) y del verbo *ir* (*iba*…).	*tuvimos* (de *tener*), *anduvieron* (de *andar*), *estuve* (de *estar*), *contuve* (de *contener*)
Los derivados y compuestos de las palabras que se escriben con *v*.	*lavavajillas* (de *lavar* y *vajilla*), *colectividad* (de *colectivo*)

SABER MÁS

Otras palabras con *v*

- Las palabras que tienen el sonido B después de las letras *ol*: *olvidar, disolver*.
- Las palabras que empiezan por *eva-, eve-, evi-, evo-*: *evasión, evento, evitar, evolución*. (Excepto *ébano* y sus derivados).

ACTIVIDADES

1 Copia las oraciones y complétalas con las palabras del recuadro correctamente escritas.

ad*ersas di*ersión sub*ención

- En el Parque de Atracciones la ______ está garantizada.
- Las condiciones climáticas resultaron ______.
- Este año no hay ______ para el comedor.

2 A partir de las siguientes palabras, escribe en tu cuaderno otras que lleven el prefijo *vice-, viz-* o *vi-*.

- reina
- decano
- cónsul
- conde

3 Copia estas oraciones y complétalas con *v* o *b*.

- La ca*ra es un mamífero her*í*oro.
- La llu*ia provocó un gra*e accidente.
- La ví*ora es un animal *enenoso.

4 Escribe adjetivos derivados con la letra *v*.

- crear
- persuadir
- educar
- informar
- imaginar
- narrar

Ejemplo: crear ▶ *creativo*

5 AUTODICTADO. Copia y completa este texto con *v* o *b*.

El *irus

Me ha*ían ad*ertido de que se trata*a de un *irus muy destructi*o. En efecto, en pocos minutos aca*ó con el disco duro, el ordenador, el mo*iliario… Cuando salí de casa despa*orido, solo había *acío. ¡La calle no existía! Di media *uelta para entrar de nue*o en casa, pero ya no esta*a. Pronto obser*é que tam*ién mis piernas empeza*an a desdi*ujarse.

Los demostrativos, posesivos y cuantificadores

Claves para empezar

- ¿Qué diferencia hay entre *esta casa*, *esa casa* o *aquella casa*?
- Explica la diferencia entre *vinieron pocos alumnos* y *vinieron tres alumnos*.

1 Los demostrativos

Los **demostrativos** son palabras variables que sitúan a los sustantivos en el espacio o en el tiempo, señalando la distancia que media entre ellos y el hablante.

Son demostrativos, por ejemplo, las palabras *este* (*este jarrón*), *esos* (*esos edificios*) o *aquella* (*aquella persona*).

Formas de los demostrativos

Los demostrativos se agrupan en tres series, según expresen cercanía (*este*), distancia media (*ese*) o lejanía (*aquel*).

FORMAS DE LOS DEMOSTRATIVOS	Singular			Plural	
	Masculino	**Femenino**	**Neutro**	**Masculino**	**Femenino**
Cercanía	este	esta	esto	estos	estas
Distancia media	ese	esa	eso	esos	esas
Lejanía	aquel	aquella	aquello	aquellos	aquellas

Si preceden al sustantivo, los demostrativos son **determinantes**: *este libro*; *aquella mesa*.

Cuando se omite el sustantivo, el demostrativo se considera **pronombre**. Así, en un enunciado como *No me gusta esa camisa, prefiero esta*, *esa* es determinante y *esta*, pronombre.

Las formas neutras, que nunca preceden al sustantivo, son **pronombres**: *Esto no me gusta*; *Eso es un lío*; *Aquello fue muy bonito*.

SABER MÁS

La *Nueva gramática* de la RAE considera que los demostrativos, excepto los neutros, son siempre determinantes: unos afectan a un sustantivo explícito (*Este libro es buenísimo*) y otros, a un sustantivo omitido (*Este Ø es buenísimo*).

No obstante, en este último caso, admite también el análisis tradicional que se propone aquí.

ACTIVIDADES

1 Completa estas oraciones con el demostrativo adecuado y justifica tus elecciones.

- ______ falda que llevo puesta me costó quince euros.
- ______ bolígrafo no escribe bien, mejor coge ______.
- Acércame ______ libro de ahí y llévate ______ novela que está a mi lado.

2 Relaciona cada uno de los demostrativos destacados con la distancia que expresa.

Aquel árbol. | Este árbol. | Ese árbol.

3 Identifica los demostrativos e indica su categoría gramatical: determinante o pronombre.

- Si no quieres seguir este camino, coge aquel.
- Estos ruidos no me dejan dormir.
- Aquello lo emocionó profundamente.
- Me gusta más esa foto que esta.
- No cuentes esto a nadie.
- Aquel barco puso rumbo al este.
- Eso no me ha gustado.

➤ Indica el género y número de cada forma.

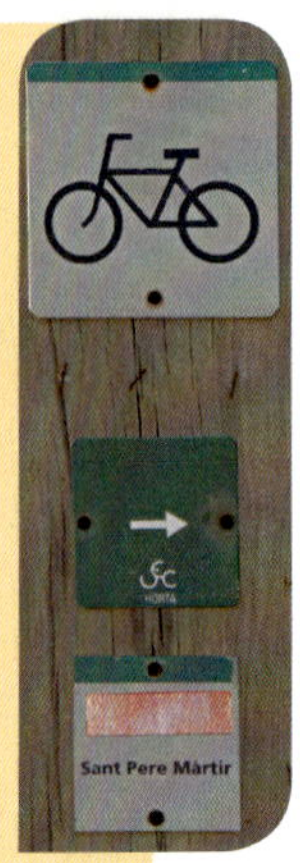

2 Los posesivos

Los **posesivos** son palabras variables que expresan relaciones de posesión o pertenencia.

Son posesivos palabras como *mi* (*mi móvil*) o *vuestra* (*vuestra familia*).

Los posesivos se distribuyen en dos series: **formas plenas** (*mío, tuyo, suyo, nuestro, vuestro*), que presentan variación de género, número y persona, y **formas apocopadas** (*mi, tu, su*), que solo tienen variación de número y persona.

Los posesivos de primera y segunda persona indican el número de poseedores: *mi libro* (uno) o *nuestro libro* (varios). Los de tercera persona presentan una única forma: *su coche* (de él o de ellos).

SABER MÁS

Categorías gramaticales de los posesivos

Los posesivos pueden pertenecer a distintas categorías gramaticales:

- Son **determinantes** cuando se anteponen al sustantivo: *sus amigas; mi llave.*
- Son **adjetivos** cuando se posponen al sustantivo o cuando son atributos: *la parte vuestra; Los libros son míos.*

Formas de los posesivos

		FORMAS PLENAS				FORMAS APOCOPADAS	
		Singular		Plural		Singular	Plural
		Masculino	Femenino	Masculino	Femenino		
1.ª PERSONA	Un poseedor	mío	mía	míos	mías	mi	mis
	Varios poseedores	nuestro	nuestra	nuestros	nuestras	–	–
2.ª PERSONA	Un poseedor	tuyo	tuya	tuyos	tuyas	tu	tus
	Varios poseedores	vuestro	vuestra	vuestros	vuestras	–	–
3.ª PERSONA	Uno o varios poseedores	suyo	suya	suyos	suyas	su	sus

ACTIVIDADES

4 Escribe oraciones con los siguientes posesivos:

tus   vuestra   mías   suyas

- ¿Qué número de poseedores indica cada forma? ¿A qué número (singular o plural) corresponde cada una? ¿Son formas plenas o apocopadas?

5 Completa estas oraciones con un posesivo adecuado.

- Mis argumentos son más convincentes que los ______.
- Los libros que están en mi cuarto son ______.

6 Completa con el posesivo que corresponda.

mío, mía, mi
- La bufanda ______.
- ______ bufanda.

tuyo, tuya, tu
- El gorro ______.
- ______ gorro.

7 Identifica los posesivos e indica en cada caso si es una forma plena o apocopada, si es singular o plural, a qué persona gramatical corresponde y si designa uno o varios poseedores.

- Tu teléfono es igual que el de mi padre.
- Ellos son nuestros amigos.
- ¡Perdone, ha sido culpa suya!
- Se atenderán todas vuestras peticiones en orden de llegada.
- El libro es suyo y no mío.
- Su dedicación al equipo fue alabada por todos.
- Nuestro hermano no irá a tu fiesta.

8 PARA PENSAR. ¿Puede haber un posesivo y un demostrativo en el mismo sintagma nominal?

- Pon tres ejemplos para justificar tu respuesta.

3 Los cuantificadores

Los **cuantificadores** son palabras que indican una cantidad: *mucho, poco, tres, menos, alguno…* Existen dos clases: numerales o indefinidos.

Los numerales

Los **numerales** son palabras que indican el número o el orden de modo preciso.

Hay dos clases básicas de numerales: los cardinales y los ordinales.

- Los **numerales cardinales** expresan un número exacto: *cinco, veinte*.
  Me quedan diez páginas. *Ha cumplido trece años.*
- Los **numerales ordinales** expresan una posición: *quinto, vigésimo*.
  Quedó en séptima posición. *Es el vigésimo quinto aniversario.*

Los indefinidos

Los **indefinidos** son palabras que expresan de forma imprecisa la cantidad o la existencia.

Se distinguen tres tipos principales de indefinidos:

- **Existenciales.** Indican la existencia o inexistencia de personas o cosas: *alguien, algo, nadie, nada, alguno, ninguno*.
  No había nadie. *Esperó a que llegara alguien.*
- **De indistinción o de elección libre.** Se refieren a algún elemento indeterminado de la oración: *cualquiera, cualesquiera, cualquier, cualesquier*.
  Te lo puede prestar cualquier compañero.
- **Evaluativos.** Realizan una estimación sobre la cantidad: *mucho, poco, bastante, demasiado…*
  Tengo mucha hambre. *No hay bastantes sillas.*

SABER MÁS

Categorías gramaticales de los cuantificadores

Los cuantificadores pueden ser:

- Determinantes. Cuando se anteponen a un sustantivo: *muchas horas; tres deseos…*
- Pronombres. Cuando equivalen a un sustantivo: *dame algo; no sé nada…*
- Adjetivos. Si se posponen al sustantivo: *la página cuarenta*.
- Adverbios. Cuando complementan al verbo o modifican a un adjetivo o a un adverbio: *sonríes mucho; son muy grandes…*

Claves para estudiar

Comprueba lo que has aprendido:

- ¿Qué es un demostrativo? ¿Y un posesivo?
- Explica la diferencia entre numerales e indefinidos.
- Explica qué categorías pueden tener los demostrativos, los posesivos y los cuantificadores.

ACTIVIDADES

9 Identifica los numerales de estas oraciones:

- Mi tío vive en el piso duodécimo.
- Te encargué dos barras de pan y solo has traído una.
- Ese piloto ocupa la cuarta posición en el Mundial.
- Dame tres razones por las que tengo que hacerlo.

10 Escribe los signos numéricos en letra.

15.ª edición | 446 lápices

▶ Di cuál de esos numerales es cardinal y cuál ordinal.

11 Identifica los indefinidos y especifica su clase.

- Aquí hace demasiado calor para mí.
- No me asusta cualquier película.
- Hay demasiados alumnos para las pocas aulas que tenemos.
- Alguien me confirmó que hoy no vendrías.
- Te llamé ayer pero no dejé ningún mensaje.

12 Escribe un breve texto de tu invención en el que haya demostrativos, posesivos, numerales e indefinidos.

▶ Identifícalos con distintos colores y analízalos.

SABER HACER

Agujero negro

El hombre pasea por la playa solitaria y encuentra, depositada en la orilla por las olas, una botella de cristal negro, con una señal muy extraña impresa en el tapón. Mientras lo desenrosca, el hombre piensa en sus lecturas de niño: el genio cautivo, los mensajes de náufragos. Abierta, la botella inicia una violentísima inhalación que aspira todo lo que la rodea, el hombre, la playa, las montañas, los pueblos, el mar, los veleros, las islas, el cielo, las nubes, el planeta, el sistema solar, la Vía Láctea, las galaxias. En pocos instantes, el universo entero ha quedado encerrado dentro de la botella. El movimiento ha sido tan brusco que se me ha caído la pluma de la mano y han quedado descolocados todos mis papeles. Recupero la pluma, ordeno los folios, empiezo a escribir otra vez la historia del hombre que pasea por la playa solitaria.

José María Merino, *La glorieta de los fugitivos*

1. Copia en el orden en que suceden en la historia estos acontecimientos:
   - La botella absorbe el mundo que la rodea.
   - El narrador vuelve a empezar su historia.
   - El narrador comienza a escribir una historia sobre un hombre.
   - El protagonista de la historia se encuentra una botella y la abre.

Reconocer sinónimos

2. Localiza en el texto una palabra sinónima de cada término.
   - hallar
   - prisionero
   - repentino
   - desordenado

3. Explica si las palabras *abrir* y *destapar* pueden ser siempre sinónimas. Argumenta tu respuesta con algunos ejemplos.

Escribir palabras con *v*

4. Copia y completa las palabras con *b* o con *v*.
   - El hom*re andu*o por la playa *ajo la fina llu*ia.
   - El pequeño *enda*al di*irtió a los na*egantes de los *eleros.
   - El genio cauti*o se escapó furti*amente de la *otella.
   - ▶ Identifica las palabras que cumplen alguna norma ortográfica sobre el uso de la *v* y enúnciala.

Emplear demostrativos, posesivos y cuantificadores

5. Explica qué distancia expresa el demostrativo de cada enunciado.

   Encontró esta botella. | Encontró esa botella.

6. Copia del texto dos adjetivos posesivos e indica en qué persona y número están.

7. Identifica los cuantificadores de estas oraciones y di si son indefinidos o numerales. Explica qué información da cada uno.
   - Al encontrar la primera botella, el hombre está bastante ilusionado.
   - En pocos instantes, todo queda encerrado en la botella.

Los géneros literarios

Los animales del arca

Sí, Noé cumplió la orden divina y embarcó en el arca un macho y una hembra de cada especie animal. Pero durante los cuarenta días y las cuarenta noches del diluvio ¿qué sucedió? Solo se salvarían los de piel más dura, los de carne menos apetecible, los erizados de púas, de cuernos, de garras y de picos, los que alojan el veneno, los que se ocultan en la sombra, los más feos y los más fuertes. Cuando al cabo del diluvio Noé descendió a tierra, repobló el mundo con los sobrevivientes. Pero las criaturas más hermosas, las más delicadas y gratuitas, los puros lujos con que Dios, en la embriaguez de la Creación, había adornado el planeta, aquellas criaturas al lado de las cuales el pavo real y la gacela son horribles mamarrachos y la liebre una fiera sanguinaria, ay, aquellas criaturas no descendieron del arca de Noé.

MARCO DENEVI (Adaptación)

1 Los géneros literarios

Aunque las obras literarias presentan una gran diversidad, es posible clasificarlas partiendo de algunos rasgos esenciales comunes. El resultado de esta clasificación son los géneros literarios.

Los **géneros literarios** son las grandes clases o categorías en las que se agrupan las obras que comparten unos rasgos afines.

Hay tres géneros fundamentales: el narrativo, el lírico y el dramático o teatral.

2 El género narrativo

Pertenecen al **género narrativo** las obras en las que un narrador cuenta unos hechos de ficción protagonizados por unos personajes.

Un ejemplo de texto narrativo es el relato que encabeza esta página.

En esta clase de textos, el narrador es el que conduce la acción, describe los personajes que intervienen e introduce los diálogos que se producen entre ellos. También presenta los lugares en los que se desarrolla la acción.

En la actualidad las obras narrativas se escriben en prosa; pero en la literatura clásica era frecuente la narrativa en verso.

Las formas más conocidas de la narrativa son el cuento y la novela.

- El **cuento** es un relato de breve extensión.
- La **novela** es una narración extensa y compleja, cuyos personajes evolucionan y en la que a veces se enlazan diversas historias.

SABER MÁS

Una narración en verso

Romance del enamorado y la Muerte

Un sueño soñaba anoche,
soñito del alma mía,
soñaba con mis amores,
que en mis brazos los tenía.
Vi entrar señora tan blanca,
muy más que la nieve fría.
–¿Por dónde has entrado, amor?
¿Cómo has entrado, mi vida?
Las puertas están cerradas,
ventanas y celosías.
–No soy el amor, amante:
la Muerte que Dios te envía.

ANÓNIMO

3 El género lírico

Pertenecen al **género lírico** las obras en verso en las que el autor expresa emociones y sentimientos.

Los textos líricos emplean un lenguaje especialmente expresivo, con una gran riqueza de recursos literarios.

Aunque la lírica presenta una gran libertad en cuanto a sus formas, existen algunos tipos de composición destacados, como la elegía o la canción.

4 El género dramático o teatral

Pertenecen al **género dramático** las obras en las que se representan las acciones y diálogos de unos personajes sin la intervención de un narrador.

Las obras teatrales están concebidas para su representación sobre un escenario. Por este motivo, el texto teatral incluye una serie de **acotaciones**. Estas son indicaciones en las que el autor ofrece pautas para la puesta en escena de la obra. Este diálogo pertenece a la obra teatral *Las bicicletas son para el verano*:

LUIS. Pues digo yo que lo mismo es que si apruebo, me compras la bicicleta, que si me compras la bicicleta, apruebo.

DON LUIS. La lógica sí la has aprobado, ¿verdad?

FERNANDO FERNÁN-GÓMEZ

Dentro del género teatral, se pueden distinguir tres subgéneros esenciales: la **comedia**, la **tragedia** y el **drama**.

SABER MÁS

Poemas narrativos

La **epopeya** es un poema extenso que narra hechos relacionados con la historia y el origen de una cultura o un pueblo.

El **cantar de gesta** es un poema extenso de carácter heroico compuesto en la Edad Media.

El **romance** es un poema breve que narra hechos de gran intensidad dramática.

Claves para estudiar

Resuelve estas actividades:

- Explica cuál es la función del narrador en los textos narrativos.
- ¿Qué distingue al género lírico del resto?
- ¿Qué tipo de obras pertenecen al género dramático?

ACTIVIDADES

1 ¿Qué son los géneros literarios? Explícalo con tus propias palabras.

2 Di a qué género literario pertenece cada uno de estos dos textos:

Árbol de canción

Caña de voz y gesto.
Una vez y otra vez
tiembla sin esperanza
en el aire de ayer.

FEDERICO GARCÍA LORCA

Jugando al pádel

(ADELA y JAIME están jugando al pádel. JAIME lleva la cabeza vendada como consecuencia de un golpe).

ADELA. No era eso...

JAIME. ¿No era qué? *(Con un raquetazo impresionante).* ¡Tanto para mí! Tienes que concentrarte más, Adela.

ADELA. Lo que quería decir es que...

JAIME. ¡Cuidado, no te descuides, no pierdas esa! ¿Sí?

ADELA. No sé, a veces, leyendo los periódicos, tengo la impresión de que... es como si todo lo que ponen... lo que se publica... ¿me entiendes?... no fuera el mundo... el mundo real, quiero decir...

BORJA ORTIZ, *Herida en la voz* (Adaptación)

Dos corazones

Una clínica. Sala de rayos X. Una mujer con bata de médico y un hombre, desnudo de cintura para arriba y con la ropa en la mano.

PACIENTE. ¿Es algo grave, doctora?

DOCTORA. Usted tiene dos corazones.

PACIENTE. ¿Yo?

DOCTORA. Dos corazones, uno a cada lado. ¿No ha notado nunca nada raro?

PACIENTE. No... Si acaso, cuando me dejó mi mujer, que me puse azul.

DOCTORA. Este es un caso muy especial. Creo que con dos corazones hubo una vez una persona en Minnesota hace dos años, y otra en Australia… Pero aquí, en Móstoles…

PACIENTE. ¿Y eso será malo, doctora?

DOCTORA. ¿Pero usted no se había puesto nunca la mano así, en el corazón, para notar los latidos?

PACIENTE. Sí, pero me la he puesto siempre a este lado. En el otro no había notado nada.

DOCTORA. ¿Cómo fue eso de que se puso azul? Lo que me dijo antes.

PACIENTE. Fue cuando me dejó mi mujer. Estoy separado. Me había pasado antes, pero menos fuerte el color. Cuando sufro de amores, me pongo azul.

DOCTORA. Pues vamos a ver qué le recetamos a usted…

JOSÉ LUIS ALONSO DE SANTOS, *Azul y rojo*

ACTIVIDADES

1 Lee el texto y responde.

- ¿Qué problema detecta la doctora en el paciente?
- ¿Qué le sucedió al paciente cuando le dejó su mujer?
- ¿Cuál cree el paciente que es la causa de que se ponga azul?

▶ Indica dónde tiene lugar la acción del texto.

2 Lee las siguientes opciones y elige la correcta.

- El texto está pensado para ser leído.
- En el texto la voz de un narrador cuenta los hechos.
- El texto está pensado para su representación.

3 ¿A qué género literario pertenece este texto? Razona tu respuesta.

4 Indica si la escena del texto es trágica, cómica o tragicómica. Pon ejemplos.

ACTIVIDADES

1 Lee las siguientes opciones y elige la correcta.

- Este poema contiene una argumentación.
- Este poema expresa los sentimientos de su autor.
- Este poema describe lo ocurrido a un personaje durante una semana.

2 ¿En qué forma está escrito el texto: en prosa o en verso? ¿Hay rima? ¿Tienen la misma medida los versos?

3 Identifica el género literario al que pertenece el texto. Razona tu respuesta.

La semana

Háblame de Guevara[1] los domingos.
Olvídame los lunes y los martes.
Invítame los miércoles al cine.
No dejes de pensar en mí los jueves.
Los viernes quiéreme como una loca.
Y los sábados cásate conmigo.

LUIS ALBERTO DE CUENCA

[1] **Guevara:** el Che Guevara, famoso revolucionario argentino de la segunda mitad del siglo XX.

Polonia en el mapa

Hace un año volvieron a alquilar el sexto B. Cuando se supo que los nuevos vecinos eran unos inmigrantes polacos, en el portal entero se desató la alarma. El peor de todos fue Mariano, el padre de Roberto. Dijo Mariano, y así nos lo contó tan orgulloso Roberto:

–Esto nos pasa por vivir en esta mierda de barrio. Ya solo falta que se llene el portal de moros y de negros.

Entonces yo le pregunté qué tendría de malo que el portal estuviera lleno de moros y de negros.

–Los negros y los moros vienen de África, hermosa, y por algo África está debajo de nosotros en todos los mapas.

–Vaya razón –contesté, aguantándome la rabia [...]–. Si es por lo del mapa, no sé qué tiene tu padre contra los polacos, porque Polonia está bastante más arriba que España.

Desde luego la vida es una injusticia. Una de las cosas que más asco me dan es ver cómo alguien que no sufre tiene el desparpajo de reírse de otro que sufre. Y me pregunto cómo es posible que la porquería quede encima y el borrico de Roberto viva tan campante con esas ideas tan obtusas que le contagia su padre.

LORENZO SILVA
Algún día, cuando pueda llevarte a Varsovia
(Adaptación)

ACTIVIDADES

1. ¿Quién es el narrador de la historia? ¿Qué persona gramatical emplea?
2. ¿Dónde y cuándo tiene lugar la acción de este relato? ¿Qué personajes aparecen en él? ¿Hay en el texto diálogos?
   - Resume de forma concisa la acción del texto.
3. PARA PENSAR. Expresa por escrito tu opinión sobre lo que piensan y dicen los personajes del texto.

SABER HACER

Transformar un texto literario

Un mismo asunto puede abordarse desde distintos géneros literarios. Vas a comprobarlo transformando un texto teatral en un texto narrativo.

1. Relee con atención el texto *Dos corazones* de la página anterior y toma nota de aquellos datos del diálogo que te puedan servir para trazar un argumento: qué le sucede al paciente, por qué le sucede…
2. Escribe un esbozo del argumento: sitúa en el tiempo una serie de hechos protagonizados por los personajes.

   Para hacerlo, debes tomar como base el texto, pero puedes inventar todos los datos o detalles que necesites.
3. Escribe tu narración. Para ello debes introducir un narrador que conduzca la acción, describa los personajes e introduzca los diálogos que se produzcan entre ellos.

   Procura que el resultado no sea demasiado breve.

Palabras antónimas

1 La antonimia

Hay palabras que tienen significados opuestos. La palabra *contento*, por ejemplo, opone su significado al de la palabra *triste*. Estas palabras son **palabras antónimas**.

Juan estaba contento. *Juan estaba triste.*

Son **palabras antónimas** las que tienen significados opuestos.

A menudo, el antónimo de una palabra se forma anteponiéndole prefijos como *a-*, *in-*, *anti-*, *des-*..., que tienen el significado de oposición.

a- + *normal* ▶ *anormal*	*anti-* + *aéreo* ▶ *antiaéreo*
in- + *moral* ▶ *inmoral*	*des-* + *hacer* ▶ *deshacer*

Algunos antónimos significan exactamente lo contrario: *atado - desatado*; *sí - no*. Otros se oponen en una escala que admite grados: *caliente - frío*; *bajo - alto*. En otros casos, el significado de un antónimo implica el del otro: *comprar - vender*; *casero - inquilino*.

Las palabras *lleno* y *vacío* son antónimas, pero entre ellas existen grados intermedios: *medio lleno*, *medio vacío*, *bastante vacío*...

2 Palabras antónimas y contexto

Dos palabras pueden ser antónimas en unos contextos y no serlo en otros. Podemos decir, por ejemplo, *Es triste esperar*, pero no *Es contento esperar*. En este contexto la palabra *triste* tiene la acepción de 'doloroso, difícil de soportar' y es antónima de *agradable*, no de *contento*: *Es agradable esperar*.

ACTIVIDADES

1 Escribe antónimos que contengan estos prefijos:

a- in- anti- des-

2 Sustituye las palabras destacadas por antónimos y escribe las oraciones correspondientes.

- Sonia tiene **buenos** hábitos de estudio, por eso **aprueba** todo.
- Por la noche **encendí** la luz y toda la habitación se **iluminó**.
- Se **desarropó** porque hacía mucho **calor**.

3 ¿Cuáles de estas palabras tienen un antónimo? Escríbelos.

cuatro salado inferior

4 Convierte el parte meteorológico adverso en un parte de clima apacible empleando estas palabras:

- anticiclones
- amainará
- estabilidad

Termina el verano

Hoy se espera un gran cambio de las temperaturas que dará paso a una inestabilidad atmosférica.

La lluvia arreciará y habrá borrascas en toda la Península.

5 Escribe dos versiones de esta oración sustituyendo la palabra destacada por un sinónimo y por un antónimo.

Laura nos dijo en voz baja que el cuadro de Lucas era **horrendo**.

La letra *j*

1 Representación del sonido J. La grafía *j*

En los topónimos *México*, *Oaxaca* y *Texas* la grafía *x* representa el sonido J.

El **sonido J** se representa con dos grafías distintas:

- Delante de *a, o, u,* se representa con la letra *j*: *pijama, espejo, juguete.*
- Ante las vocales *e, i,* puede representarse con la letra *j* (*ajetreo, vajilla*) o con la letra *g* (*gemelo, régimen*).

A continuación se ofrecen normas para escribir palabras con *j*.

SE ESCRIBEN CON *J*	EJEMPLOS
Las palabras que empiezan por *aje-*, *eje-*. Se exceptúan *agenda*, *agencia* y sus derivados (*agente, agenciarse*...).	*ajedrez, ejercicio, ajeno, ejemplo*
Las palabras que terminan en *-aje*, *-eje* y *-jería*. Excepto la forma verbal *protege* (de *proteger*) y la palabra *ambages*.	*garaje, hereje, conserjería, cerrajería*
Las palabras llanas terminadas en *-jero*. Excepto *ligero* y *ultraligero*.	*cajero, callejero, sonajero, viajero*
Las formas de los verbos cuyo infinitivo termina en *-jar* o en *-jear*.	*rebajen* (de *rebajar*), *forcejea* (de *forcejear*)
Las formas verbales que, sin tener *g* ni *j* en su infinitivo, contienen el sonido J.	*trajimos* (de *traer*), *produje* (de *producir*)
Las palabras compuestas y derivadas de otras que se escriben con *j*.	*agujita* (de *aguja*), *enrejes* (de *reja*)

Rodeos de palabras para no expresar con claridad lo que dices

ACTIVIDADES

1 Copia las siguientes palabras y complétalas con *g* o *j*.

- a*etreo
- e*ercer
- ancla*e
- mensa*ero
- venda*e
- e*ército
- ficha*e
- olea*e
- amba*es

2 Copia y completa las siguientes palabras. Luego, escribe una oración con cada una.

aborda*e | te*emane*e

3 Escribe sus nombres. Después, escribe una oración con una palabra derivada de cada uno.

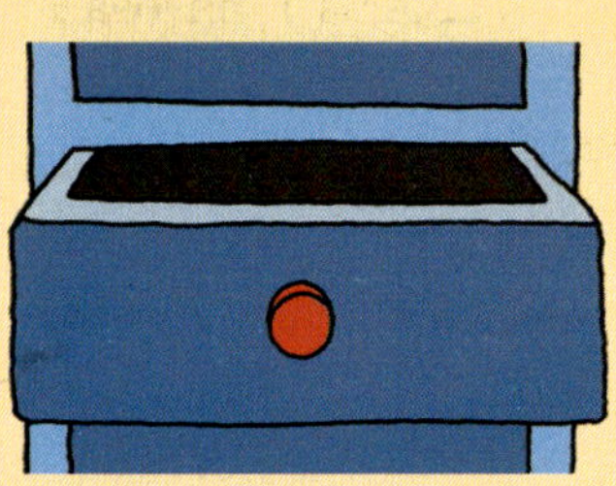

4 Copia las oraciones y complétalas con formas verbales del pretérito perfecto simple.

- Ayer mis primos (traer) regalos para todos.
- Con el premio, (reducir) la deuda que tenían.
- Los detectives (deducir) quién había robado.

5 AUTODICTADO. Copia el texto y completa las palabras con *g* o *j*.

A*ente secreto

Esta vez era un hombre *oven y apuesto que traba*aba en una a*encia de espiona*e. Calle*eaba por la ciudad con sus tar*etas de crédito y sus relo*es de lu*o... ¡Incluso hacía via*es al extran*ero! Pero al final, como siempre, tenía que despo*arse de todo al terminar el roda*e.

Relativos, interrogativos y exclamativos. La interjección

1 Los relativos

Los **relativos** son palabras que hacen referencia a una palabra anterior del enunciado y a la vez funcionan como enlaces.

En este ejemplo, el relativo *que* se refiere al sustantivo *Rafa* e informa de que es el hermano de Pilar.

Hoy he conocido a Rafa, que es el hermano de Pilar.

La palabra a la que hacen referencia los relativos recibe el nombre de **antecedente**. En la oración que sirve de ejemplo, *Rafa* es el antecedente de *que*.

Categorías y formas de los relativos

Los relativos pueden pertenecer a distintas categorías:

- Los **pronombres relativos** se refieren a un sustantivo anterior (antecedente) sobre el que aportan una información. Los pronombres relativos son *que, quien*, artículo + *cual* o *que* (*el cual, el que*...)...

  No he visto la película que comentas.

  Hoy me encontré a ese chico de quien me hablaste.

  Conozco la razón por la que no quiere venir.

- Los **adverbios relativos** aportan significados de lugar, tiempo, modo o cantidad: *donde, cuando, como* o *cuanto*.

  Iremos al restaurante donde nos conocimos.

  Me gusta la manera como sonríes.

- Como **determinantes** se anteponen al nombre de lo poseído, con el que concuerdan en género y número: *cuyo, cuya, cuyos* o *cuyas*.

  Llamaréis a los clientes cuyo nombre esté en la lista.

Claves para empezar

- Explica a qué otra palabra hace referencia la palabra *que* en cada oración: *Es la novela que quiero; Son los DVD que quiero.*
- Escribe una oración interrogativa y otra exclamativa. ¿Has comenzado con *qué, quién, dónde, cuándo, cómo*...?
- ¿Cuándo empleamos palabras como *¡ay!, ¡uf!, ¡guay!*? Explica cada caso.

ACTIVIDADES

1 Identifica en estas oraciones los relativos y sus antecedentes:

- El amigo a quien escribe cada semana es sueco.
- El cine donde nos encontramos es muy antiguo.
- Nos encargamos de controlar los artículos que deben reponer.
- La casa cuyos propietarios son ingleses fue construida hace solo diez años.
- El modo como actúa es muy sospechoso.

2 Copia y completa cada oración con el relativo apropiado.

- Me encontré con el perro ___ dueños son dentistas.
- He visto la película ___ tanto te gustaba.
- Escucho a los locutores a ___ han dado el premio.

▶ Especifica la categoría de los relativos anteriores.

2 Los interrogativos

Los **interrogativos** son palabras que introducen una pregunta.

Como los relativos, los interrogativos pertenecen a distintas categorías:

- Los **determinantes interrogativos** preguntan algo acerca de un sustantivo que aparece en la pregunta y al cual se anteponen: *qué, cuánto*…

  ¿Qué médico te atendió? *¿Cuánto dinero te di?*

- Los **pronombres interrogativos** preguntan por una persona, un objeto, una acción o suceso: *quién, qué, cuál*…

  ¿Quién tiene unas tijeras? *¿Cuál es tu nombre?*

  ¿Qué hacéis esta tarde? *¿Cuáles son tus zapatos?*

- Los **adverbios interrogativos** preguntan por un lugar, por el tiempo, por el modo o por la cantidad: *dónde, cuándo, cómo* o *cuánto*.

  ¿Dónde y cuándo habéis viajado? *¿Cómo lo pensáis hacer?*

3 Los exclamativos

Los **exclamativos** son palabras que introducen una exclamación.

Los exclamativos tienen las mismas formas que los interrogativos. También pueden pertenecer a distintas categorías:

- Los **determinantes exclamativos** acompañan a un sustantivo sobre el que muestran sorpresa o emoción: *qué, cuánto*…

  ¡Qué noticia más buena! *¡Cuánto tiempo!*

- Los **pronombres exclamativos** expresan sorpresa o emoción sobre algo o alguien: *quién, qué, cuál*…

  ¡Mira quién ha venido! *¡Qué estás haciendo!*

- Los **adverbios exclamativos** introducen una exclamación acerca de un lugar, un tiempo, un modo o una cantidad: *dónde, cuándo, cómo y cuánto*.

  ¡Cómo te has puesto! *¡Mira dónde han terminado!*

SABER MÁS

Acentuación de interrogativos y exclamativos

Algunas formas de los relativos pueden confundirse con las formas de los interrogativos y exclamativos, pero mientras que las formas de relativo son **átonas** (no llevan tilde), las de interrogativo y exclamativo son **tónicas** (llevan tilde).

¿Qué haces mañana?
Pron. interrog.

Irán los alumnos que aprueben.
Pron. relativo

¡Qué notas has sacado!
Det. excl.

ACTIVIDADES

3 Copia y completa las preguntas con un pronombre interrogativo.

- ¿ ___ día es tu cumpleaños?
- ¿ ___ es el director premiado?
- ¿ ___ piensas hacer algo tan complicado?
- ¿A ___ se lo has contado?
- ¿De ___ sacaremos el dinero necesario?
- ¿ ___ te han traído el pastel?

4 Transforma las siguientes oraciones afirmativas en enunciados exclamativos.

El coche es magnífico. | Te has golpeado fuerte. | Ha pasado mucho tiempo desde entonces.

▶ Escribe otro enunciado que contenga un exclamativo.

4 Las interjecciones

Claves para estudiar

Pon a prueba tus conocimientos resolviendo estas actividades:

- ¿Qué es un relativo? ¿A qué categorías puede pertenecer?
- Escribe oraciones interrogativas que empiecen por *qué*, *quién*, *cómo*, *cuándo* y *dónde*. ¿A qué categoría pertenece cada una de esas palabras?
- ¿Qué es una interjección? Explica qué dos clases hay.

Las **interjecciones** son palabras o expresiones de valor exclamativo que pueden constituir por sí mismas enunciados.

Las interjecciones se emplean con distintos fines:

- Para expresar emociones o sensaciones:
  ¡Ay! *¡Vaya!* *¡Uf!*
- Para provocar en el receptor una determinada reacción:
  ¡Eh! *¡Ojo!* *¡Vamos!* *¡Aúpa!*
- Como fórmulas de saludo, despedida o manifestación de gratitud:
  ¡Hola! *¡Adiós!* *¡Gracias!*

A veces las interjecciones acompañan en el enunciado a otras palabras:

¡Ajá, tú aquí! *¡Vaya, a levantarse temprano!*

Clases de interjecciones

Se distinguen dos clases de interjecciones:

Interjecciones propias	Se emplean exclusivamente como interjecciones.	*bah, eh, uy, olé, hum, ah...*
Interjecciones impropias	Son palabras originalmente de otras categorías que han pasado a usarse como interjecciones.	*venga, ojo, bravo, vamos...*

ACTIVIDADES

5 Copia y completa las oraciones con una interjección.

- ¡▭, qué sorpresa!
- ¡▭, si no sabías jugar!
- ¡▭, qué daño!
- ¡▭, sal del agua ya!

6 Explica con qué fin puede utilizarse cada una de las interjecciones siguientes:

- ¡Bravo!
- ¡Ay!
- ¡Hola!
- ¡Eh!
- ¡Venga!
- ¡Cuidado!

➤ Especifica cuáles son propias y cuáles son impropias.

7 Escribe una interjección para cada imagen.

8 Escribe una interjección para cada uno de estos sentimientos.

asombro | sorpresa | molestia

➤ Empléala dentro de un enunciado más largo.

9 Explica el significado de estas interjecciones:

- ¡Ojo!
- ¡Hombre!
- ¡Vale!

10 PARA PENSAR. Explica con qué gestos de las manos solemos acompañar estas interjecciones.

¡Vamos! | ¡Buah! | ¡Perdón!

➤ ¿Crees que esos mismos gestos se emplean en todo el mundo? Expón una opinión razonada.

11 Escribe una oración con cada requisito:

- Que contenga un adverbio relativo.
- Que contenga un determinante interrogativo.
- Que contenga una interjección propia y otra impropia.

SABER HACER

La montaña

El niño empezó a treparse por el corpachón de su padre, que estaba amodorrado en su butaca, en medio de la gran siesta, en medio del gran patio. Al sentirlo, el padre, sin abrir los ojos y sotorriéndose, se puso todo duro para ofrecer al juego del hijo una solidez de montaña. Y el niño lo fue escalando: se apoyaba en las estribaciones de las piernas, en el talud del pecho, en los brazos, en los hombros, inmóviles como rocas. Cuando llegó a la cima nevada de la cabeza, el niño no vio a nadie.

–¡Papá, papá! –llamó a punto de llorar.

Un viento frío soplaba allá en lo alto, y el niño, hundido en la nieve, quería caminar y no podía.

–¡Papá, papá!

El niño se echó a llorar, solo sobre el desolado pico de la montaña.

ENRIQUE ANDERSON IMBERT, *Narraciones completas*

1 Responde las siguientes preguntas sobre el texto:

- ¿Dónde están padre e hijo? ¿En qué posición?
- ¿Qué hace el niño mientras el padre se echa la siesta?
- ¿Qué ocurre cuando el niño llega al punto más alto?

➤ Propón un desenlace distinto para el texto.

Reconocer antónimos ➔

2 En cada fila, copia la palabra antónima de la primera.

- solidez ➤ fortaleza – fragilidad – dureza
- hundido ➤ enterrado – sumergido – erguido

3 Busca en el texto un antónimo de *móvil* y explica cómo está formado.

➤ ¿Con qué otros prefijos se pueden formar antónimos? Pon ejemplos.

Conocer el uso de la *j* ➔

4 Explica las reglas que sobre el uso de la *j* cumplen estas palabras:

ejercicio | sonajero | sonrojen | produjimos

5 Completa estas palabras con *g* o *j* y escribe oraciones con ellas.

- *élido
- aterriza*e
- a*etreo
- prote*en

Identificar relativos, interrogativos y exclamativos ➔

6 Indica, en cada caso, si la palabra destacada es un relativo, un interrogativo o un exclamativo.

- El padre, **que** estaba amodorrado, se prestó al juego.
- Mientras trepaba, no sabía a **qué** altura llegaría.
- ¡**Cómo** iba a imaginar un final así!

➤ Clasifícalas en determinantes, pronombres o adverbios.

Emplear interjecciones ➔

7 Escribe dos interjecciones propias y dos impropias que se podrían emplear en vez de «¡Papá!».

La narrativa

El secreto

De este modo, sin elección, tuve que aprender a vivir con el temor de que esta historia se perdiera para siempre por falta de un narrador.

La ironía del destino ha querido que sea yo, el menos indicado, el peor dotado para la tarea, quien emprenda la labor de relatarla y desvelar el secreto que hace ya tantos años nos unió y nos separó a la vez para siempre en la antigua estación del ferrocarril de Jhee-ter's Gate. Hubiera preferido que fuese otro el encargado de rescatar esta historia del olvido, pero una vez más la vida me ha mostrado que mi papel era el de testigo, no el de protagonista.

CARLOS RUIZ ZAFÓN, *El Palacio de la Medianoche*

1 La narración literaria

La **narrativa** es el género al que pertenecen los textos literarios en los que se cuenta una historia.

La narración literaria presenta un mundo de ficción imaginado por el autor. Y a ese mundo ficticio pertenecen tanto el narrador que cuenta la historia como los personajes que la protagonizan.

El narrador y los personajes, junto con el tiempo y el espacio en que se sitúa la acción, son los elementos clave de toda obra narrativa.

2 El narrador

El **narrador** es quien cuenta los hechos.

El narrador conduce la trama, describe el ambiente en el que se desarrolla y reproduce los diálogos entre los personajes. Según la distancia que el narrador mantenga con los hechos, puede ser interno o externo.

- El **narrador interno** participa en la historia que cuenta y, por lo general, emplea la primera persona. Puede ser el protagonista o un personaje secundario (narrador testigo), como en el texto que encabeza esta página.
- El **narrador externo** no participa en la historia y cuenta los hechos en tercera persona:

> *Emma se preguntaba si no habría medio, por azar, de encontrar otro hombre; e intentaba imaginarse aquellos acontecimientos no ocurridos, aquella vida distinta, aquel marido que no conocía.*
>
> GUSTAVE FLAUBERT, *Madame Bovary*

SABER MÁS

Tipos de narrador externo

Hay dos tipos básicos de narrador externo:

- **Omnisciente**: conoce los pensamientos y los sentimientos de los personajes.

  Aunque anhelaba contar su secreto, ella permaneció en silencio.

- **Objetivo**: no tiene acceso al mundo interior de los personajes, se limita a contar lo que hacen.

  Ella permaneció en silencio.

3 Los personajes

Los **personajes** son quienes intervienen en la acción.

De acuerdo con su importancia pueden ser personajes **principales** o **secundarios**. Entre los personajes principales destacan estos:

- El **protagonista** es el personaje que lleva el peso de la acción; en torno a él tienen lugar los hechos más destacados.
- El **antagonista** se enfrenta al personaje protagonista, es su opuesto.
- El **ayudante** es un personaje que colabora con el protagonista.

4 La acción

La **acción** es el conjunto de hechos que se narran.

La acción se desarrolla en un tiempo y un lugar, que normalmente el autor se encarga de detallar.

Dependiendo del **orden narrativo** que elija el autor, la acción puede seguir un orden lineal cronológico, es decir, el orden temporal en el que tienen lugar los hechos, o bien introducir saltos temporales para mantener el suspense u ofrecer información adicional al lector. Los principales procedimientos para alterar el orden de la historia son estos:

- La **anticipación**. Consiste en contar hechos que tendrán lugar en un momento de la historia posterior al que se está narrando.
- La **retrospección**. Consiste en narrar hechos que tuvieron lugar en un momento de la historia anterior al que se está narrando.

El **espacio narrativo** es el lugar o lugares en los que se sitúa la acción. Dependiendo de dónde se desarrolle la acción, pueden distinguirse varios tipos de espacio: único, variable, interior, exterior, real, fantástico…

SABER MÁS

Personajes planos y redondos

Los **personajes planos** tienen un carácter simple y no experimentan cambios en la historia.

Los **personajes redondos** poseen una personalidad compleja y experimentan una evolución a lo largo de la historia.

Claves para estudiar

Da respuesta a estas actividades:

- ¿Qué es un narrador? Indica las diferencias entre un narrador interno y externo.
- Explica qué son los personajes. ¿Qué clases de personajes hay?
- ¿Qué es la acción narrativa? Di qué procedimientos permiten alterar el orden narrativo.

ACTIVIDADES

1 ¿Cómo definirías la narrativa? Hazlo con tus propias palabras.

2 Explica qué alteración del tiempo del relato presenta este fragmento:

Aureliano Buendía

Muchos años después, frente al pelotón de fusilamiento, el coronel Aureliano Buendía había de recordar aquella tarde remota en que su padre lo llevó a conocer el hielo. Macondo era entonces una aldea de veinte casas de barro y cañabrava construidas a la orilla de un río.

GABRIEL GARCÍA MÁRQUEZ
Cien años de soledad

3 Di de qué clase es el narrador de cada texto.

Pantanos celestes

Subí al metro y eché una cabezadita en el asiento. Cuando desperté, ya habíamos dejado atrás el hermoso y multicolor flujo meteórico de los anillos de Saturno.

ÁNGEL OLGOSO

El adivino

En Sumatra, alguien quiere doctorarse de adivino. El brujo examinador le pregunta si será reprobado o si pasará. El candidato responde que será reprobado...

JORGE LUIS BORGES

La noticia

1 La noticia

Las narraciones periodísticas informan sobre hechos de actualidad a través de los medios de comunicación. Entre ellas destaca la noticia.

> Una **noticia** es el relato de un suceso ocurrido recientemente que se considera de interés público.

Las noticias pueden tratar de los más diversos temas: la política, la cultura, el deporte, la ciencia… El ámbito de la noticia es también muy variado: hay noticias locales, regionales, nacionales e internacionales.

2 Estructura de la noticia

En una noticia se distinguen tres partes básicas: el titular, la entrada o entradilla y el cuerpo.

PARTES DE LA NOTICIA	
Titular	Es la cabecera de la noticia, donde se indica brevemente el tema del que trata. A veces, la noticia lleva un subtítulo, que aporta información complementaria.
Entrada o entradilla	Recoge lo esencial de la noticia: el hecho ocurrido, la localización espacial y temporal de ese hecho, las personas implicadas y, a veces, la causa del acontecimiento o el modo como se ha producido. Suele diferenciarse con un tamaño de letra menor que el titular y mayor que el cuerpo, o con un tipo de letra distinto, frecuentemente en negrita.
Cuerpo	Desarrolla el asunto del que trata la noticia. El primer párrafo suele incluir los elementos que tienen mayor interés y, posteriormente, en otros párrafos, se presentan los demás datos.

3 Elaboración de una noticia

Para redactar apropiadamente una noticia hay que aplicar las siguientes normas:

- La noticia ha de tener un titular claro, breve y atractivo, que suscite la curiosidad del receptor.
- La noticia debe proporcionar una información completa que responda a las siguientes cinco preguntas: *¿qué ha ocurrido?, ¿quién ha intervenido?, ¿cuándo ha ocurrido?, ¿dónde ha tenido lugar?, ¿por qué ha sucedido?*
- La presentación de los datos en la noticia debe seguir un orden de importancia decreciente. En el titular y la entrada se exponen los datos fundamentales y en el cuerpo se desarrolla la información.

SABER MÁS

Otros géneros periodísticos

Además de la noticia, existen otros géneros narrativos periodísticos, como el reportaje y la crónica.

El reportaje ofrece una información amplia y detallada sobre un tema de interés general. La crónica es una noticia ampliada en la que los hechos se desarrollan extensamente; su autor da su interpretación personal y evita el estilo neutro de los discursos puramente informativos para dar al texto mayor expresividad.

RECURSOS

El periódico

Un periódico es una publicación que recoge las noticias más recientes sobre distintos temas y en distintos ámbitos.

Los periódicos se ofrecen en dos soportes: impresos en papel o en formato digital. Aunque los dos soportes tienen importantes diferencias, la estructura de la noticia en ambos es muy similar. Veamos una noticia de un periódico digital.

Tres encapuchados atracan un banco en Moratalaz

- Los asaltantes maniataron a los dos empleados y se apoderan de 110.000 euros tras abrirse la caja fuerte de la entidad

F. JAVIER BARROSO | Madrid | 30 JUN 2014 - 19:02 CET 1

Archivado en: Moratalaz Atracos Madrid Comunidad de Madrid España Delitos Sucesos Justicia

17 30 0 0

Enviar Imprimir Guardar

Tres encapuchados han atracado esta mañana una sucursal de Bankia en el distrito de Moratalaz, en la que se han apoderado de 110.000 euros en efectivo, según han confirmado fuentes de la Jefatura Superior de Policía de Madrid. Los asaltantes han maniatado a los empleados hasta que se ha abierto la caja fuerte de la entidad.

Los hechos se han producido cuando la entidad ya estaba cerrada al público, en el número 21 de la calle de Arroyo Fontarrón. Los ladrones, que iban encapuchados, con gafas de sol y con chalecos reflectantes, han empleado un soplete para abrir la puerta de emergencia desde el exterior. Una vez dentro, han atado de pies y manos al director y a un empleado. Eran los únicos que estaban en ese momento en la entidad bancaria.

Los ladrones han esperado a que se abriera la caja de seguridad y se han apoderado de todo el dinero en efectivo. En total, 110.000 euros, según fuentes policiales. Después han huido en un coche oscuro, posiblemente en un BMW. El Grupo XII de la Brigada de Policía Judicial se ha hecho cargo de las investigaciones.

Este atraco se produce días después del producido la semana pasada por dos individuos en una sucursal del Banco de Santander en el distrito de Retiro.

Titular. Indica el tema de la noticia. Este titular responde a las preguntas de «quién», «qué» y «dónde».

Entrada o entradilla. Complementa la información adelantada en el titular añadiendo datos de interés. En este caso, responde al «cómo».

Cuerpo. En el primer párrafo se repite la información más relevante y se añaden detalles que se desarrollan en el resto de párrafos en orden de importancia decreciente.

ACTIVIDADES

1 ¿Dónde tiene lugar esta noticia? ¿Está ese dato destacado gráficamente de algún modo?

2 ¿En qué sección de un periódico incluirías la noticia?

opinión | actualidad | cultura

3 Comenta qué características gráficas tiene el titular.

- Propón otro titular para esta noticia.

4 Lee la noticia y explica qué ha sucedido, quién la ha protagonizado y dónde, cuándo y cómo ha sucedido.

5 En la noticia se mencionan las fuentes de información, es decir, quién ha proporcionado los datos al periodista. Di cuáles son esas fuentes.

6 Contesta.

- ¿Se habla en esta noticia de otro suceso distinto?
- ¿Qué relación tiene con el suceso de la noticia?
- ¿Por qué crees que incluye el periodista ese dato para cerrar el texto?

7 USA LAS TIC. Consulta una noticia en un periódico digital, busca un destacado gráfico subrayado y resaltado en otro color y explica para qué sirve.

Escribe noticia del día 30

Hipónimos e hiperónimos

1 Hiponimia e hiperonimia

Algunas palabras incluyen el significado de otras. Así, por ejemplo, la palabra *mueble* incluye en su significado el de palabras como *mesa, aparador, estantería*… Decimos entonces que *mueble* es el **hiperónimo** de otras palabras de significado más concreto, que son sus **hipónimos**.

Son **hiperónimos** las palabras cuyo significado incluye el de otras.

Son **hipónimos** las palabras cuyo significado se encuentra incluido en el de otras.

Las palabras *martillo*, *sierra* y *taladro* son hipónimos del hiperónimo *herramientas*.

2 Usos de hipónimos e hiperónimos

La relación entre hipónimos e hiperónimos a menudo se utiliza para explicar el significado de un término. Un hipónimo, como *coche* o *autobús*, se puede definir a partir de su hiperónimo: *automóvil*.

coche: automóvil de tamaño pequeño o mediano.

autobús: automóvil destinado al transporte público.

Esa relación también se emplea frecuentemente para mantener o reforzar la cohesión de un texto. Así, el hiperónimo *herramienta* puede referirse a distintos hipónimos (*martillo, sierra, taladro*…).

En la caja había un martillo, una sierra y un taladro. Con esas herramientas arreglamos el perchero.

ACTIVIDADES

1. Relaciona cada hiperónimo con los hipónimos que le corresponden:

   tienda · deporte · pez · árbol

   - encina
   - mercería
   - baloncesto
   - pino
   - papelería
   - zapatería
   - salmón
   - natación
   - naranjo
   - trucha
   - tenis
   - mero

2. Escribe un hiperónimo para cada lista de hipónimos.
   - Cuchillo, tenedor, cuchara…
   - Abuelo, tía, prima…
   - Palacio, catedral, chalé…

3. Define las palabras *lavavajillas* y *frigorífico* empleando el mismo hiperónimo.

4. Localiza en este texto una palabra hiperónima y sus correspondientes hipónimos:

   ¡Qué semana!

   Esta semana estoy bastante ocupado con mis flores. ¡Menudo mes llevo! Trabajo en una floristería y todos los días me piden muchas azucenas y margaritas. Pero, además, este sábado me han encargado cuatro docenas de claveles.

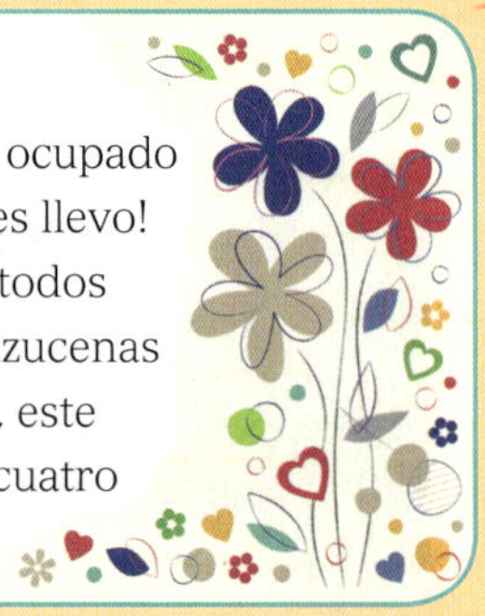

5. Sustituye en las oraciones la palabra destacada por un hiperónimo.
   - En la habitación entró una **mosca**.
   - Plantaron cuatro **manzanos** en el huerto.

La letra *g*

1 Representación de los sonidos G y J. La grafía *g*

La **letra *g*** representa el sonido G y el sonido J.

- El sonido G se transcribe mediante la letra *g* ante *a, o, u* (*gamo, gorro, guantes*) y delante de consonante (*digno, inglés*); en cambio, ante *e, i* se escribe *gu* (*guerrilla, guijarro*).

  Para diferenciar *gue, gui* (*guerra, guía*) de *güe, güi* (*cigüeña, pingüino*) se escribe diéresis (¨) sobre la *u* en los casos en los que la *u* debe pronunciarse.
- Ante las vocales *e, i* la letra *g* representa el sonido J.

A continuación se ofrecen normas para escribir palabras con *g*.

SE ESCRIBEN CON *G*	EJEMPLOS
Las palabras que empiezan por *geo-*, *legi-* y *gest-*. Se exceptúa *lejía*.	*geografía, legible, gestión*
Las palabras que contienen la sílaba *gen*. Se exceptúan *jengibre*, *avejentar*, *ajenjo* y las formas de los verbos cuyo infinitivo lleva *j*: *tejen* (de *tejer*), *crujen* (de *crujir*).	*gente, agenda, inteligente, imagen, margen*
Las voces que terminan en *-gena*, *-geno*, *-genario*, *-gésimo*, *-gia*, *-gio* y *-ginoso*. Se exceptúan *ajeno* y *berenjena*.	*indígena, octogenario, trigésimo, magia, oleaginoso*
Las palabras que terminan en *-logía*.	*simbología, farmacología*
Las formas de los verbos cuyo infinitivo acaba en *-ger*, *-gir*. Se exceptúan *tejer*, *crujir* y sus derivados.	*encogía* (de *encoger*), *dirige* (de *dirigir*)
Los compuestos y derivados de las palabras que se escriben con *g*.	*recogedor* (de *recoger*), *gigantismo* (de *gigante*)

SABER MÁS

Elementos compositivos con *g*

Algunos elementos compositivos que se escriben con *g* son los siguientes:

- *giga-*: 'mil millones de veces'.
- *geo-* o *-geo*: 'tierra'.
- *-algia*: 'dolor'.
- *-fagia*: 'acción de comer o tragar'.

ACTIVIDADES

1 Copia las siguientes palabras y complétalas.

- *usano
- *lobo
- aliení*ena
- pira*ismo
- man*era
- *entileza
- al*odón
- presti*io
- ci*eña

▶ Clasifica esas palabras según contengan el sonido G o el sonido J.

2 Copia estas palabras, complétalas y explica qué regla cumple cada una.

- *eografía
- antolo*ía
- le*islar

3 Completa con *g* o *j* cada forma verbal y escribe una oración con cada una de ellas.

- coger: yo co*o / tú co*es
- elegir: yo eli*o / tú eli*es

4 Escribe oraciones con cada uno de estos verbos:

corregir · tejer · proteger

5 AUTODICTADO. Copia este texto y completa con *g* o *j*.

El án*el

Era el án*el custodio de Jor*ito, el niño más rebelde de la ciudad. Su a*etreada *ornada comenzaba cuando su incorre*ible prote*ido se despertaba y se negaba a levantarse, a desayunar, a ir al cole*io, a comer, a reco*er los *uguetes… Concluido el día, exhausto y a*itado aún, el án*el miraba a Jor*ito y se sentía feliz.

Los pronombres

1 Los pronombres

Los **pronombres** son palabras que equivalen a un sustantivo o a un grupo nominal.

El pronombre *él*, por ejemplo, equivale a un grupo nominal como *el profesor* y por eso puede sustituirlo en una oración.

El profesor corrigió los exámenes. ▶ *Él corrigió los exámenes.*

2 Clases de pronombres

En unidades anteriores, hemos visto algunas clases de pronombres, como los **demostrativos**, los **cuantificadores numerales** e **indefinidos**, los **relativos**, los **interrogativos** y los **exclamativos**.

- Los **pronombres demostrativos** son palabras que se refieren a un objeto, suceso o acción y señalan la distancia que lo separa del hablante.

  Este es el que andaba buscando. *Aquello no debió ocurrir.*

- Los **pronombres numerales e indefinidos** indican cantidad o se refieren a la existencia o inexistencia de alguna persona o cosa: *tres, primero, alguien, algo, nadie, nada...*

  Solo había dos. *No me queda nada.*

- Los **pronombres relativos** se refieren a un sustantivo que ha aparecido anteriormente: *que, quien, el cual...*

  Ya me he leído el libro que me prestaste.

- Los **pronombres interrogativos** y **exclamativos** forman parte de una pregunta o una exclamación: *quién, qué...*

  ¿Quién ha venido? *¡Quién tuviera tu edad!*

En esta unidad estudiaremos otra clase de pronombres: los **pronombres personales**.

Claves para empezar

- ¿Qué palabra de *ella está aquí* puede sustituirse por el sintagma nominal *la famosa actriz*?
- Explica a qué personas te refieres (el que habla, el que escucha...) cuando dices *nosotros fuimos*. ¿Y si dices *ellas fueron*?

ACTIVIDADES

1. Identifica los pronombres en las siguientes oraciones e indica su clase:
   - Es importante tener esto en cuenta.
   - Ningún asistente dijo nada sobre eso.
   - ¿Qué preparas para la fiesta?
   - Los relojes que arreglaron están aquí.
   - Encargó tres cajas, pero solo trajeron dos.

2. Sustituye las palabras destacadas por un pronombre.
   - Rosa y Óscar tienen aficiones distintas: a **Rosa** le gusta leer y a **Óscar** escuchar música.
   - Sara cogió la llave. Después, dejó **la llave** en la mesa.

3. Escribe un texto en el que emplees estos pronombres:

   qué · alguien · quien · eso

3 Los pronombres personales

Los **pronombres personales** son palabras que aluden a quienes participan en la comunicación (el hablante, el oyente) y a las demás personas, cosas o ideas.

Los pronombres personales expresan la **persona gramatical**.

- La **primera persona** indica quién es la persona o personas que hablan.

  Yo estudio por la tarde. *Nos han puesto un examen.*

- La **segunda persona** señala a la persona o personas con las que se habla.

  Tú no vas al partido. *Os estáis divirtiendo.*

- La **tercera persona** se refiere a las demás personas, cosas o ideas.

  Ella estaba de buen humor. *La llave, déjala en el cajón.*

Formas de los pronombres personales

Los pronombres personales pueden ser tónicos o átonos.

- Los **pronombres tónicos** pueden aparecer solos, como, por ejemplo, en respuesta a una pregunta.

  ¿Quién te lo dijo? Ella. *¿Quiénes vamos? Nosotros.*

- Los **pronombres átonos** siempre aparecen acompañando a un verbo. Si el pronombre sigue al verbo, se une a él.

  Eso no me gusta. *Vete a casa.*

	FORMAS TÓNICAS		FORMAS ÁTONAS	
	Singular	**Plural**	**Singular**	**Plural**
1.ª PERSONA	yo, mí	nosotros, nosotras	me	nos
2.ª PERSONA	tú, ti (usted)	vosotros, vosotras (ustedes)	te	os
3.ª PERSONA	él, ella, ello, sí	ellos, ellas, sí	lo, la, le, se	los, las, les, se

SABER MÁS

Conmigo, contigo y consigo

Las palabras *conmigo*, *contigo* y *consigo* resultan de unir la preposición *con* a los pronombres personales *mí*, *ti* y *sí*, respectivamente.

con + mí = conmigo
con + ti = contigo
con + sí = consigo

A pesar de escribirse en una sola palabra equivalen a dos. En las siguientes oraciones *conmigo* y *con nosotros* desempeñan la misma función.

- *Vendrás conmigo.*
- *Vendrás con nosotros.*

ACTIVIDADES

4 Copia los pronombres personales y especifica la persona gramatical de cada uno.

- Él se encarga de eso aunque no sea para nosotros.
- Permite que lleve la maleta o no podrás con ella.
- Ella y yo fuimos juntos de viaje.

5 Sustituye por pronombres personales los sintagmas nominales destacados.

- Una niña entregó unas flores **a los actores de la función**.
- **Los profesores** rifarán los libros entre **María y tú**.

6 Sustituye los pronombres personales de estas oraciones por un sustantivo o un sintagma nominal.

- Ella recogió las galletas de la tienda.
- No lo hago por nosotras, sino por vosotros.
- Son ellas quienes lo han resuelto.

Ejemplo: Ella recogió las galletas de la tienda. ▶ *La cocinera recogió las galletas de la tienda.*

7 Escribe oraciones con estos pronombres personales:

nosotros | tú | vosotras | ellos

4 Los pronombres reflexivos

Los **pronombres reflexivos** son pronombres personales que hacen referencia al sujeto. Indican que quien realiza la acción verbal es el mismo que la recibe.

En estos ejemplos el pronombre *se* indica que Cristina realiza y recibe la acción del verbo: se peina a sí misma; se conoce a sí misma.

Cristina se peina muy bien. *Ella se conoce a sí misma.*

Los reflexivos pueden ser tónicos o átonos.

	FORMAS TÓNICAS		FORMAS ÁTONAS	
	Singular	**Plural**	**Singular**	**Plural**
1.ª PERSONA	mí	nosotros, nosotras	me	nos
2.ª PERSONA	ti	vosotros, vosotras	te	os
3.ª PERSONA	sí, él, ella	sí, ellos, ellas	se	

Los pronombres reflexivos tónicos siempre van detrás de una preposición.

Me lo quedo para mí. *Pensáis demasiado en vosotros.*

Pronombres recíprocos

Los **pronombres recíprocos** expresan la relación mutua que existe entre los individuos de un sujeto plural.

En estas oraciones el pronombre indica que la acción la realizan varios individuos (*los dos amigos, Ana y yo*) y que se ejerce recíprocamente.

Los dos amigos se admiraban mutuamente. *Ana y yo nos queremos.*

Los pronombres recíprocos solo tienen formas de plural, dado que el sujeto de las oraciones en que aparecen siempre es plural.

Claves para estudiar

Resuelve estas actividades:

- Explica qué es un pronombre y enumera sus clases.
- Escribe una oración con un pronombre personal tónico y otra con uno átono.
- ¿Cuál es la diferencia entre un pronombre reflexivo y uno recíproco? ¿Por qué los recíprocos no tienen forma singular?

ACTIVIDADES

8 Localiza los pronombres reflexivos e indica si son tónicos o átonos.

- Me he cortado las uñas.
- Mi hermano confía mucho en sí mismo.
- Carmen y Pablo se compraron un piso.
- Lo he preparado para mí.
- Mi primo solo piensa en sí mismo.

▶ ¿A qué preposiciones siguen los pronombres reflexivos tónicos?

9 Explica por qué no existen pronombres recíprocos con forma singular.

10 Escribe un enunciado para cada dibujo.

▶ ¿Qué enunciado es recíproco? ¿Cuál es reflexivo?

11 PARA PENSAR. Escribe dos oraciones en las que el pronombre *nosotros* sea en un caso reflexivo y en el otro, recíproco.

SABER HACER

Introducción a la historia del arte

Ceno con Nicole y con Adoum.

Nicole habla de un escultor que ella conoce, hombre de mucho talento y fama. El escultor trabaja en un taller inmenso, rodeado de niños. Todos los niños del barrio son sus amigos.

Un buen día la alcaldía le encargó un gran caballo para una plaza de la ciudad. Un camión trajo al taller el bloque gigante de granito. El escultor empezó a trabajarlo, subido a una escalera, a golpes de martillo y cincel. Los niños lo miraban hacer.

Entonces los niños partieron, de vacaciones, rumbo a la montaña o el mar.

Cuando regresaron, el escultor les mostró el caballo terminado.

Y uno de los niños, con los ojos muy abiertos, le preguntó:

–Pero… ¿cómo sabías que dentro de aquella piedra había un caballo?

EDUARDO GALEANO, *Días y noches de amor y de guerra*

1. Copia las afirmaciones correctas sobre el texto y corrige las falsas.
   - El escultor no trabaja mucho, solo juega con los niños.
   - El escultor recibió un encargo para esculpir un caballo.
   - Los niños vieron cómo el escultor esculpía el caballo día a día.
   - Uno de los niños sabía que dentro de la piedra había un caballo.

Emplear hipónimos e hiperónimos →

2. En el texto aparecen las palabras *martillo* y *cincel*. Escribe una palabra que sea hiperónima de estas dos.

3. Escribe un hiperónimo para cada palabra. Luego escribe otros dos hipónimos de cada hiperónimo.

   escultor — caballo — camión

Conocer el uso de la *g* →

4. Copia todas las palabras del tercer párrafo que tengan el sonido G.

5. Copia las oraciones completando las palabras con *g*, *gu* o *j*. Después, clasifícalas según tengan el sonido G o el sonido J.
   - Será la quincua*ésima se*unda escultura que le encar*en.
   - Los niños tra*eron un libro de mitolo*ía con preciosas imá*enes.

Diferenciar pronombres →

6. Identifica los pronombres del texto e indica su clase.

   Nadie entendió la pregunta que había hecho el niño. Sus compañeros lo miraban extrañados. El niño de los ojos muy abiertos pensó: «Esto me pasa por ser tan crédulo».

7. Copia del texto un pronombre personal tónico y dos átonos.

Conversación en el parque

Sara se encontró sola en un claro de árboles de Central Park; llevaba mucho rato andando abstraída sin dejar de pensar, había perdido la noción del tiempo y estaba cansada. Vio un banco y se sentó en él, dejando al lado la cesta con la tarta. [...]

Cuando descubrió los zapatos negros de un hombre que estaba de pie, plantado delante de ella, se llevó un poco de susto. [...] Pero al alzar los ojos para mirarlo, sus temores se disiparon en parte. Era un señor bien vestido, con sombrero gris y guantes de cabritilla, sin la menor pinta de asesino. Claro que en el cine a veces esos son los peores. Y además no decía nada, ni se movía apenas. Solamente las aletas de su nariz afilada se dilataban como olfateando algo, lo cual le daba cierto toque de animal al acecho. Pero en cambio la mirada parecía de fiar; era evidentemente la de un hombre solitario y triste. De pronto sonrió. Y Sara le devolvió la sonrisa.

–¿Qué haces aquí tan sola, hermosa niña? –le preguntó cortésmente–. ¿Esperabas a alguien?

–No, a nadie. Simplemente estaba pensando.

–¡Qué casualidad! –dijo él–. Ayer más o menos a estas mismas horas me encontré aquí a una persona que me contestó lo mismo que tú. ¿No te parece raro?

–A mí no. Es que la gente suele pensar mucho. Y cuando está sola, más.

–¿Vives por este barrio? –preguntó el hombre mientras se quitaba los guantes.

–No, no tengo esa suerte. Mi abuela dice que es el mejor barrio de Manhattan. Ella vive al norte, por Morningside. Voy a verla ahora y a llevarle una tarta de fresa que ha hecho mi madre. [...]

–¿Tarta de fresa? ¡Ya decía yo que olía a tarta de fresa! ¿La llevas aquí dentro, verdad, querida niña? [...]

–Sí, ahí dentro la llevo. ¿La quiere usted probar? La ha hecho mi madre y le sale muy buena.

–¡Oh, sí, probarla! ¡Nada me gustaría tanto como probarla! ¿Pero qué dirá tu abuela?

–No creo que le importe mucho que se la lleve empezada –dijo Sara, volviendo a sentarse en el banco y retirando la servilleta de cuadros–. Le diré que me he encontrado con... Bueno, con el lobo –añadió riendo–, y que tenía mucha hambre. [...]

–No mentirías –dijo el hombre–, porque me llamo Edgar Woolf.

CARMEN MARTÍN GAITE, *Caperucita en Manhattan*

ACTIVIDADES

1 ¿Dónde tiene lugar la acción del texto? ¿Cómo dirías que es su marco narrativo: preciso o impreciso?
- Indica quién es el narrador del texto y de qué tipo es.

2 ¿Cómo se llaman los personajes que protagonizan las acciones? Descríbelos.
- Explica el significado de la última frase del texto. Ten en cuenta que Woolf se parece a la palabra inglesa *wolf*.

3 ¿Adónde se dirige Sara? ¿Qué lleva consigo?

4 ¿A qué conocido cuento tradicional se parece este texto? ¿Qué semejanzas tiene con él?
- Explica con ejemplos del texto qué es una recreación de un cuento tradicional.
- Relaciona este texto con otra narración de este mismo cuento presente en la unidad.

El semáforo azul

Una vez, el semáforo que hay en la plaza del Duomo de Milán hizo una rareza. De improviso, todas sus luces se tiñeron de azul y la gente no sabía a qué atenerse.

–¿Cruzamos o no cruzamos? ¿Estamos o no estamos?

Por todos sus ojos, en todas direcciones, el semáforo propagaba la insólita señal azul, de un azul tan azul como no lo había estado nunca el cielo en Milán.

Mientras esperaban a ver qué pasaba, los automovilistas gritaban y tocaban el claxon, los motociclistas hacían rugir el tubo de escape y los peatones más gordos gritaban:

–¡Usted no sabe quién soy yo! [...]

Finalmente llegó un guardia y se situó en medio del cruce para dirigir el tráfico. Otro guardia buscó la cajita de los mandos para reparar la corriente, y quitó la corriente.

El semáforo azul, antes de apagarse, tuvo tiempo de pensar: «¡Pobrecitos! Les había dado la señal de vía libre para el cielo. Si lo hubiesen entendido, ahora todos sabrían volar. Pero quizá les ha faltado valor».

GIANNI RODARI, *Cuentos por teléfono*

ACTIVIDADES

1. ¿Qué particularidad tiene el semáforo?
   - Explica qué sucede en la plaza a causa del color azul del semáforo.
2. ¿Cómo termina el relato? ¿Crees que el autor del cuento busca producir un efecto de sorpresa? Justifica tu respuesta.
3. Explica el carácter fantástico del cuento.
4. ¿Quién es el autor del texto? ¿Dónde tiene lugar la acción?
   - Explica, basándote en tus respuestas, qué tipo de cuento dirías que es.
5. ¿Qué harías tú si encontraras un semáforo azul? ¿Qué pensarías?

SABER HACER

Inventar un argumento

Los cuentos son textos narrativos caracterizados por su brevedad, su marco narrativo simple y su argumento bien definido.

1. Elige entre estos títulos de cuentos uno que no hayas leído:
   - *El camaleón que finalmente no sabía de qué color ponerse* (Augusto Monterroso).
   - *El lobo que cree que la luna es queso* (Anónimo).
   - *El traje nuevo del emperador* (Hans Christian Andersen).
2. Inventa un argumento inspirado en el título y enmarca la acción. Para ello debes indicar:
   - Qué ocurre.
   - Qué personajes intervienen y cómo son.
   - Dónde y cuándo sucede la acción.
3. Escribe el cuento a partir del argumento. Debes hacerlo de modo que resulte atractivo y que mantenga la atención del lector.
4. USA LAS TIC. Localiza el cuento en una biblioteca o en Internet y compáralo con el que has escrito.

BANCO DE ACTIVIDADES

NIVEL I

1 Busca una noticia en un periódico y analiza la información que contiene. Intenta contestar a las siguientes preguntas:

- ¿Qué sucedió?
- ¿Cuándo ocurrió?
- ¿Dónde tuvo lugar?
- ¿Cómo sucedió?
- ¿Quiénes participaron?
- ¿Por qué ocurrió?

2 Copia las oraciones y complétalas escribiendo el hiperónimo de la palabra destacada.

- La vecina nos pidió que esperásemos en el **comedor**. Era una ______ amplia y soleada.
- Juan hablaba mucho con su **perro**. El ______ parecía que le entendía.
- Alicia juega al **tenis** desde niña. Ha conseguido importantes victorias en ese ______.
- Mi hermano trajo **peras**, **plátanos** y **melocotones**. La ______ estaba muy rica.

3 Escribe dos palabras de la misma familia que las siguientes:

- genio
- colegio
- imaginación

4 Completa estos adjetivos y escribe oraciones con ellos.

a*eno	vi*ente	verti*inoso	estraté*ico

5 Identifica los pronombres personales y clasifícalos en tónicos y átonos.

- ¿Les habéis regalado vosotros esas flores?
- No se lo digas hasta que yo hable con ella.

6 Sustituye las palabras destacadas por pronombres.

- **El cantante** dedicó una canción **a su hija pequeña**.
- **Mi padre** colgó **el cuadro** en la habitación principal.
- Responde **a todos tus amigos** con educación.
- **Elena y Eva** ayudarán **a Marta** a hacer **el pastel**.

▶ Analiza los pronombres personales que has escrito.

7 ¿Cuál es el acontecimiento inicial en estos cuentos infantiles? ¿A qué clase pertenecen?

Los tres cerditos	*La Cenicienta*

NIVEL II

8 Escribe una noticia para una de estas dos imágenes. No olvides ni el titular ni la entradilla.

9 ¿Qué clase de pronombres personales son los destacados? ¿Por qué?

- **Ellos se** quieren mucho.
- **Se** lava las manos.

10 Explica cómo son los personajes de los cuentos tradicionales.

DISFRUTA Y APRENDE

tbc •••

To be continued. Concurso de novela ilustrada en colaboración. Presentación

Desde el **19-01-2011** al **19-01-2011**
Madrid, España

Share 0 | Twittear 6 | Compartir 0 | Enviar

Añade un comentario >

Descripción

TO BE CONTINUED

La nueva novela no sólo se lee.

Tras el éxito cosechado por Teserland, Vasaver lanza TO BE CONTINUED, un concurso de novela ilustrada en colaboración entre todos los usuarios de Internet. Colaboran en el proyecto Ediciona, Soopbook, Aloído, Dosdoce y el Instituto Cervantes.

TO BE CONTINUED, que nace con la intención de crear un libro de calidad escrito e ilustrado por los usuarios de la red, comenzará el próximo 19 de enero con la publicación en la webhttp://www.tobe-continued.com de un primer capítulo de final abierto. Conocedores de lo importante que son las primeras páginas de una historia, hemos pedido a Santiago Roncagliolo (ganador del Premio Alfaguara), que asuma el reto de dar el pistoletazo de salida del concurso.

Continuará

En el año 2011 se realizó un proyecto, llamado *To be continued*, en el que escritores de renombre e internautas desconocidos escribieron, a través de Internet y entre todos, una novela negra.

▶ Vais a escribir una historia entre cinco personas. Cada uno escribirá una parte y el siguiente deberá redactar otra.

- Participante 1 ▶ Describe un lugar.
- Participante 2 ▶ Introduce en la historia uno o dos personajes.
- Participante 3 ▶ Introduce un episodio de la acción.
- Participante 4 ▶ Introduce otro episodio.
- Participante 5 ▶ Escribe el final de la historia.

Algo había sucedido

El tren había recorrido solo pocos kilómetros cuando vi por la ventanilla a una muchacha. Estaba apoyada en la barrera para disfrutar de la vista de nuestro tren y cuando el tren pasó frente a ella se dio la vuelta para atender a un hombre que llegaba corriendo y le gritaba algo, como si acudiera a prevenirla de un peligro. Solamente fue un instante: la escena voló, quedó atrás y yo me quedé preguntándome qué preocupación le había traído aquel hombre a la muchacha que había venido a contemplarnos.

Ya estaba por adormecerme cuando quiso la casualidad que reparara en un campesino parado sobre un murito que llamaba hacia el campo. Seis o siete personas corrían directamente al murito, alarmados. «¡Qué extraño!», pensé, «en pocos kilómetros ya dos casos de gente que recibe, de golpe, una noticia». Ahora, vagamente sugestionado, escrutaba los paisajes con inquietud. En todos los lados era lo mismo. Las carreteras hormigueaban de vehículos y gente, todos en dirección al sur. Nos cruzábamos con trenes repletos de gente. Los que nos veían pasar, volando con tanta prisa hacia el norte, nos miraban desconcertados.

Un muchacho intentó seguirnos con un paquete de diarios y agitaba uno que tenía un gran titular negro en la primera página. Entonces, la señora que estaba frente a mí se asomó, logrando detener por un momento el periódico, pero el viento se lo arrancó impetuosamente. Entre los dedos le quedó un pedacito. Del enorme título, solo quedaban tres letras: ION, se leía. Nada más. Corríamos como locos hacia una cosa que terminaba en ION y debía de ser espeluznante.

DINO BUZZATI
Los siete mensajeros y otros relatos (Adaptación)

ACTIVIDADES

1 En el texto se habla de una noticia que no se conoce. **Define el concepto de noticia.**

2 Al final del texto se menciona el titular de la noticia. **¿A qué llamamos titular? ¿Qué otras partes presenta una noticia? Explica en qué consiste cada una de ellas.**

3 **Define el sustantivo *periódico* usando un hiperónimo.**
- Escribe otros hipónimos del mismo hiperónimo.

4 **Busca en los dos últimos párrafos del texto cuatro palabras en las que la letra *g* represente el sonido J.**

5 **Localiza esta oración en el primer párrafo del texto y di a qué sustantivo hace referencia el pronombre *le*.**
- Un hombre que llegaba corriendo y le gritaba algo.

6 **Copia estas formas verbales e identifica los pronombres átonos que contienen.**
- prevenirla
- contemplarnos
- preguntándome

7 **Identifica los pronombres personales y di si son tónicos o átonos y cuál es su número y su persona.**
- Cuando el tren pasó frente a ella se dio la vuelta.
- Un muchacho intentó seguirnos.

8 **Explica por qué el pronombre destacado en esta oración es un pronombre reflexivo.**
- Yo me quedé preguntándo**me** qué preocupación tenía.

9 PARA PENSAR. **¿A cuál de los tres géneros literarios pertenece este texto? ¿Por qué?**
- Explica qué tipo de cuento es *Algo había sucedido*: ¿tradicional o moderno? Justifica tu respuesta.

COMUNICACIÓN. **La noticia**

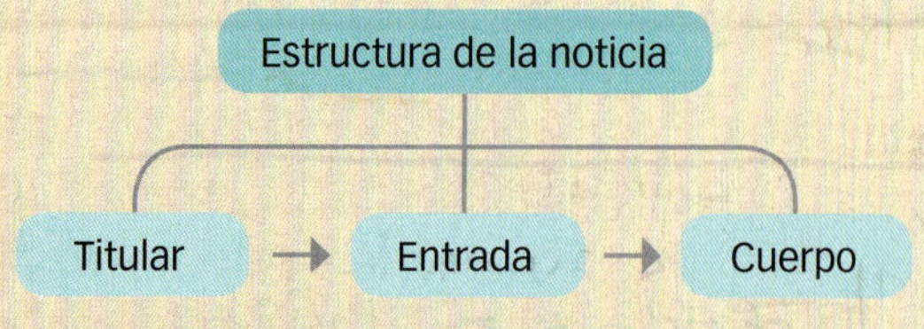

Una **noticia** es el relato de un suceso ocurrido recientemente que se considera de interés público.

La noticia se estructura en tres partes básicas:

- El **titular** es la cabecera de una información, donde se indica brevemente el tema de la noticia.
- La **entrada** o entradilla recoge lo esencial de la noticia.
- El **cuerpo** desarrolla el asunto del que trata la noticia.

Las noticas escritas se transmiten a través de los periódicos, que se ofrecen en dos soportes: impresos o en formato digital.

GRAMÁTICA. **Los pronombres**

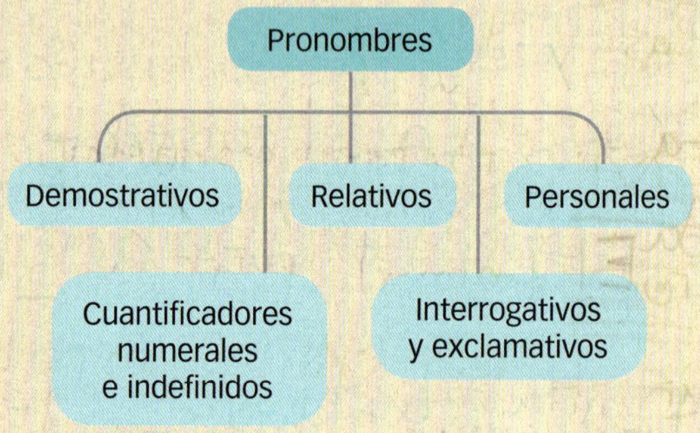

Los pronombres son palabras que equivalen a un sustantivo o a un grupo nominal.

Hay diferentes **clases de pronombres**: demostrativos, cuantificadores numerales e indefinidos, relativos, interrogativos y exclamativos, y personales.

Los **pronombres personales** son palabras que indican quiénes participan en la comunicación. Expresan la persona gramatical (primera, segunda o tercera) y pueden ser tónicos o átonos.

También son pronombres personales los pronombres **reflexivos** y los pronombres **recíprocos**.

LITERATURA. **El cuento**

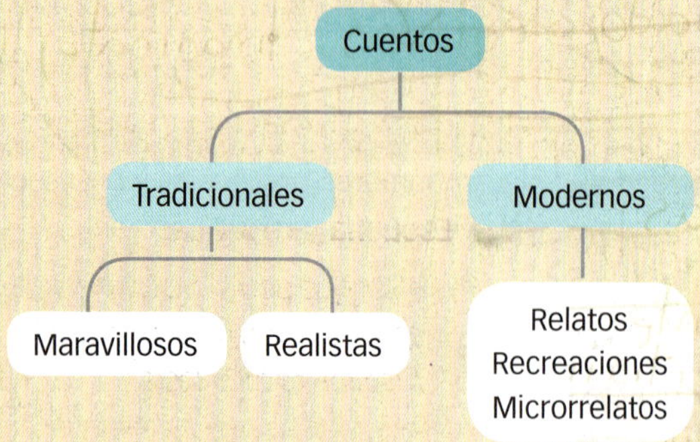

El **cuento** es un tipo de narración literaria caracterizado por su brevedad.

Los **cuentos tradicionales** son relatos anónimos que se transmiten de forma oral hasta que un autor decide recopilarlos por escrito. Se pueden diferenciar dos tipos: cuentos maravillosos y cuentos realistas. Los cuentos tradicionales se caracterizan por que su marco narrativo es impreciso, los personajes tienen un carácter simple y la historia se cuenta de modo lineal.

Los **cuentos modernos** son relatos creados por un autor que manifiesta en ellos su originalidad literaria.

Las recreaciones de cuentos son adaptaciones modernas de un cuento tradicional; y los microrrelatos, narraciones muy breves que plantean una situación de especial intensidad.

La descripción
El adjetivo
La leyenda y el mito

7

Comunicación

SABER

- La descripción

SABER HACER

- Describir un animal fantástico
- Realizar una exposición oral

Estudio de la lengua

SABER

- Los campos semánticos
- Principios de acentuación
- El adjetivo

SABER HACER

- Formar campos semánticos
- Acentuar correctamente
- Reconocer adjetivos

Educación literaria

SABER

- La leyenda y el mito

SABER HACER

- Escribir una leyenda

Escucha y resuelve.

- ¿Por qué podemos afirmar que este es un texto humorístico? Justifica tu respuesta.
- ¿De qué dos productos alimenticios se habla? ¿Cómo se describen?
- Intenta realizar una descripción no humorística de uno de esos productos.
- ¿Cuál de estas palabras has escuchado en el texto: *comanda, chocolatería, mantel*? Explica su significado.

La descripción

1 La descripción

Cuando el emisor desea mostrar mediante el lenguaje cómo es un objeto, una persona, un lugar o una realidad, elabora una descripción. Describir un ser o un objeto es presentarlo por medio de las palabras.

La **descripción** consiste en presentar los rasgos característicos de seres, objetos, lugares o fenómenos, pertenecientes al mundo real o a un mundo imaginado, para que el receptor se haga una idea fiel de ellos.

El lenguaje de las descripciones se caracteriza por la abundancia de adjetivos, que expresan las cualidades de lo descrito. También es muy habitual el uso de marcadores espaciales (*encima, al fondo, detrás de*...) que sitúan en el espacio lo que se describe. Y para dar más viveza a la descripción es frecuente utilizar recursos estilísticos como el símil o la metáfora.

2 Clases de descripción

La descripción se puede clasificar según la actitud del emisor en dos grupos: descripción objetiva y descripción subjetiva.

CLASES DE DESCRIPCIÓN	
Descripción objetiva	El emisor informa sobre las características de lo descrito, intentando ajustarse a la realidad sin realizar valoraciones personales. La descripción objetiva emplea un lenguaje preciso y riguroso.
Descripción subjetiva	El emisor intenta mostrar su visión particular de lo que describe, para lo cual selecciona aquellos rasgos que más le interesan y añade las impresiones que esos rasgos le producen. Generalmente se emplea un lenguaje muy expresivo que pretende sorprender al receptor.

La descripción objetiva es propia de los textos de carácter técnico o científico. La descripción subjetiva es frecuente en las obras literarias y en los anuncios publicitarios.

3 El orden en las descripciones

Toda descripción se basa en la observación y selección de los rasgos más característicos de lo que se describe. Esos rasgos se suelen disponer según un orden variable: de lo más destacado a lo menos visible, del exterior al interior, de lo general a lo particular...

También es frecuente seguir un orden espacial (de derecha a izquierda, de arriba abajo, de dentro afuera...) o comenzar por una visión de conjunto y describir después elementos concretos que se van situando en el espacio de la descripción.

SABER MÁS

Descripción y tipo de texto

Son descripciones objetivas las de textos científicos y técnicos:

Tortuga. *Nombre científico de diversos reptiles con caparazón de placas óseas y córneas. Existen especies terrestres y acuáticas.*

Son descripciones subjetivas las de la literatura y la publicidad:

Tortugas y cronopios

Las tortugas son grandes admiradoras de la velocidad.

Los cronopios lo saben, y cada vez que encuentran una tortuga, sacan la caja de tizas de colores y sobre la redonda pizarra de la tortuga dibujan una golondrina.

Julio Cortázar (Adaptación)

RECURSOS

Descripciones objetivas y subjetivas

La diferencia entre una descripción objetiva y una descripción subjetiva se basa en su intención o finalidad. El objetivo de la primera es informar, y el de la segunda, expresar el punto de vista del emisor sobre el objeto de su descripción. Vamos a ver un ejemplo de cada tipo de descripción.

Un paisaje alpino

El cielo está despejado, sin nubes. La pradera alpina está recubierta por plantas herbáceas (especialmente gramíneas) de intenso color verde y plantas florales. A la izquierda crecen grupos grandes de flores, entre las que predominan las de tonos azules y amarillos. Una ligera brisa proviene del suroeste y agita la vegetación. En el centro del paisaje hay dos niños acompañados de ganado caprino. La niña se acerca corriendo a los macizos de flores y sonríe.

El emisor de esta **descripción objetiva** se expresa de modo minucioso y preciso, con un lenguaje ordenado y riguroso que emplea términos técnicos como «gramíneas». Los adjetivos utilizados son neutros, sin sentido valorativo: *ligera brisa*, *ganado caprino*…

El emisor de esta **descripción subjetiva** no se preocupa tanto de reflejar la realidad como de manifestar los efectos que esa realidad produce en su ánimo (o en el del personaje literario). Los adjetivos tienen carácter valorativo: *hermosas flores*, *cálidos rayos*; y hay recursos estilísticos como la personificación: *se abrían gozosas*…, *parecían sonreír*…

Un día soleado

El sol brillaba esplendoroso sobre los verdes prados de pastos; las pequeñas flores azules y amarillas de los Alpes se abrían gozosas para sus cálidos rayos y parecían sonreír a Heidi. Los prados estaban cuajados de ellas; Heidi no cabía en sí de gozo. Al ver todas aquellas hermosas flores que se mecían suavemente sobre sus tallos, sintió tanta alegría que olvidó todo, hasta a las cabritas y a Pedro.

JOHANNA SPYRI, *Heidi*

ACTIVIDADES

1 Piensa qué clase de descripciones pueden aparecer en los siguientes textos. Luego, explica las diferencias entre uno y otro tipo de descripción.

texto técnico | texto literario

2 Explica los distintos modos de ordenar los rasgos de aquello que se describe.

3 ¿En cuál de las dos descripciones de esta página hay más conectores espaciales?

- Localiza y copia los conectores espaciales que encuentres.

4 Elige un objeto, una persona, un lugar o una situación y haz dos descripciones: una de tipo objetivo y otra de carácter subjetivo.

Los *struldbrugs*

Un día, un luggnaggiano con el que había entablado relación me preguntó si había visto algún *struldbrug*, que en su lengua quiere decir 'inmortal'. Dije que no y le supliqué que me explicase qué sentido tenía tal nombre aplicado a una criatura mortal. Me hizo saber que de vez en cuando, aunque muy raramente, nacía en una familia un niño con una mancha circular roja en la frente, encima de la ceja izquierda, lo que era señal infalible de que no moriría nunca. La mancha con el tiempo se agrandaba y cambiaba de color. Así, a los doce años se hacía verde y de este color continuaba hasta los veinticinco, en que se volvía azul oscuro; a los cuarenta y cinco se volvía negra como el carbón y del tamaño de un chelín inglés, y ya no sufría nunca más alteraciones. Dijo que estos nacimientos eran tan raros que no creía que hubiese más de mil cien *struldbrugs* de ambos sexos en todo el reino.

JONATHAN SWIFT, *Los viajes de Gulliver* (Adaptación)

ACTIVIDADES

1. Partiendo de los datos del texto, haz una breve descripción de los *struldbrugs*.
2. Selecciona la afirmación correcta y justifica tu elección.
   - El autor intenta ser objetivo en su descripción.
   - El autor hace una descripción subjetiva.

En el país de Fantasia

Fantasia. Territorio sin fronteras, del que no disponemos de descripción geográfica precisa ni tampoco de mapa. La localización de sus países, ríos, mares y montañas cambia constantemente. Como las distancias no pueden medirse, conceptos tales como «lejos» o «cerca» son totalmente subjetivos, lo mismo que las horas del día y las estaciones del año. Entre sus muy variados habitantes están, por ejemplo, los diminutenses, que levantan en las ramas de los árboles sus casas, conectadas entre sí mediante escalerillas, escalas de cuerda y toboganes. En el Bosque de Haule habitan los trolls de la corteza, que pertenecen a los dos sexos y que semejan nudosos troncos de árboles. Los comerrocas también viven en este bosque, en una montaña que van devorando poco a poco (ya tiene tantos agujeros como un trozo de queso suizo). Seres con cuerpos de fuego se mueven por las calles de la ciudad de Brousch, mientras que en la Tierra de los Azafranios todos nacen viejos y mueren niños.

Se advierte al viajero que Fantasia es un lugar tan fascinante que una estancia prolongada allí podría acarrear la pérdida de su identidad y no le quedaría más remedio que quedarse para siempre.

ALBERTO MANGUEL y GIANNI GUADALUPI
Guía de lugares imaginarios (Adaptación)

ACTIVIDADES

1. ¿Qué peculiaridades tiene el territorio de Fantasia que lo distinguen de nuestro mundo? Enuméralas.
2. Menciona los distintos habitantes de Fantasia que se describen en el texto y di una característica de cada uno de ellos.
3. USA LAS TIC. El país de Fantasia fue creado por el escritor alemán Michael Ende en su novela *La historia interminable*.

   Averigua en Internet el argumento de esa novela y resúmelo por escrito.
   - Indica quién es su protagonista.

SABER HACER

Describir un animal fantástico

En ocasiones queremos explicarle a alguien cómo es algo que hemos visto o imaginado. Para eso, utilizamos una descripción. Supón que has inventado un animal fantástico. Vamos a describirlo con detalle.

1 Imagina tu animal fantástico. Completa en tu cuaderno una tabla como la siguiente seleccionando elementos del recuadro.

ojo	hocico	cola	pico	pluma	pinza	garra
antena	pezuña	ala	aleta	trompa	pata	cuerno

ELEMENTO	CANTIDAD	APARIENCIA
ojos	2	redondos, grandes
patas	4	grandes, como las de un oso

2 Anota otros datos sobre el animal que vas a describir, por ejemplo:

- alimentación
- poderes
- costumbres
- hábitat

3 Haz la descripción. Sigue estas pautas:

- Selecciona los datos más relevantes de tu animal. Debes partir de la información que has anotado en las actividades anteriores.
- Elige un orden concreto. Puedes, por ejemplo, presentar primero los rasgos físicos de la forma más ordenada posible y luego otras características.
- Ponle un nombre a tu animal.

Realizar una exposición oral

En ocasiones, conocemos nuevas ideas o realidades porque otros nos las explican. Vamos a hacer una exposición oral sobre animales en peligro de extinción.

1 Prepara tu exposición. Primero elabora un guion con los aspectos que quieres tratar.

2 Realiza tu exposición ante la clase. Puedes seguir estos consejos:

- Utiliza algunas fichas como apoyo. Anota en ellas, por ejemplo, palabras técnicas con las que no estés muy familiarizado.
- Habla con calma y voz clara.
- Procura moverte con soltura ante el público.

Hoy quiero hablar de los animales en peligro de extinción. Primero voy a explicar qué significa exactamente «peligro de extinción»…

Los campos semánticos

SABER MÁS

Distintos campos semánticos

Una misma palabra puede pertenecer a distintos campos semánticos. Así, *xilófono* puede pertenecer al campo semántico de 'instrumentos musicales'. Pero también puede pertenecer al campo semántico de 'instrumentos musicales de percusión', que solo estará compuesto por *xilófono*, *tambor*, *triángulo*…

1 Los campos semánticos

Hay palabras que pertenecen a una misma categoría gramatical (adjetivos, verbos, nombres…) y comparten el mismo significado básico. Estas palabras forman un **campo semántico**.

Así, por ejemplo, puede constituir un campo semántico un conjunto de nombres que compartan el significado básico de 'asiento' o un conjunto de verbos que designen formas de andar.

Tipos de asientos ▶ *silla, sofá, taburete, butaca, mecedora…*
Formas de andar ▶ *caminar, correr, pasear, deambular, errar, patear…*

Un **campo semántico** es un grupo de palabras que pertenecen a una misma categoría gramatical y comparten un mismo significado básico.

2 Clases de campos semánticos

Los ejemplos anteriores son **campos semánticos abiertos**, ya que pueden incluir más o menos palabras. Pero también hay **campos semánticos cerrados**, compuestos por un número determinado de elementos, como son los días de la semana, los meses del año o los sentidos corporales.

ACTIVIDADES

1 Clasifica estos términos en tres campos semánticos:

- agrio
- lloriquear
- sollozar
- cocina
- salado
- llorar
- dormitorio
- salón
- gimotear
- ácido
- vestíbulo
- dulce

▶ Indica a qué categoría gramatical corresponden los términos de cada campo semántico.

2 Explica cuál de estos dos campos semánticos es cerrado y por qué.

tipos de baile

meses del año

3 Escribe dos campos semánticos de distinta categoría a partir de las escenas de esta imagen.

4 Forma cuatro campos semánticos eligiendo un elemento de cada grupo.

zueco coser abrigo ceñido	zurcir escotado pantufla gorro
holgado botín hilvanar guante	bufanda plisado mocasín pespuntar

Principios de acentuación

1 Clases de palabras según el acento

Por lo general, en castellano cada palabra tiene una sílaba que se pronuncia con especial intensidad o fuerza: la **sílaba tónica**. De acuerdo con la posición de esta sílaba, hay cuatro clases de palabras.

CLASES DE PALABRAS SEGÚN EL ACENTO	EJEMPLOS
Son **agudas** las palabras cuya sílaba tónica es la última.	*ca-mión*, *es-pe-cial*
Son **llanas** las palabras cuya sílaba tónica es la penúltima.	*tré-bol*, *ves-ti-do*
Son **esdrújulas** las palabras en las que la sílaba tónica es la antepenúltima.	*in-cóg-ni-ta*, *cá-ma-ra*
Son **sobresdrújulas** las palabras en las que la sílaba tónica es anterior a la antepenúltima.	*per-mí-ta-se-me*, *dí-ga-se-lo*

2 Principios de acentuación

A continuación se ofrecen los principios básicos de acentuación.

PRINCIPIOS DE ACENTUACIÓN	EJEMPLOS
Las palabras **agudas** se escriben con tilde cuando terminan en *n*, *s* o vocal.	*maratón*, *francés*, *sofá*
Las palabras **llanas** se escriben con tilde cuando terminan en consonante distinta de *n* o *s*, o en dos consonantes.	*azúcar*, *túnel*, *césped*, *lápiz*, *bíceps*
Las palabras **esdrújulas** y **sobresdrújulas** se escriben siempre con tilde.	*príncipe*, *teléfono*, *véndemelo*, *repíteselo*

ACTIVIDADES

1 Copia estas palabras y subraya su sílaba tónica:

salamandra	química	candor	dibujo
peral	árbol	menú	alondra

2 Clasifica estas palabras en agudas, llanas y esdrújulas:

- ciprés
- árbitro
- farol
- fotógrafo
- cóndor
- bóveda
- dátil
- túnica
- testigo
- mazapán
- rencor
- geranio

3 Transforma las oraciones según el ejemplo.

- Acércame un vaso.
- Entrégale el premio.
- Cuéntanos una historia.
- Muéstranos la herida.

Ejemplo: Acércame un vaso ▶ *Acércamelo.*

4 Escribe una palabra de cada tipo.

- Una palabra llana acabada en vocal.
- Una palabra aguda acabada en *s*.

5 AUTODICTADO. Copia este texto poniendo tilde en las palabras que la necesiten.

Abono organico

En el numero tres de la calle del Aguila estan en alerta: al vecino del septimo le ha desaparecido el gato; al del cuarto, un hamster muy bonito; a la anciana del tercero, dos gorriones y dos canarios; y al del bajo, los dalmatas de pedigri. Todos estan muy preocupados. Yo, en cambio, estoy muy tranquilo, porque mis esplendidas plantas carnivoras estan muy frondosas.

El adjetivo

1 Los adjetivos

Los **adjetivos** son palabras variables que expresan cualidades, propiedades o relaciones del sustantivo al que acompañan.

Es un chico generoso.

Adornaron las calles con luces brillantes.

Se han alcanzado grandes logros deportivos.

En el primer caso, *generoso* es una cualidad de ese chico; en el segundo ejemplo, *brillantes* es una propiedad de las luces; y en la tercera oración, *deportivos* expresa la relación entre los *logros* y el ámbito del deporte.

Claves para empezar

- ¿Cuál es la clase de palabras que expresa cualidades, propiedades o relaciones de un sustantivo?
- Explica qué diferencias encuentras entre las expresiones *la blanca leche* y *el coche blanco.*
- Escribe una oración en la que compares una cualidad tuya con otra de un amigo.

2 Características de los adjetivos

Los adjetivos adoptan el género y el número del sustantivo con el que se relacionan.

Tiene un destello metálico. *El guía alabó las obras artísticas.*

Atendiendo a su forma, los adjetivos pueden clasificarse en adjetivos de una terminación y adjetivos de dos terminaciones.

- **Adjetivos de una terminación.** Tienen la misma forma para el masculino y para el femenino.

  Llevaba un bolso azul. *Llevaba una blusa azul.*

- **Adjetivos de dos terminaciones.** Tienen una forma para el masculino y otra para el femenino.

  Se compró un coche rojo. *En la playa ondeaba la bandera roja.*

ACTIVIDADES

1 Copia cada oración y complétala con una palabra que signifique lo que se expresa entre paréntesis.

- Ella es una persona muy (de gran bondad).
- Me gustan los perros porque son animales (que siempre permanecen junto a sus amos).
- Alquilé un apartamento excesivamente (que tiene pocos metros cuadrados).

➤ Indica la categoría gramatical de esas palabras y a qué palabra se refieren en cada caso.

2 Añade un adjetivo a cada sustantivo y escribe una oración con cada grupo resultante.

- carácter
- ordenador
- comida

3 Escribe un adjetivo para cada dibujo.

➤ ¿Es posible cambiar de género los dos adjetivos? Explica por qué.

4 Di si son adjetivos de una o dos terminaciones.

misteriosa | extravagante | genial

3 Usos de los adjetivos

Usos especificativos del adjetivo

Un adjetivo tiene un **valor especificativo** cuando delimita el conjunto de seres a los que se refiere el sustantivo.

Los viajeros descontentos presentaron una reclamación.

En este ejemplo, el adjetivo se refiere a una parte de los viajeros, los que estaban descontentos. Los adjetivos con valor especificativo aparecen **pospuestos** al nombre.

Usos explicativos del adjetivo

Un adjetivo tiene un **valor explicativo** cuando aporta una información adicional al sustantivo.

Los descontentos viajeros presentaron una reclamación.

En este caso el adjetivo indica que todos estaban descontentos y todos reclamaron. Los adjetivos con valor explicativo suelen ir antepuestos o se pronuncian entre pausas:

Los viajeros, descontentos, presentaron una reclamación.

4 Los epítetos

Los **epítetos** son adjetivos que expresan cualidades propias del sustantivo.

En estos ejemplos, los adjetivos *oscura* y *blanca* son epítetos: no aportan ninguna información nueva sobre los sustantivos.

La oscura noche.   *La nieve blanca.*

ACTIVIDADES

5 Identifica los adjetivos e indica cuáles son especificativos y cuáles explicativos.

- El entusiasmado público aplaudió la actuación teatral.
- Mete las bebidas calientes en el frigorífico.
- Los alumnos, satisfechos por las notas, agradecieron al profesor su dedicación.
- Se hundió en las aguas cenagosas de aquel pantano.

6 PARA PENSAR. Da un valor especificativo al adjetivo explicativo destacado y explica el significado de cada oración.

Los aviones **averiados** fueron retirados de la pista.

7 Explica razonadamente cuál de estos adjetivos es un epíteto:

La **fría** nieve.   La bebida **fría**.

8 Identifica en estos versos de Rubén Darío los adjetivos e indica cuáles son epítetos.

- Y más la piedra dura,
  porque esa ya no siente.
- El fino angora blanco junto
  a ella se reclina.
- Tiene azules ojos,
  es maligna y bella.

5 Los grados del adjetivo

Los adjetivos pueden expresar las cualidades del sustantivo con mayor o menor intensidad. Para expresar la diferencia de grado, el adjetivo adopta distintas formas, que se denominan **grados del adjetivo**.

Los grados del adjetivo son tres: positivo (*rápida*), comparativo (*más rápida que*) y superlativo (*rapidísima*).

- **Grado positivo.** El adjetivo en grado positivo expresa de forma neutra la cualidad, limitándose a enunciarla.

  La habitación es amplia. *Tu compañero parece cansado.*

- **Grado comparativo.** Un adjetivo está en grado comparativo cuando se emplea para contrastar dos cualidades de una persona o para contrastar dos seres con la misma cualidad.

  Carlos es más astuto que listo. *Amelia es más alta que Cecilia.*

  En el primer caso se comparan dos cualidades (adjetivos) y en el segundo caso se comparan dos seres (sustantivos).

  El comparativo puede ser de superioridad, igualdad o inferioridad:

Superioridad	más ... que	*Eres más paciente que yo.*
Igualdad	tan ... como	*Ana parece tan simpática como tú.*
Inferioridad	menos ... que	*Mi casa es menos grande que la suya.*

- **Grado superlativo.** Los adjetivos en grado superlativo expresan que la cualidad es poseída en un nivel muy alto.

  El superlativo puede ser absoluto o relativo.

Absoluto	No se establece ninguna comparación.	*Esa mujer es amabilísima.* *Su carácter es muy complicado.*
Relativo	Alguien o algo posee una cualidad en grado más alto que el resto.	*Eres el alumno más joven del instituto.* *Es la menos trabajadora de la familia.*

SABER MÁS

Formación de los superlativos absolutos

Los superlativos absolutos se forman de distintas maneras.

- Añadiendo el sufijo *-ísimo*: fácil > facilísimo
- Anteponiendo el adverbio *muy*: preparado > muy preparado
- Anteponiendo prefijos como *super-, ultra-, archi-*: contento > supercontento, ligero > ultraligero, conocido > archiconocido

Claves para estudiar

Asegúrate de que sabes resolver estas actividades:

- ¿Qué es un adjetivo? Pon un ejemplo.
- Explica cuándo un adjetivo tiene valor especificativo.
- Di qué es un epíteto.
- ¿Qué son los grados del adjetivo?

ACTIVIDADES

9 Identifica los adjetivos e indica en qué grado están.
- Rosa ha tenido un gesto muy bonito contigo.
- Los edificios de la periferia están más deteriorados que los del centro de la ciudad.
- Alejandra es la alumna más solidaria de la clase.
- Marcos es tan mimoso como su hermana.
- Antonio es reflexivo y, a la vez, ingenioso.

10 Escribe una oración con cada adjetivo.

óptimo — mejor — pésimo

▸ PARA PENSAR. ¿Qué grado expresa cada uno de estos adjetivos?

11 Escribe tres formas superlativas de cada adjetivo.
- cómodo
- furioso
- cansada
- hábil
- peligroso
- joven
- prudente
- amable

12 Observa y describe a cada uno de estos cuatro chicos usando adjetivos en cada uno de los tres grados: positivo, comparativo y superlativo.

SABER HACER

El golema

Es un animal cristalino sumamente veloz que se desplaza brincando como poseso de un lado a otro. En todos los objetos donde se posa deja unos hilillos de baba color oro sumamente atractivos para la mayoría de las personas. El aroma de la gente indecisa lo enloquece. Ahora vive solamente en grandes almacenes porque los vendedores de tianguis[1], mercados y comercios menores lo persiguen sin piedad. Aunque no está bien claro el mecanismo, su baba provoca el «efecto espejismo» que incapacita a los compradores para decidir y enfrentan, entonces, un verdadero dilema ante artículos prácticamente idénticos. Tal efecto no es duradero, pasado un rato los clientes se van en busca de otro producto experimentando síntomas análogos. Esto se repite varias veces hasta que la gente, obnubilada, compra lo primero que le sale al paso, o cuando el golema se sacia.

ABRAHAM VILCHIS, *Manual de zoología imaginaria para uso diario*

[1] **tianguis:** en México, mercadillos.

1 Responde las siguientes preguntas sobre el texto:

- ¿Es el golema un animal real? Explica qué dato del texto resulta definitivo para respaldar tu respuesta.
- ¿Cómo es físicamente y en su comportamiento el golema?
- ¿Qué efectos causa en las personas? ¿Dura mucho tiempo? ¿Cuándo acaban sus efectos sobre las personas?

Formar campos semánticos

2 Escribe cinco palabras para cada uno de estos campos semánticos:

- animales fantásticos
- tipos de comercios

3 Indica si estas palabras forman un campo semántico y explica por qué.

cliente comprar artículo dinero vender empresarial

Acentuar correctamente

4 Localiza en el texto y copia en tu cuaderno estas palabras:

- Cinco palabras llanas.
- Una palabra esdrújula.
- Tres palabras agudas sin tilde.
- Una palabra aguda con tilde.

5 Escribe el singular de estas palabras y acentúalas correctamente.

- almacenes
- vendedores
- compradores
- artículos

Reconocer adjetivos

6 Copia los adjetivos de las siguientes oraciones e indica si son de una terminación o de dos.

- Es un animal veloz.
- Es un verdadero dilema.
- La gente indecisa lo enloquece.
- La gente queda obnubilada.

7 Escribe dos oraciones empleando el adjetivo *curioso*. En cada una, el adjetivo debe aparecer en uno de estos grados:

- Grado comparativo de igualdad.
- Grado superlativo absoluto.

COMUNICACIÓN. La descripción

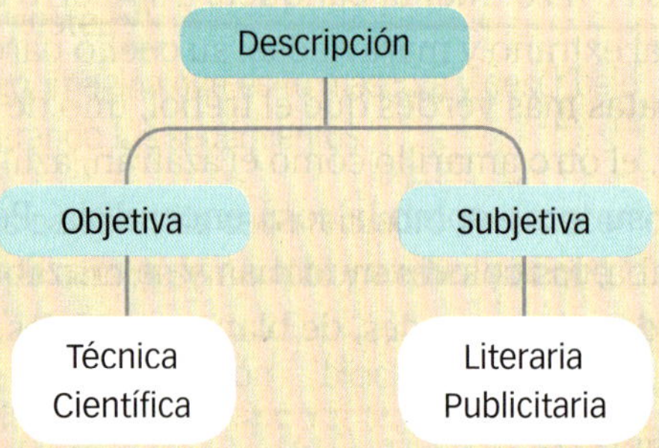

La **descripción** consiste en presentar los rasgos característicos de seres, objetos, lugares o fenómenos, para que el receptor se haga una idea fiel de ellos.

En la **descripción objetiva** el emisor informa sobre las características de lo descrito, intentando ajustarse a la realidad y sin hacer valoraciones personales. Se emplea un lenguaje preciso y riguroso. Es propia de los textos técnicos y científicos.

En la **descripción subjetiva** el emisor intenta mostrar su visión particular de lo que describe. Se emplea un lenguaje muy expresivo. Es frecuente en las obras literarias y en los anuncios publicitarios.

GRAMÁTICA. El adjetivo

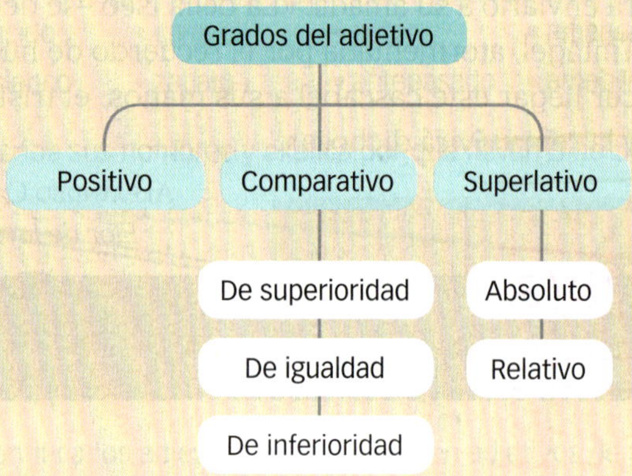

Los **adjetivos** son palabras variables que expresan cualidades, propiedades o relaciones del sustantivo al que acompañan. Atendiendo a su forma, pueden clasificarse en adjetivos de una terminación y adjetivos de dos terminaciones.

Un adjetivo tiene valor especificativo cuando delimita el conjunto de seres a los que se refiere el sustantivo y tiene valor explicativo cuando aporta información adicional sobre este. Los epítetos expresan cualidades propias del sustantivo.

Los **grados del adjetivo** son tres: positivo, si expresa de forma neutra una cualidad; comparativo (de superioridad, de igualdad y de inferioridad), cuando contrasta cualidades; y superlativo (absoluto y relativo), si expresa que la cualidad es poseída en un nivel muy alto.

LITERATURA. La leyenda y el mito

La **leyenda** es una narración en la que se cuentan hechos extraordinarios y fantásticos como si se tratara de acontecimientos reales de carácter histórico. La mayoría de ellas son populares, pero ciertos autores han escrito leyendas inventadas o reelaboradas por ellos. Algunas leyendas se inspiran en hechos y personajes históricos, de los que ofrecen una visión idealizada.

El **mito** es una narración breve de carácter fantástico o sobrenatural, protagonizada por dioses y héroes, que intenta explicar cuestiones fundamentales. El conjunto de mitos de una cultura determinada recibe el nombre de **mitología**.

Descripción de personas y lugares
El verbo
La novela

8

Comunicación

SABER

- Descripción de personas y lugares

SABER HACER

- Crear un personaje y describirlo
- Ambientar oralmente un relato

Estudio de la lengua

SABER

- Los campos léxicos
- Acentuación de diptongos y triptongos
- El verbo

SABER HACER

- Formar campos léxicos
- Acentuar diptongos y triptongos
- Reconocer formas verbales

Educación literaria

SABER

- La novela

SABER HACER

- Explicar el contenido de una novela

Escucha y contesta.

- ¿Qué clase de texto has escuchado: una narración, una argumentación, una descripción…? Justifica tu respuesta.
- Explica con tus palabras cómo es físicamente la persona descrita y cómo va vestida.
- ¿Qué se dice acerca del carácter de esa persona?
- Vuelve a escuchar la grabación y toma nota de todos los adjetivos que oigas.

La sociedad secreta

Nuestro club particular tenía un nombre pintoresco, la *Chowbar Society*, y se constituyó en algún momento de nuestras vidas a partir del cual los juegos del orfanato ya no ofrecían desafíos tentadores. Por el contrario, nuestra astucia estaba lo suficientemente desarrollada como para lograr escabullirnos impunemente del edificio al filo de la madrugada, rumbo a nuestra sede social, la muy secreta y supuestamente encantada casa abandonada a la que nosotros denominábamos con orgullo el Palacio de la Medianoche. En honor a la verdad, debo decir que aquel caserón nunca estuvo encantado. No era más que un antiguo edificio abandonado a través de cuya techumbre quebrada podía contemplarse el cielo sembrado de estrellas y entre cuyas sombras sinuosas afloraban los restos de gárgolas, columnas y relieves, vestigio de lo que algún día debió de haberse alzado como un señorial palacete de piedra.

Al presentar a los integrantes de nuestro club, empezaré por Isobel, la primera mujer que ingresó en la *Chowbar Society*. Isobel soñaba con colocar en el desempleo a las divas de la naciente industria del cine en Hollywood y Bombay. Poseía, además, con la probable excepción de Ben, el mejor cerebro del grupo. Las mejores piernas, sin embargo, pertenecían a Roshan. Nadie corría como él, que había crecido en las calles de Calcuta.

Siraj era nuestro especialista en casas encantadas. Siraj, amén de su complexión débil y su salud enfermiza, poseía una memoria enciclopédica, especialmente en lo tocante a historias tenebrosas de la ciudad. Para su desgracia, Siraj sentía una adoración por Isobel rayana en lo enfermizo. Pero los afectos de Isobel eran competencia exclusiva de Michael, un muchacho alto, delgado y taciturno que se entregaba a largas melancolías sin motivo aparente. El mejor amigo de Michael era Seth, un chico bengalí fuerte y de semblante severo que sonreía unas seis veces al año y aun así con reparos.

Tan solo me queda Ben. Había un Ben diferente para cada día. Su humor cambiaba a la media hora y pasaba de largos silencios con el rostro triste a periodos de hiperactividad que acababan por agotarnos a todos. Ben era como un baúl sin fondo, lleno de sorpresas y también de misterios, de luces y sombras. Ben era, y supongo que sigue siéndolo, aunque haga décadas que no nos vemos, mi mejor amigo.

En cuanto a mí, hay poco que contar. Llamadme simplemente Ian. Solo tuve un sueño, un sueño modesto: estudiar Medicina y llegar a ejercer como médico. La fortuna fue amable conmigo y me lo concedió. Recuerdo que, en los últimos días de aquel mes de mayo de 1932, los siete miembros de la *Chowbar Society* íbamos a cumplir los dieciséis años. Aquella era una edad fatídica. A los dieciséis años, el orfanato St. Patrick's nos devolvía a la sociedad, para que nos convirtiésemos en adultos responsables. Aquella fecha tenía otro significado que todos comprendíamos muy bien: significaba la disolución definitiva de la *Chowbar Society*. A partir de aquel verano, nuestros caminos se separaban y, pese a nuestras promesas y a las amables mentiras que nos habíamos llegado a vender a nosotros mismos, sabíamos que el vínculo que nos había unido no tardaría en desvanecerse. Son tantos los recuerdos que conservo de aquellos años en el St. Patrick's, que incluso hoy, décadas más tarde, me sorprendo a mí mismo sonriendo ante las ocurrencias de Ben y las fantásticas historias que compartimos en el Palacio de la Medianoche.

CARLOS RUIZ ZAFÓN
El Palacio de la Medianoche (Adaptación)

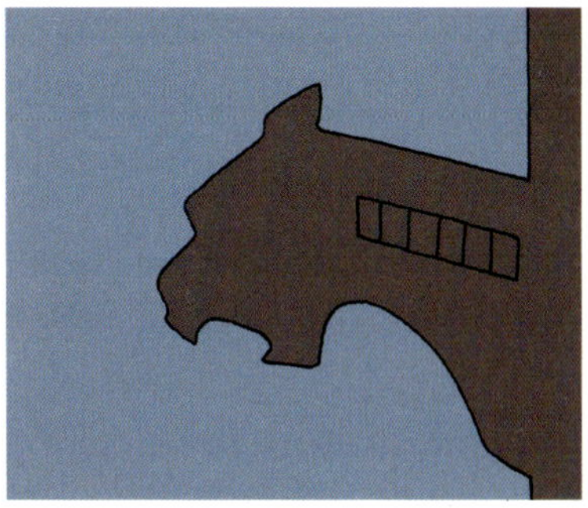

Comentario de texto

Obtener información

1 Responde.

- ¿Dónde vivían los miembros de la *Chowbar Society*?
- ¿Cómo denominan los miembros del club a su sede social? ¿Por qué razón la llaman así?
- ¿Cuántos miembros tiene la *Chowbar Society*?
- ¿Cuál es el nombre del narrador de la historia?

➤ Redacta un resumen del texto.

2 Localiza en el último párrafo el pasaje en el que el autor habla de la edad que iban a cumplir los miembros del club y explica por qué la califica de *fatídica*.

Puedes consultar el diccionario si no conoces bien el significado de la palabra *fatídica*.

3 Escribe el nombre de cada uno de los miembros de la *Chowbar Society*.

4 Lee estos rasgos de los personajes descritos en el texto e indica a quién corresponde cada uno de ellos.

- Ha crecido en las calles de Calcuta y corre muy rápido.
- Es fuerte y de carácter serio.
- Quiere estudiar Medicina.
- Es débil y de salud enfermiza, pero tiene buena memoria.
- Es inteligente y quiere trabajar en el cine.
- Posee humor variable, poco predecible.
- Es de alta estatura y con tendencia a la melancolía.

5 Explica el significado de las siguientes palabras. Si tienes dificultades, consulta el diccionario.

vestigio · gárgola · vínculo

Integrar e interpretar la información

6 Indica cuál de los siguientes sentimientos domina al narrador al recordar sus años en el orfanato.

- rencor
- nostalgia
- aburrimiento
- alegría
- amargura
- indiferencia

➤ Copia una oración del texto que justifique tu respuesta.

7 PARA PENSAR. Reflexiona sobre qué quiere decir la expresión «juegos del orfanato» y explica con tus propias palabras las razones que llevan a los siete chicos a fundar su club.

Reflexionar y valorar

8 ¿Quién es el narrador del texto? ¿Qué persona gramatical emplea?

➤ Localiza y copia una referencia en el texto que indique cuánto tiempo ha pasado, aproximadamente, entre los hechos narrados y el momento en el que se narran.

9 ¿En qué parte del texto hay una descripción de un lugar? ¿De qué lugar se trata?

➤ Localiza y copia tres adjetivos que emplee el narrador para describir ese lugar.

10 En las descripciones de Siraj y Michael se combinan rasgos del aspecto externo del cuerpo y rasgos de la personalidad o forma de ser.

Selecciona un rasgo físico y otro de personalidad de cada uno de esos dos personajes.

➤ ¿Hay alguna descripción de un personaje en la que solo se presenten rasgos físicos?

11 Localiza en el texto una comparación que emplee el narrador al hacer la descripción de un personaje.

Descripción de personas y lugares

1 La descripción de personas

Un **retrato** es la descripción que tiene por objeto a una persona.

Si la descripción se centra en el aspecto exterior de la persona, se trata de un **retrato físico**; si lo descrito es la forma de ser o la personalidad, se trata de un **retrato de carácter**. A menudo, un mismo retrato describe los rasgos físicos y de carácter de una persona.

Al retrato físico se le llama también prosopografía, y al retrato de carácter, etopeya.

CARACTERÍSTICAS DEL RETRATO		
Retrato físico prosopografía	Se centra en la descripción del aspecto externo de la persona: la corpulencia, los rasgos de la cara, los gestos, las peculiaridades físicas, la indumentaria…	*Era un ciego muy viejo, con la barba cana, larga y amarillenta, envuelto en parda capa de luengos pliegues, remendada y sucia, la cabeza blanca, descubierta, y el sombrero en la mano.* BENITO PÉREZ GALDÓS
Retrato de carácter Etopeya	Se centra en la psicología de la persona: el temperamento, las costumbres o los sentimientos, la forma de actuar…	*El tío Lucas era ante todo un hombre: un hombre de pocos e indivisibles sentimientos; incapaz de dudas; que creía o moría; que amaba o mataba…* PEDRO A. DE ALARCÓN

A veces, quien hace la descripción tiene la intención de elogiar a la persona retratada, por lo que se ensalza su aspecto o su forma de ser. O por el contrario, quien describe deforma deliberadamente los rasgos de la persona retratada. Si el retrato tiene una finalidad humorística o satírica se convierte entonces en una **caricatura**.

2 La descripción de lugares

Para describir un lugar o un paisaje, es habitual presentar primero una visión general del lugar (una habitación oscura, una plaza enorme…) y después situar en ese lugar los distintos elementos (los muebles de la habitación, por ejemplo, o los edificios y monumentos de la plaza).

Otras veces la descripción se realiza siguiendo un orden determinado: de derecha a izquierda, de dentro afuera, de arriba abajo…

En la descripción de lugares tiene especial importancia la **ordenación espacial**, que se emplea como procedimiento de organización del texto. De ahí que sea habitual la presencia de marcadores que indican la situación en el espacio: *en el centro, al fondo, alrededor…*

SABER MÁS

Los bestiarios

Un bestiario es una recopilación de descripciones de animales, de ahí su nombre; pero existen también bestiarios fantásticos que reúnen criaturas inexistentes como sirenas, centauros, dragones…

Los bestiarios se hicieron muy populares en la Edad Media, y desde entonces han seguido escribiéndose. Uno de los más famosos es del autor argentino Jorge Luis Borges: *El libro de los seres imaginarios*.

RECURSOS

Retratos de animales

El retrato es la descripción de los rasgos físicos y del carácter de una persona; pero también puede ser la descripción de un animal, especialmente si no se limita a su aspecto físico.
En algunos casos, ese retrato llega a adquirir incluso rasgos de caricatura. Veamos dos ejemplos.

Kerchak

Kerchak era un formidable mono soberano que pesaría cerca de ciento sesenta kilos. Tenía una frente estrecha y hundida, ojillos diminutos, inyectados en sangre y muy juntos a los lados de la chata y gran nariz; sus orejas eran grandes y delgadas, aunque más pequeñas que las de la mayoría de sus compañeros.

Su mal genio y su enorme fortaleza física le proporcionaban una clara superioridad en la pequeña tribu, en la que había nacido hacía cosa de unos veinte años antes. Se encontraba en la plenitud de la vida y en todo el bosque no había un solo mono que se atreviera a discutirle su jefatura.

EDGAR RICE BURROUGHS, *Tarzán de los monos* (Adaptación)

En este retrato del mono se describen rasgos físicos (grande, fuerte) y de carácter (mal genio, atemorizador…).

En este retrato del gato se ha elegido un rasgo físico llamativo (el morro aplastado) y se ha exagerado y deformado para trazar una caricatura.

El gato de mis hijos

Arnold, el gato de mis hijos, es un gato persa himalayo de un tamaño descomunal, y su principal particularidad es que en vez de maullar, ladra. Tiene el morro aplastado, como si hubiera tenido un choque frontal con otro gato de la misma raza, y cuando te mira parece que no te está mirando, como si su ojo izquierdo solo pudiera mirar a su ojo derecho y su ojo derecho solo pudiera mirar a su ojo izquierdo.

Arnold me tiene manía. Cuando era solo un cachorro de unas cuantas semanas se orinó encima de un grabado antiguo que me había regalado mi mujer y yo lo tiré a la piscina. Desde entonces, Arnold me ladra cada vez que llego a casa, porque me considera un intruso.

RODRIGO MUÑOZ AVIA, *Psiquiatras, psicólogos y otros enfermos* (Adaptación)

ACTIVIDADES

1. Señala qué rasgos físicos concretos hay en cada descripción.

   Kerchak, el mono | Arnold, el gato

2. ¿Se describe algún rasgo de carácter en el retrato del gato? Si lo hay, escribe cuál es.

3. El retrato del gato tiene un carácter literario.
   Localiza en el texto algún recurso estilístico y explica en qué consiste.

4. Indica razonadamente si la descripción del gato es objetiva o subjetiva.

5. Explica qué dos propósitos puede buscar un retrato según la intención del emisor.

6. Comenta las características principales de las descripciones de lugares.

7. Redacta una descripción de un lugar que conozcas bien. Utiliza en tu redacción conectores espaciales: *enfrente, delante, al lado, a la izquierda…*

Los campos léxicos

SABER MÁS

Los campos léxicos

Un campo léxico sirve para identificar el contenido de un texto. Si, por ejemplo, encontramos en un texto objetos como *batuta*, *atril*, *violín*; oficios como *director*, *músico*, *pianista*; y acciones como *tocar*, *interpretar*, *afinar*..., sabremos que el texto trata sobre música clásica.

1 Los campos léxicos

Hay palabras que, sin ser de la misma categoría gramatical, mantienen entre sí una relación de significado. Palabras como *desplazamiento*, *transportable* o *trasladar* hacen alusión a realidades, cualidades o acciones relativas a un mismo tema: el transporte. Todas ellas pertenecen a un mismo **campo léxico**.

Un **campo léxico** está formado por todas aquellas palabras, sea cual sea su categoría gramatical, que se refieren a un mismo ámbito temático.

2 Campos léxicos y campos semánticos

Las palabras de un campo léxico a menudo se pueden clasificar en campos semánticos. Así ocurre, por ejemplo, en el campo léxico del transporte:

El transporte

- Sustantivos que nombran medios de transporte: *coche, avión, tren*...
- Sustantivos que designan profesiones: *conductor, piloto, guía*...
- Verbos que expresan movimiento: *transportar, transferir, trasladar*...

ACTIVIDADES

1 Agrupa las siguientes palabras en dos campos léxicos diferentes:

- vender
- tristeza
- humor
- alegrar
- negocio
- reír
- sensible
- tienda
- compraventa
- comercial
- trato
- emoción

➤ Busca un nombre para cada uno de los campos que has formado.

2 Elige uno de estos ámbitos y escribe un campo léxico.

el cine

la navegación

3 Copia las palabras del texto que pertenecen al campo léxico del teatro.

El ensayo

La actriz, tras ensayar su papel, bajó del escenario y habló con el director. Este le dijo que debía recitar el monólogo más pausadamente, para que su interpretación fuese más emotiva. Después, hubo un cambio de decorado y el ensayo continuó.

4 Indica en cada caso si la serie de palabras constituye un campo léxico o semántico y explica por qué.

- Cazadora, gabardina, abrigo, rebeca...
- Canción, musical, disco, grabar...

Acentuación de diptongos y triptongos

1 Reglas de acentuación de diptongos y triptongos

Un **diptongo** es la unión de dos vocales distintas en una misma sílaba. Para que haya diptongo, es necesario que al menos una de las vocales sea una *i* o una *u*: *dueño, náufrago, sierra, triunfo, vais*.

Un **triptongo** es la unión de tres vocales en una misma sílaba. En un triptongo la vocal intermedia es siempre una vocal abierta (*a, e, o*) y las otras dos vocales son cerradas (*i, u*): *atestiguáis, buey, guau*.

Los diptongos y triptongos siguen las reglas generales de acentuación. En ambos casos, la tilde se coloca según estas reglas:

REGLAS DE ACENTUACIÓN DE DIPTONGOS Y TRIPTONGOS	EJEMPLOS
Si hay una vocal abierta, la tilde se sitúa sobre ella.	*acuático, alféizar, estudiáis*
Si se trata de dos vocales cerradas, la tilde se sitúa sobre la segunda vocal.	*acuífero, veintiún*
Si son diptongos o triptongos terminados en la grafía *y*, no se acentúan.	*convoy, jersey, Paraguay*

El hecho de que haya una *h* intercalada entre dos vocales no impide que estas formen diptongo: *ahi-jar, ahu-mar*.

SABER MÁS

Combinaciones de vocales en los diptongos

- Una vocal abierta seguida o precedida de una vocal cerrada átona (*ia, ai, eu, ue*…).
- Dos vocales cerradas distintas (*ui, iu*).

ACTIVIDADES

1 Clasifica estas palabras según contengan diptongo o triptongo:

- murciélago
- duende
- iniciáis
- pausa
- averigüéis
- cacahuete

2 Copia estas palabras, identifica los diptongos y escribe tilde en las que deban llevarla.

- lingüística
- alfeizar
- acuifero
- dietario
- genial
- farmaceutico
- viudo
- patriotico
- nautico
- jersey
- clausula
- travieso
- higienico
- despues
- relacion

3 Escribe la segunda persona de plural del presente de indicativo y del presente de subjuntivo de estos verbos:

actuar | atestiguar | anunciar

▶ Elige uno de esos verbos y escribe una oración con cada forma verbal que has escrito.

4 Copia estas oraciones y escribe tilde en las palabras que la necesiten.

- ¿Habeis probado la cocina asiatica?
- Espero que actualiceis los datos del calendario.
- El naufrago permanecio a la deriva.
- Encontrareis un ciempies en la buhardilla.

5 AUTODICTADO. Copia este texto poniendo tilde en las palabras que la necesiten.

Huesped a la fuga

«Cuando averigüeis por que ha quedado abierta la jaula, decidmelo. Y como no encontreis al fugitivo, os provocare un cortocircuito», dijo. Un ejercito de androides se desplego por el recinto.

«Alguien ha ayudado a un huesped a escapar. ¿Dónde puede haberse escondido?», pensaba Bill359. «Los humanos son siempre impredecibles».

El verbo

1 Los verbos

Los **verbos** son palabras variables que expresan acciones, estados o procesos situados en un tiempo pasado, presente o futuro.

El jurado entregó los premios a los ganadores. Acción pasada.

Hoy los niños están desganados. Estado presente.

Lloverá todo el fin de semana. Proceso futuro.

2 Las formas verbales

Cada verbo consta de numerosas **formas**, que resultan de combinar dos elementos: una raíz y una desinencia.

- La **raíz** es la parte de la forma verbal que **aporta el significado**. Se obtiene suprimiendo la terminación de su infinitivo (*-ar*, *-er* o *-ir*).

  cant-ar *beb-er* *abr-ir*

- La **desinencia** es la terminación que se añade a la raíz para construir las distintas formas verbales. La desinencia **aporta información gramatical**: la persona (primera, segunda o tercera), el número (singular o plural), el tiempo (presente, pasado o futuro) y el modo (indicativo, subjuntivo o imperativo).

  busc-ábamos *tom-ábamos*

En los casos anteriores, la desinencia *-ábamos* indica que la forma verbal corresponde a la primera persona, está en plural, se sitúa en el pasado y es del modo indicativo.

Claves para empezar

- Indica cuál de estas palabras expresa una acción: *alboroto*, *descansen*, *gracioso*. ¿A qué clase gramatical pertenece?
- ¿Qué información aporta la raíz de una palabra? ¿Y su desinencia?
- ¿Crees que siempre hablamos de cosas reales? ¿Sabes cómo expresamos las posibilidades y las órdenes?

ACTIVIDADES

1 Identifica las formas verbales de estos enunciados:
- El terremoto derribó cientos de casas.
- Si no encuentras el camino, llama a Carlos.
- Esa ventana no cierra aunque lo intentes con fuerza.
- Deja sobre la mesa el cuaderno cuando entres.

2 Indica la raíz de cada verbo y escribe dos formas verbales distintas.

pintar | correr | vivir

3 Escribe tres formas verbales con cada terminación:
- -arás • -iste • -imos • -ieron

▶ ¿Qué has añadido en cada caso? ¿Qué información aporta cada desinencia?

4 Analiza estas formas verbales indicando la raíz y la desinencia:
- descansas
- hicieron
- descubrió
- huirán
- partes
- reías
- hablaremos
- recibáis
- comíamos
- investigaba

3 El número y la persona

Las formas verbales personales expresan **número** (singular o plural) y **persona** (primera, segunda o tercera).

El número verbal

- **Singular.** Indica que la acción la realiza un solo ser.

  bailo (yo) *duermes* (tú) *ríe* (ella)

- **Plural.** Indica que la acción la realizan varios seres.

  bailamos (nosotros) *dormís* (vosotras) *ríen* (ellos)

La persona verbal

- **Primera persona.** Indica que el hablante ejecuta la acción o participa en ella. Son formas que acompañan a los pronombres *yo, nosotros* o *nosotras*.

  aprobaré (yo) *aprobaremos* (nosotros)

- **Segunda persona.** Indica que en la acción participa el oyente, pero no el hablante. Son formas que acompañan a los pronombres *tú, vosotros* o *vosotras*.

  estudias (tú) *estudiáis* (vosotras)

- **Tercera persona.** Indica que en la acción no participan ni el hablante ni el oyente. Son formas que pueden acompañar a los pronombres *él, ella, ellos* y *ellas*.

  acertó (él) *acertaron* (ellas)

SABER MÁS

Las formas no personales del verbo

Las formas no personales de un verbo no aportan información de persona, número, tiempo ni modo. Son reconocibles por su terminación.

- El **infinitivo** (*cantar* y *haber cantado*).
- El **gerundio** (*cantando* y *habiendo cantado*).
- El **participio** (*cantado*).

ACTIVIDADES

5 Indica a qué persona verbal corresponde cada una de estas situaciones:

- El hablante ejecuta la acción o participa en ella.
- Ni el hablante ni el oyente participan en la acción.
- El oyente participa en la acción, pero no el hablante.

▶ Escribe los pronombres relacionados con cada persona.

6 Transforma estas oraciones modificando la persona y el número de la forma verbal:

- Volveré a casa a primera hora.
- ¿Conoces la obra de ese autor?
- Ellas permanecieron allí durante dos horas.
- Hemos cambiado la dirección en las tarjetas.
- ¿Has preparado la maleta para el viaje?
- Esta tarde vais juntos al cine.

Ejemplo: Volveré a casa a primera hora. ▶ *Ellos volverán a casa a primera hora.*

7 Identifica y copia las formas verbales presentes en este enunciado:

Terminado el banquete, quisimos ir al lago cercano.

▶ Analiza la forma verbal personal.

▶ Di de qué clase son las formas no personales.

8 Escribe un infinitivo, un gerundio y un participio relacionados con esta imagen:

4 El tiempo y el modo

El tiempo en los verbos

Las formas verbales sitúan la acción en el **tiempo** tomando como referencia el momento en que se está hablando.

- Las formas verbales de **pasado** o **pretérito** señalan que la acción es anterior al momento en que se está hablando.

  Isabel pasó sus vacaciones en la playa.

- Las formas verbales de **presente** señalan que la acción tiene lugar en el momento en que se está hablando.

  El ordenador no funciona.

- Las formas verbales de **futuro** señalan que la acción será posterior al momento en que se está hablando.

  Prepararé el examen este fin de semana.

El modo de los verbos

Los **modos verbales** indican si el hablante considera la acción como real o dudosa o bien si expresa una orden.

Hay tres modos verbales: el indicativo, el subjuntivo y el imperativo.

- En el modo **indicativo** el hablante considera la acción como algo real, aunque aún no haya ocurrido.

  La película ha empezado ya. *Pasaremos unos días en Londres.*

- En el modo **subjuntivo** el hablante expresa posibilidad, deseo o duda, o formula prohibiciones u órdenes negativas.

  Quizás llueva. *No pierdas el tiempo.*

- En el modo **imperativo** el hablante da órdenes afirmativas.

  Vuelve antes de las diez. *Revisad vuestro trabajo.*

Claves para estudiar

Comprueba lo que has aprendido resolviendo estas actividades:

- Explica cómo se obtiene la raíz de un verbo. ¿Qué información aporta la raíz?
- Enumera todas las combinaciones posibles de número y persona en una forma verbal.
- ¿Qué relación hay entre el momento en que se habla y el tiempo verbal?
- ¿Cuáles son los modos verbales? ¿Qué expresan?

ACTIVIDADES

9 Copia y completa las oraciones de modo que la acción tenga lugar en el tiempo que pide el contexto.

competir · visitar · residir · jugar · beber

- Tu amiga no ___ ayer al baloncesto.
- María ___ a su abuelo el próximo lunes.
- Raúl ___ en mi barrio desde ayer.
- Esta mañana ___ ya dos vasos de leche.
- Estoy decidido, mañana ___ contra Luis.

➤ Indica el tiempo de cada forma verbal.

10 Indica el modo verbal de los verbos destacados.

- **Ceda** el paso.
- **Acércame** la sal, por favor.

➤ Convierte esas oraciones en órdenes negativas.

11 Escribe tres oraciones encabezadas por cada una de las siguientes expresiones:

Tal vez… · Ojalá… · Quizás…

➤ ¿Cuál es el modo de las formas verbales en esas oraciones? ¿Por qué se usa ese modo verbal?

SABER HACER

ABURRIMIENTO. No siempre se consigue

Rudyard Kipling (1865-1936), eminente poeta y novelista, Premio Nobel de Literatura, amaba a los niños. Siempre que tenía oportunidad trataba de ganarse su simpatía contándoles algún cuento.

Pasaba unos días en casa de un amigo, cuando coincidió con la sobrina de este, una niña inteligente. El tío había pedido a la niña que tratara de hacerle agradable la estancia al insigne escritor. Un día, ambos fueron de paseo y al parecer Kipling le contó algún cuento divertido. De regreso, el tío preguntó a su sobrina:

–¿Cómo fue? Supongo que has hecho lo posible para no aburrir al señor Kipling.

–Sí, tío, pero el señor Kipling ha hecho todo lo posible para aburrirme a mí.

Hay que ser, además de inteligente, lo suficientemente prudente para darse cuenta de cuándo –por interesante que sea nuestra charla o tema– estamos aburriendo a nuestro interlocutor.

RUBÉN GIL
Diccionario de anécdotas, dichos, ilustraciones, locuciones y refranes

1. ¿Por qué crees que el señor Kipling aburrió a la niña? Explica con tus propias palabras la moraleja de esta anécdota.

Formar campos léxicos

2. Selecciona y copia entre las siguientes palabras del texto las que pertenecen al campo léxico de la literatura.

poeta	novelista	amigo	cuento	prudente
niños	divertido	escritor	contar	charla

   - Añade tres adjetivos, tres sustantivos y tres verbos a ese mismo campo.

Acentuar diptongos y triptongos

3. Divide estas palabras en sílabas y subraya los diptongos.
   - premio • coincidió • estancia • cuándo • aburriendo

4. Copia esta oración, subraya los diptongos y triptongos que haya, y escribe las tildes que sean necesarias.

   Cuando averigüeis la verdadera moraleja de esta historia, podeis escribir en un cuaderno vuestra opinion sobre ella.

Reconocer formas verbales

5. Anota las formas verbales del primer párrafo del texto y delimita su raíz y su desinencia.
   - Indica cuáles de esas formas son no personales.

6. Localiza e indica el tiempo y el modo de las formas verbales:
   - No aburras al señor Kipling. • Hazle agradable la estancia.

Un puñado de años

Por lo visto tenía que nacer, y acabé naciendo en un bosque del País Vasco a poco de terminar la guerra de 1936. El bosque pertenecía a los terrenos de la casa llamada Balanzategui; allí tuve mi primer establo y mi primer hogar. Cierto que llevo años lejos de aquella casa; sin embargo, mi espíritu sigue anhelando aquel rincón del mundo. Y, pensándolo bien, hasta con mis achaques me pondría en marcha hacia allí si supiera a ciencia cierta cuánto tiempo de vida me queda.

Lo malo es que nosotras las vacas tenemos mala suerte en todo, y también el día que repartieron el tiempo se nos metió por medio esa misma mala suerte. He oído que en los comienzos del mundo alguien estaba repartiendo el tiempo, y que ese alguien dijo a la serpiente:

–Tú vivirás doce años.

–De acuerdo –dijo la serpiente.

–Tú, quince años –al perro.

–De acuerdo –respondió el perro.

–Tú, veintiocho –al burro.

–De acuerdo –dijo el burro.

–Tú, treinta y tres –al hombre.

Y el hombre:

–Ni hablar. No estoy de acuerdo. Quiero vivir más.

–Sea, vivirás ochenta y ocho años –debió de decir entonces el que repartía el tiempo–. Pero de esos ochenta y ocho, pasarás treinta y tres como un hombre; veintiocho, trabajando como un burro; quince, llevando una vida de perro, y los últimos doce los pasarás arrastrándote como una serpiente.

Y todo se dio por terminado y el Repartidor de Tiempo se dispuso a retirarse.

–¿Y nosotras? ¿Nosotras cuánto tiempo? –se oyó entonces. Naturalmente, era la vaca. Al parecer nadie se había acordado de ella.

–¿Cuántos? –dicen que dijo el Repartidor de Tiempo con un gesto cansino–. Pues no sé. Un puñado.

–Muchas gracias –agradeció la vaca. Y con las mismas, todos se despidieron.

Y digo yo: tiene que ser tonta la vaca, tiene que ser pardilla la vaca, tiene que ser patosa la vaca para decir el Repartidor de Tiempo «un puñado» y contestar ella «muchas gracias».

–¿Y qué es para usted un puñado? –le habría dicho yo al Repartidor de Tiempo–. Porque, claro, un puñado puede ser cualquier cosa. Tres años, un puñado; cuarenta años, un puñado; doscientos años, un puñado. Depende de cómo se mire. Así que ¿por qué no concreta usted lo de un puñado?

BERNARDO ATXAGA, *Memorias de una vaca*
(Adaptación)

ACTIVIDADES

1 ¿Quién es el narrador de la historia? Indica en qué parte del texto se insinúa la naturaleza del narrador y en qué dos momentos se manifiesta de modo explícito.

- ¿Te parece un narrador creíble? Señala una característica de la novela relacionada con tu respuesta.

2 Resume el argumento que da la vaca para explicar por qué no sabe cuánto vivirá.

3 En el texto hay una historia principal y un relato intercalado. Delimita el relato intercalado copiando las palabras con las que empieza y con las que acaba.

4 Relee con atención los dos últimos párrafos y di si la vaca es un personaje simple o complejo. Para contestar, compara a la vaca narradora con la vaca que responde al Repartidor del Tiempo.

- ¿Quién crees que es el Repartidor del Tiempo? ¿Te parece un personaje habitual?

5 Explica, a partir de tus respuestas, algunas características de la novela.

La conspiración

La estrategia del profesor de Lengua para ganar adictos a la causa exigía que todos los componentes del pequeño grupo de conspiradores leyéramos antes el mismo libro, así que aquella tardc don Ramón nos prestó seis ejemplares de *El guardián entre el centeno*, de Salinger –según él, un clásico de la literatura juvenil–. [...] La lectura de ese libro fue para mí un descubrimiento, una iluminación. Me parecía que el autor reflejaba exactamente mi manera de ver y de sentir las cosas, todo cuanto pasaba por mi cabeza. No era un relato de buenos y malos, como casi todos los que había leído hasta entonces, sino la historia de gente viva, de gente de verdad. Aquel chico, Holden, parecía tan frágil y perdido que uno solo podía ponerse de su parte.

JESÚS CARAZO
El mal de Gutenberg

ACTIVIDADES

1. ¿Quién es el narrador del texto? ¿De qué tipo de narrador se trata: externo o interno? Justifica tu respuesta.
2. Indica el nombre de la novela que lee el narrador, así como su autor.
   - ¿Cómo define el profesor don Ramón ese libro?
3. El narrador menciona un «grupo de conspiradores».
   Explica cuál es la intención del profesor al crear ese grupo.
4. PARA PENSAR. ¿Por qué le gusta al narrador ese libro? ¿Qué destaca de él?
   - Escribe títulos de novelas que conozcas protagonizadas por buenos y malos.

SABER HACER

Explicar el contenido de una novela

La novela es el género narrativo más complejo; puede contener varias historias, tener más de un narrador, incluir diversos personajes...

1. Elige una novela que hayas leído recientemente y escribe su título y el nombre del autor.
   - Explica de qué tipo es según su contenido: de aventuras, de misterio, de ciencia ficción...
2. Comenta el marco narrativo de la novela: lugar y época de la acción, ambiente que recrea el narrador...
3. Describe a los personajes de la novela: quiénes son, qué importancia tienen en los hechos narrados...
4. Resume el argumento de la novela, o sea, el conjunto de acciones que se narran desde el planteamiento hasta el desenlace.
   - Comenta cuál es el orden de la narración: lineal o no lineal.
5. Escribe una reflexión sobre si el título de la novela da alguna pista sobre el argumento o no.
   - Propón otro título diferente para la novela basado en el argumento.

IDEAS CLAVE

COMUNICACIÓN. **Descripción de personas y lugares**

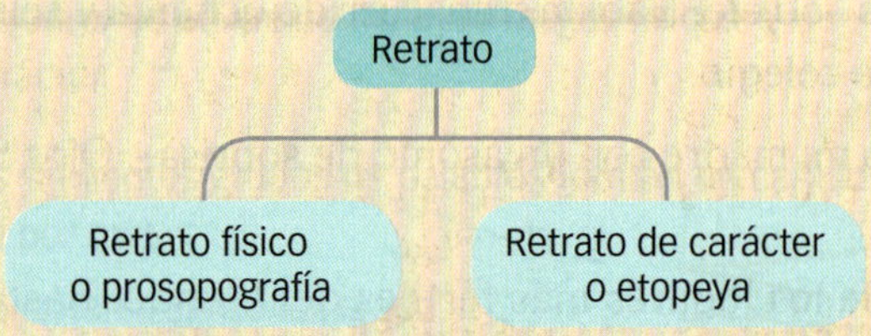

Un **retrato** es la descripción que tiene por objeto a una persona. El retrato físico o prosopografía se centra en la descripción del aspecto exterior; el retrato de carácter o etopeya se centra en la forma de ser o la personalidad. A menudo, un mismo retrato describe los rasgos físicos y de carácter.

En la **descripción de lugares** tiene especial importancia la ordenación espacial. Por ello son frecuentes los marcadores que indican situación en el espacio.

GRAMÁTICA. **El verbo**

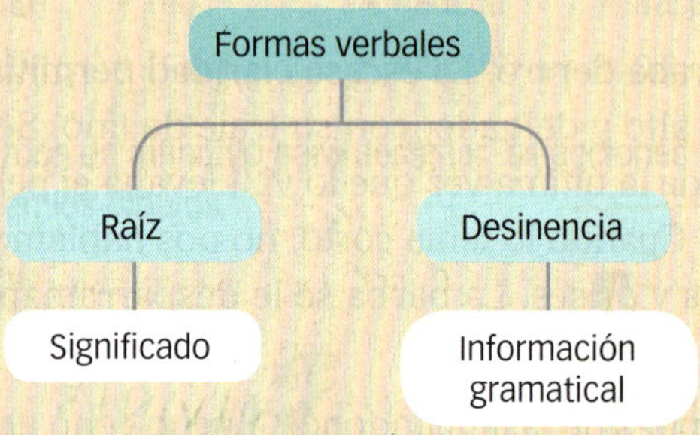

Los **verbos** son palabras variables que expresan acciones, estados o procesos situados en un tiempo.

Cada verbo consta de numerosas **formas verbales**, que se componen de una raíz y una desinencia. La raíz aporta el significado, y la desinencia, información gramatical.

Las formas verbales expresan **número** (singular o plural) y **persona** (primera, segunda o tercera), y sitúan la acción en el **tiempo** (pasado o pretérito, presente o futuro) tomando como referencia el momento en que se habla. El **modo** verbal indica si el hablante considera que la acción es real o dudosa o bien si expresa una orden. Hay tres: indicativo, subjuntivo e imperativo.

LITERATURA. **La novela**

La **novela** es el tipo de narración más extenso y complejo. Sus principales características son la descripción detallada del marco narrativo, la complejidad de los personajes, la posibilidad de ruptura del orden lineal de la historia, la posibilidad de presentar varias historias entremezcladas, la presencia frecuente de más de un narrador y el uso de textos de muy diversa clase.

Las novelas pueden clasificarse de acuerdo con su contenido. Algunos **tipos de novelas** son estos:

- Policiaca: narra la búsqueda del culpable de un crimen.
- De aventuras: cuenta las peripecias de unos personajes que viajan.
- De ciencia ficción: se sitúa en un mundo imaginario con avances tecnológicos.
- Histórica: se desarrolla en el pasado y refleja la sociedad, la época, las costumbres…

El diálogo
La conjugación verbal
La lírica

9

Comunicación

SABER

- El diálogo

SABER HACER

- Escribir un texto teatral
- Representar una escena

Estudio de la lengua

SABER

- Los diccionarios
- La acentuación de los hiatos
- La conjugación verbal

SABER HACER

- Conocer los diccionarios
- Acentuar hiatos
- Conjugar verbos

Educación literaria

SABER

- La lírica

SABER HACER

- Escribir un poema

Escucha y resuelve.

- ¿Qué has escuchado? ¿Qué tipo de programa es?
- ¿Cuántos entrevistadores hay? ¿A cuántas personas se entrevista?
- ¿Por qué se ha entrevistado a esa familia? ¿Qué tiene de especial?
- Toma nota de todas las preguntas que has escuchado y de quién ha respondido cada una.

El señor Moc atiende el teléfono

Teléfono: Ring ring…

Moc: ¿Sí?

Señor: ¿A qué teléfono estoy hablando?

Moc: Al que está en su casa.

Señor: No. Quiero saber con qué teléfono me comuniqué.

Moc: ¡Ah! Con el que está en mi casa.

Señor: ¡Ya sé! Pero ¿quién vive ahí? ¿Quién me atendió?

Moc: Yo.

Señor: Pero… ¡¿Quién es usted?!

Moc: El abonado.

Señor: ¡Váyase al diablo! *¡Clic! Tut tut tut…*

Moc: (*Cuelga.*) El diablo no es un lugar.

Teléfono: Ring ring…

Moc: ¿Sí?

Joven: Hola, je, je, sí, estee…, je, je, le hablo desde Saturno.

Moc: Bien, dígame.

Joven: ¡…! Le estoy diciendo que le hablo desde Saturno, je, je.

Moc: Le oigo perfectamente.

Joven: ¿…? Del planeta Saturno, ¿entiende?

Moc: Sí, sí, aquí la Tierra, adelante.

Joven: Pero… ¿usted sabe dónde queda Saturno…, el planeta?

Moc: Entiendo que queda en el sexto lugar de nuestro sistema. ¿Por qué? ¿Hubo algún cambio en su posición?

Joven: ¡No hubo ningún cambio!

Moc: ¿O sea que me llama desde el sexto lugar de nuestro sistema solar?

Joven: Oiga, ¡¿cómo le van a hablar desde el espacio?!

Moc: No sé, dígamelo usted que es el de la llamada.

Joven: ¿De verdad se lo creyó?

Moc: ¿Por qué no?

Joven: Porque se lo dije para hacerle una broma.

Moc: ¿Me habla desde otro planeta?

Joven: ¡No lo llamo desde ningún planeta!

Moc: ¡Caramba! ¡¿Una llamada desde una estrella, quizás?!

Joven: Le hablo desde su misma ciudad.

Moc: Mi ciudad queda en el planeta Tierra y usted antes dijo…

Joven: Bueno, sí, le hablo desde la Tierra.

Moc: Entiendo, me llama desde la Tierra porque es más barato, desde Saturno no sería llamada local.

JOVEN: ¡Lo de Saturno fue una broma!

MOC: ¿Perdón?

JOVEN: ¡Una broma! ¡¿No entiende?! ¡Le dije eso para hacerle una broma!

MOC: ¿Me llama desde la Tierra para hacerme una broma?

JOVEN: ¡Usted es un tonto!

MOC: No, un terráqueo.

JOVEN: *¡Clic! Tut tut tut.*

LUIS MARÍA PESCETTI
Historias de los señores Moc y Poc (Adaptación)

Comentario de texto

Obtener información

1 Indica si estas afirmaciones son verdaderas o falsas:

- El señor que llama por teléfono a Moc averigua con quién está hablando.
- El señor que llama por teléfono a Moc se enfada y lo envía a Saturno.
- El joven que llama por teléfono a Moc lo llama realmente desde Saturno.
- Moc cree que el joven lo está llamando desde una estrella.
- Moc y el joven que lo llama por teléfono viven en la misma ciudad.

2 Contesta.

- ¿Desde dónde dice el joven que llama?
- ¿Cree Moc lo que le dice el joven?
- ¿Qué efecto producen las respuestas de Moc en el joven?
- ¿Por qué se enfada el joven?
- ¿Qué le dice a Moc antes de colgar?

3 ¿Qué lugar ocupa el planeta Saturno dentro del sistema solar?

Integrar e interpretar la información

4 PARA PENSAR. Analiza las respuestas que Moc da a las preguntas del señor que le llama por teléfono. ¿Crees que le dice alguna mentira? ¿Por qué piensas que el señor se enfada con él?

5 El joven que llama por teléfono dice hasta tres veces que llama desde Saturno.
¿Por qué crees que lo repite tantas veces?

6 Escribe un diálogo entre Moc y el joven en el cual Moc no se crea que el joven realmente lo llama desde Saturno.

Reflexionar y valorar

7 Piensa y responde.

- ¿Cómo se introducen las intervenciones de los personajes?
- ¿Hay alguna palabra en el texto que no sea pronunciada por un personaje? ¿Qué información aportan esas palabras?

8 Las onomatopeyas son palabras o expresiones que imitan el sonido de algo: *brrr; toc, toc.*

Localiza en el texto tres onomatopeyas.

➤ Explica a qué sonido concreto hace referencia cada una de esas onomatopeyas.

9 ¿Encuentras en el texto algún enunciado inacabado? ¿Y algún otro rasgo propio de la lengua oral?

10 Indica mediante ejemplos qué forma de tratamiento usan los personajes para dirigirse el uno al otro.

11 Reflexiona y contesta. ¿Qué valor crees que tienen los puntos suspensivos en cada uno de los casos del siguiente pasaje?

> JOVEN: Hola, je je, sí, estee…, je je, le hablo desde Saturno.
>
> MOC: Bien, dígame.
>
> JOVEN: ¡…! Le estoy diciendo que le hablo desde Saturno, je, je.

El diálogo

1 El diálogo

El diálogo es la forma en que habitualmente nos comunicamos. Mediante esta forma de discurso podemos expresar nuestros sentimientos, opiniones o creencias, y conocer los sentimientos, opiniones o creencias de nuestros interlocutores.

El **diálogo** es el intercambio de información que tiene lugar entre dos o más personas que se comunican directamente entre sí.

Los diálogos pueden ser **espontáneos** o **planificados**.

2 Actitudes necesarias para entablar un diálogo

En toda situación de diálogo es preciso colaborar con el interlocutor, proporcionándole una información verdadera y relacionada con el tema del que se está hablando.

En los diálogos planificados, además, hay que respetar los turnos de palabra; expresar las opiniones de manera sincera, pero a la vez cortés, respetando las opiniones del interlocutor; y procurar no interrumpir a la persona que habla ni alargar excesivamente las intervenciones propias.

SABER MÁS

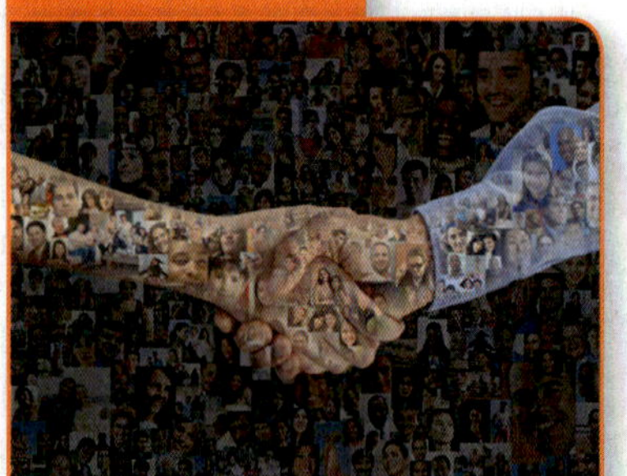

Reglas de cortesía

Durante una conversación hay que tratar con respeto y cortesía al interlocutor.

En español usamos el pronombre personal *usted*, en lugar de *tú*, cuando hablamos con una persona con la que no tenemos confianza o a la que consideramos en una posición de superioridad respecto a nosotros. También es importante utilizar las expresiones *por favor* o *disculpe* y realizar peticiones usando preguntas.

3 El diálogo y la escritura

Aunque se trata de una forma de discurso típicamente oral, los diálogos se pueden recoger por escrito, como se hace, por ejemplo, en las novelas y en las obras de teatro.

En un **texto narrativo** los diálogos pueden transcribirse mediante dos formas: el estilo directo y el estilo indirecto.

FORMAS DE TRANSCRIPCIÓN DE DIÁLOGOS		
Estilo directo	El narrador reproduce literalmente las palabras de los personajes.	*Teresa se acercó a Berta y le preguntó: «¿Quieres venir al cine?».* * * * *Teresa se acercó a Berta.* *–¿Quieres venir al cine? –preguntó.*
Estilo indirecto	El narrador reproduce las palabras de los personajes desde su punto de vista.	*Teresa se acercó a Berta y le preguntó si quería ir al cine con ella.*

En ambos casos, las intervenciones de los personajes suelen ir acompañadas de un verbo de habla (*dijo, preguntó, exclamó*...).

En los **textos teatrales** el diálogo es la forma de discurso principal. No existe la figura del narrador y las intervenciones de los personajes van precedidas por su nombre propio sin que haya, pues, un verbo de habla.

RECURSOS

Transcripción de diálogos

En la transcripción de diálogos en estilo directo se pueden entrecomillar las palabras que dice cada uno de los interlocutores o escribir cada intervención en línea aparte precedida de una raya. Veamos algunos ejemplos.

Estilo directo.

El partido de cróquet

Alicia y el Gato seguían conversando. «¿Vas a jugar hoy al cróquet con la Reina?», dijo el Gato. «Me gustaría mucho, pero por ahora no me han invitado», contestó Alicia. «Allí nos volveremos a ver», aseguró el Gato, y se desvaneció.

LEWIS CARROLL, *Alicia en el País de las Maravillas* (Adaptación)

Estilo indirecto.

Estilo directo.

Verbos de habla introducidos por raya.

El inoportuno muchacho

Los chiquillos viven las más extrañas aventuras sin que ello les preocupe. Así, Wendy hizo una inquietante revelación. Habían aparecido en el suelo del cuarto de los niños algunas hojas de árbol, que a buen seguro no estaban allí al acostarse, y la señora Darling se interrogaba sobre la cuestión cuando Wendy dijo, con una sonrisa que expresaba cierta tolerancia:

–Creo que ha sido otra vez Peter.

–¿Qué quieres decir con eso, Wendy?

–Ha hecho muy mal en no barrerlas –dijo Wendy, y suspiró. Era una niña muy pulcra.

Explicó con tonillo de suposición que creía que a veces Peter entraba en el cuarto durante la noche, se sentaba a los pies de su cama y tocaba la flauta para ella. Desafortunadamente, ella nunca se había despertado, así que no sabía por qué lo sabía; simplemente, lo sabía.

–No digas bobadas, preciosa. Nadie puede entrar en la casa sin llamar a la puerta.

–Me parece que entra por la ventana –dijo ella.

–Bonita, ¡pero si es un tercer piso!

–¿Acaso las hojas no estaban al pie de la ventana, mamá?

Era verdad; hallaron las hojas muy cerca de la ventana.

J. M. BARRIE, *Peter Pan y Wendy* (Adaptación)

ACTIVIDADES

1. Explica qué es el diálogo y para qué sirve.
2. ¿Cuáles de estas actitudes son necesarias para mantener un diálogo? Copia lo correcto y corrige lo falso.
   - Colaborar con el interlocutor.
   - Ofrecer una información no relacionada con el tema.
   - Procurar alargar las intervenciones.
3. Explica los dos modos en que puede transcribirse un diálogo en un texto narrativo. Pon ejemplos.
4. Modifica los fragmentos de los textos sobre Alicia y Peter Pan del siguiente modo:
   - Escribe con rayas el diálogo entre Alicia y el Gato.
   - Escribe en estilo indirecto las tres primeras intervenciones que en el texto de Peter Pan aparecen en estilo directo.
   - Introduce un verbo de habla en la última intervención de Wendy en el texto.
5. Comenta las características del diálogo en los textos teatrales.

Los diccionarios

1 Los diccionarios

El léxico de una lengua se recoge en los diccionarios. Por eso, cuando tenemos dudas sobre cómo se escribe una palabra o sobre su significado, debemos recurrir al diccionario.

Un **diccionario** es un libro en el que se recogen y se definen las palabras de una lengua.

2 La información de los diccionarios

En el diccionario podemos encontrar mucha información. La primera y más importante es la definición, el significado que tiene una palabra. Pero también podremos conocer su origen y su categoría gramatical, si se trata de una palabra monosémica o polisémica, si tiene algún significado figurado, sus sinónimos y antónimos, algunos ejemplos de uso…

feliz. (Del lat. *felix, -īcis*) 1. *adj.* Que tiene felicidad. *Soy feliz.* 2. *adj.* Que causa felicidad. 3. *adj.* Dicho de un pensamiento, de una frase o de una expresión: Oportuno, acertado, eficaz. *Tuvo una idea feliz.* no hacer feliz algo a alguien. 1. *fr. coloq.* Desagradarle o no parecerle conveniente.

Junto a los diccionarios generales, existen diccionarios especializados: de idiomas, de sinónimos y antónimos, de dudas, de ideas afines, etc.

ACTIVIDADES

1 Observa este artículo de diccionario y contesta las preguntas.

cabo. (Del latín *caput*, cabeza) *s. m.* 1. Saliente de la costa que penetra en el mar. ANT. Golfo. 2. Extremo, punta. *Enhebré el cabo del hilo en el ojo de la aguja.* 3. Cuerda usada en los barcos. SIN. Soga. || *s. m. y f.* 4. Categoría militar por encima de la de soldado.

- ¿Cuál es el origen de la palabra *cabo*?
- ¿Es una palabra monosémica o polisémica?
- ¿Incluye el artículo algún ejemplo de uso? ¿Y algún sinónimo o antónimo?

2 Contesta estas preguntas con ayuda de un diccionario:

- ¿Qué categorías gramaticales puede tener la palabra *bien*? Escribe oraciones en las que esa palabra pertenezca a categorías distintas.
- ¿La palabra *mando* es monosémica o polisémica? Escribe oraciones que ilustren tu respuesta.

3 Indica a qué tipo de diccionario pertenece cada entrada.

comida. *s. f.* 1. Food (*alimento*). 2. Meal (*comida*), lunch (*almuerzo*).

atrapar. Apresar, capturar, agarrar, pillar, coger. ↔ Soltar, liberar.

La acentuación de los hiatos

1 Reglas de acentuación de los hiatos

Un **hiato** es el encuentro de dos vocales que pertenecen a sílabas distintas.

REGLAS DE ACENTUACIÓN DE HIATOS	EJEMPLOS
Siguen las reglas generales de acentuación los hiatos que presentan dos vocales abiertas distintas o dos vocales iguales.	*teatro, poética, albahaca, reelegir, chií*
Llevan siempre tilde sobre la vocal cerrada los hiatos formados por una vocal cerrada tónica seguida o precedida de una vocal abierta átona.	*maíz, capicúa, prohíbo*

La presencia de una *h* entre dos vocales que pertenecen a sílabas distintas no altera la división silábica: *bú-ho, a-za-har, re-ta-hí-la.*

SABER MÁS

Combinaciones de vocales en los hiatos

- Una vocal cerrada tónica seguida o precedida de una vocal abierta (*ía, aí, eú*…).
- Dos vocales abiertas distintas (*ae, eo, ao*…).
- Dos vocales iguales (*aa, ee, ii, oo, uu*).

2 Reglas sobre las combinaciones de vocales

Las palabras que tienen una combinación de vocales seguidas pueden ser pronunciadas de forma distinta por un hablante u otro; por eso existe una serie de reglas que establecen qué combinaciones de vocales son diptongos, triptongos o hiatos. En el cuadro del margen puedes ver las principales combinaciones de vocales que se consideran hiatos.

ACTIVIDADES

1 Clasifica estas palabras según contengan un diptongo o un hiato y escribe tilde en las que la requieran:

- destruccion
- croar
- guardia
- acordeon
- museo
- alegria
- reactor
- zaguan
- archipielago
- caiman
- ahinco
- retahila

2 Escribe el nombre de las tiendas donde comprarías lo representado en cada ilustración.

3 Conjuga el pretérito imperfecto de indicativo de estos verbos:

leer | partir | freír

4 Escribe la mayor cantidad posible de palabras con hiato o con diptongo relacionadas con uno de estos temas y clasifícalas.

espacio estelar | tiempo atmosférico

5 AUTODICTADO. Copia este texto y escribe tilde en las palabras que la necesiten.

Un nuevo heroe

Harto de sembrar tanto caos y destruccion, el grisaceo malhechor decidio cambiar su existencia: se dedicaria con ahinco a hacer solo buenas acciones. Esta drastica decision cambio su suerte. De pronto, se convirtio en un heroe.

Podia volar, tenia tanta fuerza que sujetaba puentes con una mano, detenia aviones en el aire y veia a traves de los muros. Pero lo realmente increible era que todo el mundo lo queria. ¡Se sentia tan feliz!

La conjugación verbal

Claves para empezar

- ¿Cuántas conjugaciones verbales conoces? ¿Cómo se distinguen entre sí?
- ¿Cómo se agrupan las formas verbales? ¿Dirías que *ato, atas, ata, atamos, atáis, atan* es una agrupación válida?
- ¿Qué tiempos verbales conoces?

1 La conjugación

El conjunto de las formas de un verbo constituye su **conjugación**.

Hay tres conjugaciones, que se distinguen por la terminación del infinitivo:

1.ª CONJUGACIÓN	Verbos cuyo infinitivo termina en **-ar**.	*cantar, jugar, nadar...*
2.ª CONJUGACIÓN	Verbos cuyo infinitivo termina en **-er**.	*comer, leer, perder...*
3.ª CONJUGACIÓN	Verbos cuyo infinitivo termina en **-ir**.	*vivir, reír, divertir...*

2 Los tiempos verbales

Un **tiempo verbal** es el conjunto de las formas verbales que comparten el mismo tiempo y modo, pero tienen diferente persona gramatical y número.

Observa la conjugación del presente de indicativo del verbo *cantar*:

	PRESENTE DE INDICATIVO DE *CANTAR*	
	Singular	**Plural**
1.ª PERSONA	*canto*	*cantamos*
2.ª PERSONA	*cantas*	*cantáis*
3.ª PERSONA	*canta*	*cantan*

En este ejemplo, todas las formas comparten el mismo tiempo (presente) y el mismo modo (indicativo). Sin embargo, se diferencian en la persona gramatical (primera, segunda o tercera) y en el número (singular o plural).

3 Tiempos simples y tiempos compuestos

Los tiempos verbales se distribuyen en dos series:

- **Tiempos simples**, cuyas formas constan de una sola palabra.

  salta *saltará* *saltaría*

- **Tiempos compuestos**, cuyas formas se construyen con la forma conjugada del verbo *haber* y el participio del verbo que se conjuga.

  ha saltado *habrá saltado* *habría saltado*

A cada tiempo simple le corresponde un tiempo compuesto. Por ejemplo, al futuro simple de indicativo (*saltaré*) le corresponde el futuro compuesto de indicativo (*habré saltado*).

SABER MÁS

Análisis de las formas verbales

Al analizar una forma verbal, se especifican su persona, su número, el tiempo verbal y el verbo al que pertenece.

cantáis: segunda persona del plural del presente de indicativo del verbo *cantar*.

Los tiempos verbales del español

En los siguientes cuadros se recogen los tiempos verbales del español:

MODO INDICATIVO			
Tiempos simples		**Tiempos compuestos**	
Presente	*salto*	Pretérito perfecto compuesto	*he saltado*
Pretérito imperfecto	*saltaba*	Pretérito pluscuamperfecto	*había saltado*
Pretérito perfecto simple	*salté*	Pretérito anterior	*hube saltado*
Futuro simple	*saltaré*	Futuro compuesto	*habré saltado*
Condicional simple	*saltaría*	Condicional compuesto	*habría saltado*

MODO SUBJUNTIVO			
Tiempos simples		**Tiempos compuestos**	
Presente	*salte*	Pretérito perfecto compuesto	*haya saltado*
Pretérito imperfecto	*saltara o saltase*	Pretérito pluscuamperfecto	*hubiera o hubiese saltado*
Futuro simple	*saltare*	Futuro compuesto	*hubiere saltado*

El **modo imperativo** (*salta, saltad*), que se emplea para dar órdenes afirmativas, carece de tiempos verbales.

SABER MÁS

Tiempos imperfectos y perfectos

Entre los tiempos verbales hay tiempos imperfectos y tiempos perfectos.

Los tiempos imperfectos son los que presentan la acción en su transcurso, como no acabada: *veo, saldré*… Son imperfectos todos los tiempos simples, salvo el pretérito perfecto simple.

Los tiempos perfectos presentan la acción como ya acabada: *escuché, habré hablado*… Son perfectos todos los tiempos compuestos y el pretérito perfecto simple.

ACTIVIDADES

1 Escribe tres verbos de cada conjugación.

2 Copia y completa la conjugación de estos tiempos verbales con las formas que faltan.

Hablaba, hablabas…　　Como, comes…

3 Indica la persona y el número de cada forma verbal:

- cantábamos
- huyeron
- reíais
- dijiste
- perderá
- hablarían

4 Escribe tres tiempos simples y tres tiempos compuestos para la acción de la imagen.

5 Especifica el tiempo y el modo de estas formas verbales:

- veréis
- hiciste
- dijeron
- he hablado
- creías
- oigamos
- hubiera ido
- explicará
- habría sido

➤ Indica si son tiempos simples o compuestos.

6 Escribe las siguientes formas verbales.

- 2.ª persona del plural del pretérito perfecto simple de *correr*.
- 3.ª persona del singular del futuro compuesto de indicativo de *subir*.
- 1.ª persona del singular del pretérito pluscuamperfecto de subjuntivo de *cantar*.

7 Escribe las formas verbales compuestas correspondientes a estas formas simples:

hablo　　ganaré　　dijera

8 Explica la diferencia entre un tiempo verbal imperfecto y otro perfecto a partir de estas oraciones:

- A las dos, Juan comía en su mesa de siempre.
- A las dos, Juan había comido ya.

4 Verbos regulares y verbos irregulares

Según la forma de conjugarse, hay verbos regulares e irregulares.

- **Verbos regulares.** Son los que mantienen la raíz igual en todas sus formas y toman las desinencias de los verbos que sirven de modelo a cada conjugación (*saltar*, *comer* y *vivir*).
- **Verbos irregulares.** Son los que no mantienen la raíz igual en todas sus formas o presentan desinencias distintas de las del verbo modelo.

colg-ar ▶ *cuelg-o* *est-ar* ▶ *est-oy* ▶ *est-uve*

Identificación de los verbos irregulares

Para saber si un verbo es regular o irregular, basta observar tres formas:

La primera persona singular del presente de indicativo.	
canto (de *cantar*) ▶ regular	*pienso* (de *pensar*) ▶ irregular
La tercera persona singular del pretérito perfecto simple.	
cantó (de *cantar*) ▶ regular	*estuvo* (de *estar*) ▶ irregular
La primera persona singular del futuro simple de indicativo.	
cantaré (de *cantar*) ▶ regular	*sabré* (de *saber*) ▶ irregular

No se consideran irregulares los verbos que sufren algún cambio ortográfico en la raíz, siempre y cuando no tengan ninguna otra variación.

caz-o ▶ *cac-é* *coj-o* ▶ *cog-í* *rasc-o* ▶ *rasqu-é*

5 Verbos defectivos

Hay verbos que carecen de algunas formas en su conjugación. Estos verbos se denominan **verbos defectivos**.

Gran parte de los verbos defectivos pertenecen a una de estas clases:

- Verbos que en alguno de sus significados solo admiten sujetos que designan hechos o cosas y, por tanto, solo tienen formas de tercera persona. Es el caso, por ejemplo, de *suceder* o *acontecer*.
- Verbos que se refieren a fenómenos de la naturaleza y normalmente no llevan sujeto. Es el caso de verbos como *llover, nevar, atardecer*..., que solo tienen formas de tercera persona: *llueve, ha nevado, atardecerá*...

Claves para estudiar

Resuelve estas actividades:

- ¿Qué es una conjugación? Indica cómo se identifica cada conjugación.
- ¿Qué es un tiempo verbal? Explica las clasificaciones que se pueden establecer dentro de los tiempos verbales.
- Explica la diferencia entre un verbo regular, un verbo irregular y uno defectivo.

ACTIVIDADES

9 Identifica los verbos irregulares y pon en cada caso dos ejemplos en que se manifieste la irregularidad.

- mantener
- perder
- salir
- andar
- saber
- querer
- caminar
- saltar
- hacer

10 PARA PENSAR. Explica si estas formas verbales son regulares o irregulares:

- hizo
- niegues
- conduzco

11 Localiza las formas verbales incorrectas y sustitúyelas por la forma correcta.

- *Si no andaras perdiendo el tiempo, sería mejor.
- *El informe no satisfació las exigencias del director.
- *No preveyeron que la tela no cabería en el hueco.

12 Explica por qué estos verbos son defectivos.

acaecer nevar soler

SABER HACER

Qué significan las palabras

Cuando Alicia llegó a unos metros de donde estaba vio claramente que se trataba del mismísimo Humpty Dumpty.

–¡Qué hermoso cinturón tiene usted! –observó Alicia.

–Es una corbata, niña; y bien bonita. Fue un regalo de *incumpleaños* del Rey y de la Reina. ¿Qué te parece eso?

–Prefiero los regalos de cumpleaños –dijo Alicia.

–¡No sabes lo que estás diciendo! Hay trescientos sesenta y cuatro días para recibir regalos de *incumpleaños*… Y solo uno para regalos de cumpleaños. ¡Te has cubierto de gloria!

–No sé qué quiere decir con eso de la «gloria» –observó Alicia.

–Claro que no…, y no lo sabrás hasta que te lo diga yo. Quiere decir: «¡Ahí te he dado con un argumento irrefutable!».

–Pero «gloria» no significa eso –objetó Alicia.

–Cuando *yo* empleo una palabra –insistió Humpty Dumpty–, quiere decir lo que yo quiero que diga, ni más ni menos.

LEWIS CARROLL, *Alicia a través del espejo* (Adaptación)

1 Responde las siguientes preguntas sobre el texto:

- ¿Sobre qué hablan los personajes?
- ¿Qué entiende Humpty Dumpty por «gloria»? ¿Está de acuerdo con él Alicia?
- ¿Qué significan las palabras para Humpty Dumpty?

▶ Explica si estás de acuerdo con la última afirmación y por qué.

Conocer los diccionarios →

2 Copia la afirmación verdadera y corrige la falsa.

- En un diccionario se recogen las palabras de una lengua.
- Los diccionarios solo informan del significado de las palabras.

3 Escribe al menos un significado de la palabra *gloria* y explica también el significado de una expresión en la que se utilice.

▶ Busca en un diccionario esa palabra y lee su definición.

Acentuar hiatos →

4 Explica qué regla de acentuación sigue cada palabra:

día cumpleaños ahí empleo

Conjugar verbos →

5 Analiza estas formas verbales del texto y di si son regulares o irregulares:

- llegó
- trataba
- tiene
- fue
- has cubierto

6 Analiza estas formas verbales y transfórmalas al tiempo indicado.

- estaba ▶ Al pretérito perfecto simple de indicativo.
- sabes ▶ Al pretérito pluscuamperfecto de subjuntivo.

La lírica

Secreto

Antes yo no sabía
por qué debemos todos
–día tras día–
seguir siempre adelante
hasta, como se dice,
que el cuerpo aguante.

Ahora lo sé.
Si te vienes conmigo,
te lo diré.

José Agustín Goytisolo

1 La lírica

La **lírica** es el género al que pertenecen las obras en verso en las que el autor expresa sus sentimientos y emociones.

Las obras líricas se caracterizan por el **empleo del verso**, que dota al texto de musicalidad, y el abundante **uso de recursos estilísticos**.

2 La lírica popular y la lírica culta

La **lírica popular** está formada por aquellas composiciones que se han transmitido de forma oral a lo largo de generaciones y han permanecido en la memoria colectiva. Se trata de breves canciones, generalmente anónimas, fáciles de memorizar por su sencillez y la abundancia de repeticiones.

A la **lírica culta** pertenecen aquellos poemas escritos por un autor para expresar sus sentimientos, pensamientos y experiencias. Estas obras suelen estar firmadas y tienen un estilo elaborado.

SABER MÁS

Un ejemplo de lírica popular

Canción de siega

Que ha sido la siega linda,
buena ha sido la vendimia;
que si ha sido la siega buena,
buena vendimia es la nuestra.

Anónimo

3 El verso y la rima

Los poemas están formados por **versos**, que se escriben en líneas distintas y poseen un ritmo muy marcado.

El verso crea en el poema un ritmo acentuado, que se basa en las pausas finales, la repetición del número de sílabas y la rima.

La **rima** es la repetición de sonidos a partir de la última sílaba tónica del verso.

Hay dos tipos de rima: **consonante**, si se repiten todos los sonidos (*belleza, certeza*), y **asonante**, si se repiten solo las vocales (*belleza, sincera*).

4 La medida de los versos

La **medida de un verso** es el número de sílabas que ese verso contiene. Para medirlo, hay que tener en cuenta la sílaba tónica de la última palabra:

- Si el verso termina en una palabra aguda o monosílaba, se suma una sílaba.

  Compadre, quiero cambiar (7 + 1) 8 sílabas
  mi cuchillo por tu manta. 8 sílabas
  FEDERICO GARCÍA LORCA

- Si el verso termina en una palabra esdrújula, se resta una sílaba.

  Andaluces de relámpagos, (9 – 1) 8 sílabas
  nacidos entre guitarras. 8 sílabas
  MIGUEL HERNÁNDEZ

Las llamadas **licencias métricas** afectan también al cómputo silábico.

Sinalefa	Si una palabra acaba en vocal y la siguiente palabra empieza por vocal o por *h*, ambas sílabas se pueden contar como una sola.	*Esta no**che ha** pasado Santiago* *su camino de luz en el cielo.* FEDERICO GARCÍA LORCA	10 sílabas 10 sílabas
Diéresis	Consiste en pronunciar las vocales de un diptongo en dos sílabas. A veces se señala con el signo (¨).	*¡Oh, cauterio süave!* SAN JUAN DE LA CRUZ	7 sílabas
Sinéresis	Consiste en pronunciar las vocales de un hiato en una sola sílaba.	***Aún** parece, Teresa, que te veo* ***aérea** como dorada mariposa…* JOSÉ DE ESPRONCEDA	11 sílabas 11 sílabas

Según su medida, los versos pueden ser de **arte menor**, cuando tienen entre dos y ocho sílabas métricas; o **de arte mayor**, cuando tienen nueve o más sílabas métricas.

CLASES DE VERSOS

Versos de arte menor	
dos sílabas	bisílabo
tres sílabas	trisílabo
cuatro sílabas	tetrasílabo
cinco sílabas	pentasílabo
seis sílabas	hexasílabo
siete sílabas	heptasílabo
ocho sílabas	octosílabo
Versos de arte mayor	
nueve sílabas	eneasílabo
diez sílabas	decasílabo
once sílabas	endecasílabo
doce sílabas	dodecasílabo
trece sílabas	tridecasílabo
catorce sílabas	alejandrino

Claves para estudiar

Pon a prueba tus conocimientos:

- ¿Qué es la lírica? Explica la diferencia entre popular y culta.
- Define el verso y la rima.
- Explica cómo se mide un verso.

ACTIVIDADES

1 Mide los versos, analiza la rima y contesta.

A Juan Ramón Jiménez

Era una noche del mes
de mayo, azul y serena.
Sobre el agudo ciprés
brillaba la luna llena,

iluminando la fuente
en donde el agua surtía
sollozando intermitente.
Solo la fuente se oía.

Después, se escuchó el acento
de un oculto ruiseñor.
Quebró una racha de viento
la curva del surtidor.

ANTONIO MACHADO (Adaptación)

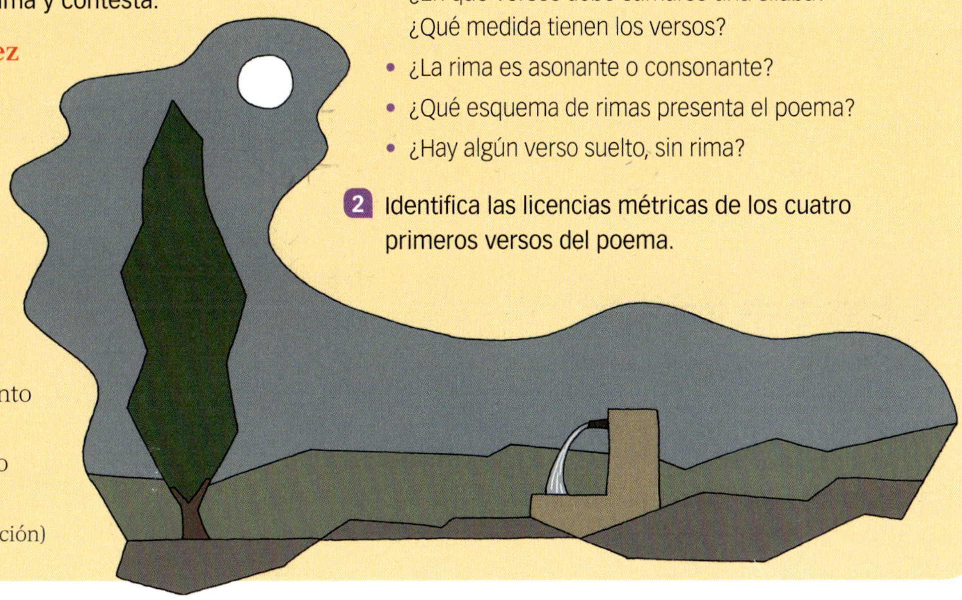

- ¿En qué versos debe sumarse una sílaba? ¿Qué medida tienen los versos?
- ¿La rima es asonante o consonante?
- ¿Qué esquema de rimas presenta el poema?
- ¿Hay algún verso suelto, sin rima?

2 Identifica las licencias métricas de los cuatro primeros versos del poema.

Gracias a la vida

Gracias a la vida, que me ha dado tanto.
Me dio dos luceros que, cuando los abro,
perfecto distingo lo negro del blanco,
y en el alto cielo su fondo estrellado
y en las multitudes el hombre que yo amo.

Gracias a la vida, que me ha dado tanto.
Me ha dado el oído que, en todo su ancho,
graba noche y día grillos y canarios,
martillos, turbinas, ladridos, chubascos,
y la voz tan tierna de mi bien amado.

Gracias a la vida, que me ha dado tanto.
Me ha dado el sonido y el abecedario,
con él las palabras que pienso y declaro:
madre, amigo, hermano y luz alumbrando
la ruta del alma del que estoy amando.

Gracias a la vida, que me ha dado tanto.
Me ha dado la marcha de mis pies cansados;
con ellos anduve ciudades y charcos,
playas y desiertos, montañas y llanos,
y la casa tuya, tu calle y tu patio.

Gracias a la vida, que me ha dado tanto.
Me dio el corazón, que agita su marco
cuando miro el fruto del cerebro humano,
cuando miro el bueno tan lejos del malo,
cuando miro el fondo de tus ojos claros.

Gracias a la vida, que me ha dado tanto.
Me ha dado la risa y me ha dado el llanto.
Así yo distingo dicha de quebranto,
los dos materiales que forman mi canto,
y el canto de ustedes, que es el mismo canto,
y el canto de todos, que es mi propio canto.

Gracias a la vida, que me ha dado tanto.

VIOLETA PARRA

ACTIVIDADES

1 Indica cuál es el principal sentimiento que se expresa en el poema. Si necesitas ayuda, localiza la palabra más utilizada en él.

- ¿Qué emoción dirías que domina esta composición: la alegría o la tristeza? Justifica tu respuesta con algún ejemplo.

2 ¿A quién crees que se refiere la autora con las expresiones «tu calle y tu patio» y «tus ojos claros»? ¿Ha mencionado anteriormente a esa persona? ¿En qué versos?

3 ¿Qué persona verbal emplea la autora? Relaciona tu respuesta con una característica del género lírico.

4 ¿Qué son los dos «luceros» del segundo verso? ¿Cómo lo has averiguado?

- Indica cómo se llama el recurso estilístico que hay en ese verso y explica en qué consiste.

5 Localiza en el poema ejemplos de estos recursos estilísticos:

- Antítesis.
- Anáfora.
- Polisíndeton.

6 ¿Cómo es la rima de los versos, asonante o consonante? Razona tu respuesta.

- Di cuántas sílabas tienen los versos del poema.

7 Fíjate en los dos versos primeros y en el verso final de cada estrofa. Explica, a partir de esa observación, cómo es la estructura del poema.

8 Explica razonadamente si este poema es un ejemplo de lírica popular o de lírica culta.

Paisaje

La tarde equivocada
se vistió de frío.
Detrás de los cristales,
turbios, todos los niños
ven convertirse en pájaros
un árbol amarillo.

La tarde está tendida
a lo largo del río.
Y un rubor de manzana
tiembla en los tejadillos.

FEDERICO GARCÍA LORCA

ACTIVIDADES

1 Mide los versos del poema indicando el número de sílabas de cada uno.

- Escribe el nombre de cada uno de los versos.
- ¿Son de arte mayor o de arte menor?

2 Localiza una sinalefa en la primera estrofa.

3 ¿Qué imagen quiere transmitir el poeta cuando dice «convertirse en pájaros un árbol amarillo»?

SABER HACER

Escribir un poema

En muchos poemas el autor refleja lo que siente, sus emociones. Y en muchas ocasiones los poetas eligen la primera persona para expresarse.

1 Consulta el programa de Literatura de la Unidad 1 y vuelve a leer el fragmento de *La metamorfosis*, de Kafka. ¿Cómo te sentirías tú si te ocurriera lo mismo que a Gregorio Samsa? Haz una lista de sentimientos y emociones.

- *Me sentiría asustado y nervioso.*
- *Me daría vergüenza que me vieran así.*

2 Inspírate en la lista de sentimientos y emociones que has detallado en la actividad 1, e imagina una situación ficticia que produjese una serie de sentimientos y emociones intensos (alegría, estupefacción, serenidad, tristeza…).

- Escribe un listado con los sentimientos y emociones producidos por esa situación.

3 Escribe un breve poema en el que utilices la primera persona y te bases en la lista que has confeccionado en la actividad anterior.

Proporciona ritmo al verso:

- Haz que todos los versos tengan la misma medida (ten en cuenta la posible presencia de licencias métricas).
- Dota de rima a los versos. La rima puede ser asonante o consonante.

Clases de diálogo

1 El diálogo espontáneo o conversación

El **diálogo espontáneo** o **conversación** es aquel en el que los interlocutores hablan sin atenerse a ningún plan previo.

En la conversación podemos distinguir generalmente tres partes: apertura, cuerpo y cierre.

PARTES DE LA CONVERSACIÓN	
Apertura	Suele ser una fórmula de saludo *(¡Hola!)* o una llamada de atención (*Disculpe*…) con la que se inicia la comunicación.
Cuerpo	Es la parte central de la conversación; en ella los interlocutores intercambian información.
Cierre	Es la parte en la que se da por concluida la conversación. Generalmente incluye alguna fórmula de despedida *(Adiós…)*.

Los interlocutores intervienen en un orden no establecido y son frecuentes las interrupciones, los cambios bruscos de tema, las interjecciones, las frases inacabadas…

2 El diálogo planificado

El **diálogo planificado** es aquel en el que los interlocutores hablan según un guion o plan previo y se atienen en sus intervenciones a unas normas determinadas.

En los diálogos planificados se suele cuidar más la expresión que en los espontáneos. Así ocurre, por ejemplo, cuando se realiza un debate o una entrevista.

El **debate** es una discusión ordenada sobre un tema en el que dos o más personas defienden puntos de vista frecuentemente contrapuestos.

Para coordinar y guiar un debate es frecuente la presencia de un moderador que regule su desarrollo. Este desempeña tres funciones:

- Inicia el debate e introduce el tema.
- Ordena y controla los turnos de palabra de los interlocutores.
- Cierra el debate y resume las ideas más importantes que se han expuesto y las conclusiones a las que se ha llegado.

La **entrevista** es un diálogo entre dos personas, en el que una de ellas le plantea a la otra una serie de preguntas a partir de un guion previo. El entrevistador es la persona que plantea las preguntas. El entrevistado es la persona que responde a esas preguntas.

SABER MÁS

Tipos de argumentos

En un debate los participantes no deben tratar de imponer su propia visión, sino que deben dar sus opiniones e intentar convencer a los demás.

Para respaldar las opiniones se usan distintos tipos de argumentos: el argumento de autoridad, que consiste en citar a un experto; el argumento de la propia experiencia, basado en la experiencia personal; el argumento de la mayoría, que se basa en lo que la mayoría dice o piensa; etcétera.

RECURSOS

Entrevistas de múltiples entrevistadores

Algunas páginas de Internet han diseñado un nuevo formato de entrevista. Consiste en un «encuentro digital» entre el entrevistado y los lectores, que son quienes hacen las preguntas. Las respuestas aparecen en la página y pueden ser leídas por quien lo desee. Es una entrevista de múltiples entrevistadores.

Sílvia Pérez Cruz y Raül Fernández Miró

Conocida por su disco *11 de novembre* y por participar en la banda sonora de la película *Blancanieves*, Sílvia Pérez Cruz se ha unido al músico conocido anteriormente como Refree en *granada* (con minúscula), un disco en el que solo se escuchan su voz y sus guitarras. En su presentación en directo en el Primavera Sound se llevaron una larga ovación del público.

1. En el Primavera Sound la mayor ovación fue para vosotros. Yo fui a ese concierto y salí encantado con lo que escuché. Me gustaría saber si, aparte de poesías y versiones, tenéis pensado componer más temas para un próximo disco.

Teníamos pensado hacer un disco de versiones y otro de composiciones propias, pero al final hemos acabado tan agotados con *granada* que nos cuesta pensar más allá.

2. Mi peque de ocho años va por casa cantando *Acabou Chorare* y a la mayor, de diez años, la he visto buscando vídeos de Albert Pla en Youtube (le encanta *La platja*). ¿Os habíais planteado que vuestras versiones pudiesen también llegarle al público infantil? Una mega-fan que os sigue desde hace tiempo ;)

A veces te cuentan historias como la tuya, niños pequeños que cantan las canciones, y nos encanta. Alguna vez hemos hablado de componer un disco para niños... A ver si lo hacemos.

3. Ayer, por momentos, los espectadores perdimos el control de nosotros mismos... ¿Pasó también ahí arriba?

¡Sí! A veces nos asusta un poco esta sensación, pero nos gusta olvidarnos de nosotros mismos, de quiénes somos, y fundirnos de alguna manera con la canción... No siempre pasa.

4. ¿Os costó mucho seleccionar las canciones que versionáis?

La verdad es que, a pesar de que en un principio pensamos que sería complicado, casi podemos afirmar que fue lo más sencillo de todo el proceso. Teníamos un montón de versiones que habíamos trabajado antes de este disco, pero empezamos a escuchar otras nuevas y a probarlas, y finalmente solo quedan dos de las primeras.

5. ¿Por qué el título (*granada* con minúscula y no con mayúscula)?

Porque nos referimos a la fruta y al explosivo, por su dulzura y por la intensidad de una explosión.

Despedida

Muchísimas gracias por las preguntas. Ha sido un placer charlar con vosotros y gracias por las cosas bonitas que decís. Que disfrutéis de *granada*.

www.elmundo.es (Adaptación)

La entrevista suele comenzar con una presentación de la persona entrevistada y un texto explicativo de su trayectoria.

Los lectores envían sus preguntas en directo (aquí aparecen con fondo azul y en negrita).

Los entrevistados las responden al momento. A medida que contestan, el texto aparece en la pantalla.

Una vez finalizado el encuentro, la persona entrevistada suele escribir una breve despedida.

La entrevista queda guardada en la página web y puede ser consultada con posterioridad.

ACTIVIDADES

1. ¿Qué es un diálogo espontáneo? ¿Qué rasgos lo caracterizan?
   - Explica las partes de las que, generalmente, consta una conversación.
2. Indica qué distingue, desde el punto de vista de la expresión lingüística, a un diálogo planificado de uno espontáneo.
3. ¿En qué consiste un debate?
   - Explica cuál es la misión del moderador de un debate y qué tres funciones desempeña.
4. Comenta qué tienen en común y en qué se diferencian un encuentro digital como el que figura en esta página y una entrevista convencional en un periódico.

SPIDERMAN, UN NEOYORQUINO MÁS

Lanzador de telarañas, ciudadano marchoso

Hoy tenemos con nosotros a Spiderman, el gran superhéroe. Protagonista de infinidad de hazañas, adorado por niños y adultos, el hombre araña se nos muestra a lo largo de la conversación como lo que realmente es: un neoyorquino más.

Entrevistador. ¿Qué es, a tu juicio, lo más destacado que ha ocurrido en la ciudad en los últimos años?

Spiderman. La huelga de transporte de 2005. Evidentemente, fue terrible para vosotros, chicos, pero yo era el primero en llegar al trabajo todos los días. Eso supuso un gran cambio para mí.

E. ¿Cuál es tu lugar favorito de Nueva York?

S. Bueno, desde luego no es el puente de George Washington, ya que allí murió mi novia Gwen. Tal vez sea la cima de la estatua de la Libertad. Llevo allí a mis citas para impresionarlas. O subo allí yo solo para pensar, para encontrar algo de paz y tranquilidad y, en alguna ocasión, para ver a mi amigo Johnny Storm, la Antorcha Humana.

E. De todas tus experiencias en Nueva York, ¿con cuál te quedarías?

S. ¿Por dónde empezar? He bajado por el Empire State Building columpiándome y he gateado por toda la estación de metro abandonada de Worth Street. He luchado contra Rhino en el Zoo del Bronx y contra Electro en el parque Battery. He estado en todos los rincones de esta ciudad, he visto y hecho de todo…, así que es difícil elegir un único momento.

E. ¿Qué opinas de nuestra revista?

S. Me gusta. Pero creo que deberíais añadir un «Calendario de conspiraciones de los malos». Para mí sería de mucha utilidad.

E. Completa la frase: «Nueva York es…».

S. … mucho mejor a doscientos pies de altura.

E. Se dice que estás soltero. ¿Algún consejo para ligar?

S. Ir de fiesta con Hulk. Fijo que parecerás una opción mejor.

E. Tú y Batman enfrentados. ¿Quién gana?

S. Yo, por supuesto. Batman es un personaje de ficción. ¿Qué sería lo siguiente: yo contra el Ratoncito Pérez?

Revista digital *Time Out* (Adaptación)

ACTIVIDADES

1 ¿Cómo es el diálogo que hay en el texto: espontáneo o planificado? Razona tu respuesta.
- Di qué nombre recibe ese tipo de diálogo y explica, basándote en el texto, en qué consiste.

2 La mayoría de las preguntas que hace el entrevistador giran en torno a un tema concreto. ¿De qué tema se trata?

3 ¿Qué función crees que cumple el párrafo con el que se inicia el texto?

4 ¿Hay rasgos de humor en el texto? Justifica tu respuesta con algún ejemplo.

5 PARA PENSAR. Explica el sentido irónico de la última respuesta del entrevistado.
- ¿Crees que es una buena forma de cerrar el texto?

6 Localiza en las respuestas de Spiderman alguna característica propia del registro coloquial.

7 Enumera todos los superhéroes que se mencionan en el texto. Después, elige uno y escribe seis preguntas que le harías en una entrevista.

SABER HACER

Preparar una entrevista

Algunas personas tienen muchas cosas interesantes que contar. Para conocerlas, podemos hacerles una entrevista. Vamos a preparar una.

1 Elige a la persona a la que quieres entrevistar y anota los motivos por los que quieres hacerle la entrevista.

> *Quiero entrevistar al director de orquesta Gustavo Dudamel, que ha conseguido que la música cambie la vida de la gente.*

2 USA LAS TIC. Investiga en Internet y elabora una pequeña ficha con información sobre el entrevistado. Intenta obtener estos datos:

- Fecha y lugar de nacimiento.
- Trayectoria profesional.
- Logros personales.
- Vivencias interesantes.

3 Escribe una pequeña introducción para presentar al personaje que has elegido.

> *Gustavo Dudamel es un director de orquesta venezolano. Su fama internacional se debe a…*

4 Ahora, haz una lista con los datos sobre la vida y la profesión del personaje que crees que es interesante conocer.

5 Escribe una lista de preguntas; evita aquellas que se contestan con *sí* o *no*. Puedes agruparlas según el tema que traten:

- vida profesional
- vida personal
- proyectos

6 Por último, escribe una breve despedida.

Participar en un debate

En un debate se aportan distintos puntos de vista sobre un tema determinado. Para debatir hay que dar argumentos. Vamos a debatir.

1 TRABAJO COOPERATIVO. En grupos de cinco, preparad el debate. Debéis decidir lo siguiente:

- Cuándo y dónde será.
- Cuánto durará.
- Cuál es el tema.
- Quién va a ser el moderador.

2 Organizad el debate. Tened en cuenta estas recomendaciones:

- El moderador debe presentar el tema y regular los turnos de palabra.
- Cada participante expondrá su opinión de un modo respetuoso.
- Cuando un participante desee hablar, levantará la mano y esperará a que el moderador le haga una señal para intervenir.
- Cuando habléis, podéis usar algunas de estas fórmulas: *en mi opinión, yo creo, no estoy del todo de acuerdo contigo…*

Las palabras en el diccionario

En el diccionario de la Real Academia, la palabra *hoja* figura con trece acepciones.

1 El orden alfabético

En el diccionario, las palabras están ordenadas alfabéticamente por su primera letra. Las palabras que empiezan por una misma letra se ordenan por su segunda letra y así sucesivamente.

Las palabras se recogen en el diccionario en **orden alfabético**.

El alfabeto español consta de 27 letras y dos dígrafos, la *ch* y la *ll*, que son signos compuestos por dos letras que representan un único sonido. En la mayor parte de los diccionarios las palabras que empiezan con *ch* se ordenan dentro de la *c*, y las que empiezan por *ll*, dentro de la *l*.

2 Palabras invariables y palabras variables

A la hora de buscar un término en el diccionario es necesario diferenciar entre palabras invariables y variables. Las palabras invariables aparecen tal cual en el diccionario; las variables se ordenan según estos criterios:

- Los **verbos** se recogen por su infinitivo: *cantar, dormir*.
- Los **sustantivos** y **adjetivos** que varían en número se recogen por su singular: *lápiz, moneda, alegre*.
- Los **sustantivos** y **adjetivos** que varían en género y número se recogen normalmente por la forma masculina singular seguida de la terminación en femenino: *señor, ra; bueno, na*. En el caso de los sustantivos, a veces aparecen separadas las entradas del masculino y del femenino singular.

ACTIVIDADES

1 Escribe el abecedario en tu cuaderno.

- Después, escríbelo en sentido inverso, empezando por la *z* y acabando en la *a*.

2 Ordena las siguientes palabras tal y como aparecerían en un diccionario:

hacha	llegar	fácil
horquilla	bueno	tubo
festín	tobillo	chancla

3 Escribe la forma por la que buscarías las siguientes palabras en el diccionario:

- felices
- mágicas
- exámenes
- insolentes
- cafés
- acaso

4 Escribe la forma por la que buscarías en el diccionario estas formas verbales:

- cantaré
- piensa
- hay
- perdieron
- anduvo
- tuviesen

5 Escribe sus nombres, busca esas palabras en el diccionario y di en qué letras las has encontrado.

6 PARA PENSAR. ¿Cuándo crees que una palabra entra a formar parte de un diccionario?

El punto. La coma

1 El punto

Al hablar, marcamos el final de cada enunciado mediante una pausa. En la escritura esa pausa se representa mediante el punto. El **punto** marca el final de un enunciado en el que se afirma o se niega algo. La palabra que sigue al punto siempre se escribe con mayúscula.

2 La coma

La **coma** indica una breve pausa dentro de un enunciado. Se emplea en los siguientes casos:

USO DE LA COMA	EJEMPLOS
Para separar los miembros de una enumeración que no están unidos por las palabras *y*, *ni*, *o*.	*El hombre cogió un reloj, una cartera y una foto.*
Delante de elementos de enlace como *pero, sino que, ya que, puesto que, así que, de manera que*…	*El pan parece blando, pero está duro.*
Cuando en el enunciado se anteponen expresiones largas que indican circunstancia.	*Cuando terminó su discurso de despedida, se marchó.*
Para separar el sustantivo con el que designamos a nuestro interlocutor.	*Amigo, deja ya de darme consejos.*
Para delimitar una aclaración o explicación que se inserta en la oración.	*El perro, acurrucado, dormía sobre la cama.*
Para aislar expresiones como *es decir, por último, o sea, por lo tanto*…	*Por último, cerró la puerta y apagó la luz.*
Para indicar que se ha omitido un verbo.	*Una mujer llegó muy pronto; la otra, demasiado tarde.*

ACTIVIDADES

1 Copia y puntúa correctamente estas oraciones:

- En el jardín planté rosas jazmines lirios y azaleas
- La cigüeña herida en una de sus alas no podía levantar el vuelo
- Roque cierra la ventana para que no entre frío por favor
- Vamos mal de tiempo así que date prisa
- La mesa era de madera; la silla de metacrilato

2 Explica la diferencia de significado entre estas oraciones y relaciónala con la presencia o ausencia de la coma.

- Carmen, trae el té y los pasteles.
- Carmen trae el té y los pasteles.

3 AUTODICTADO. Copia el texto y escribe las comas y los puntos que faltan.

Abducción

Íbamos por la autopista y de pronto el coche se elevó a las alturas Fueron unos momentos de confusión: un ruido tremendo unas llamas fugaces y una columna de humo denso En ese momento, unos desconocidos nos pusieron cables por todo el cuerpo una música clásica y unos deliciosos canapés Chico al final nos hicimos amigos. ¡Eran unos extraterrestres simpatiquísimos!

SABER MÁS

Las formas contractas *al* y *del*

Las palabras *al* y *del* son formas contractas que resultan de la combinación de las preposiciones *a* y *de* y el artículo *el*.

2 Las preposiciones

Las **preposiciones** son palabras invariables que unen palabras indicando la relación que existe entre ellas.

Pídeme un batido de chocolate. *Desayuné leche con galletas.*

Las preposiciones introducen un complemento denominado **término**.

Lo hizo con mucha alegría. (Término) *Nos quedaremos hasta mañana.* (Término)

Las preposiciones son *a, ante, bajo, con, contra, de, desde, durante, en, entre, hacia, hasta, mediante, para, por, según, sin, sobre, tras, versus* y *vía*.

3 Las conjunciones

Las **conjunciones** son palabras invariables que se emplean para relacionar entre sí palabras, grupos sintácticos u oraciones.

Necesito lápiz y papel. ▶ Une palabras.

¿Recojo primero a los niños o a la abuela? ▶ Une grupos sintácticos.

Ana vino, pero ya se ha ido. ▶ Une oraciones.

En la siguiente tabla aparecen las clases más importantes de conjunciones:

Copulativas	Expresan adición.	*y, e, ni*
Disyuntivas	Expresan opción o alternancia.	*o, u*
Adversativas	Contraponen dos ideas.	*pero, mas, sino*
Condicionales	Expresan una condición.	*si*
Causales	Explican la causa.	*porque*
Concesivas	Expresan una objeción que no evita la acción.	*aunque, si bien*

Claves para estudiar

Comprueba lo que has aprendido resolviendo estas actividades:

- Explica qué son los adverbios y cómo se clasifican.
- ¿Qué funciones tienen los adverbios? Pon ejemplos.
- ¿Qué son las preposiciones? ¿Cómo se llama el complemento al que introducen?
- Explica qué son las conjunciones. Pon tres ejemplos de tres clases distintas.

ACTIVIDADES

12 Identifica las preposiciones de estas oraciones:

- Actuó sin pensarlo.
- Déjalo tras la puerta.
- Está bajo la manta.
- Hasta ahora no pasó.

13 Localiza y copia el término introducido por la preposición.

- Sergio se marchó sin su maletín.
- Esa casa de allí es la mía.
- Ha actuado con mucha cautela.
- Se quedó solo por desconfiado.

14 Identifica las conjunciones e indica de qué clase son.

- No he conseguido el mapa, pero tengo una guía.
- Aunque me lo supliques, no iré allí.
- Te lo daré si te portas bien.
- No ha venido a clase porque está enfermo.

15 Escribe oraciones en las que estas conjunciones unan palabras:

y · o · pero · ni

SABER HACER

Vocabulario pirata

bandera. Lienzo u otra tela de forma rectangular, asegurada a un asta. Fue en el siglo XVI cuando apareció la bandera negra como enseña exclusivamente pirata. En el siglo XVII era de uso corriente entre los filibusteros, especialmente para infundir terror. Las imágenes asociadas a la bandera pirata solían ser la calavera sobre dos tibias cruzadas, sobre dos espadas, junto a un hacha de guerra y un reloj de arena, etc.

corsario. Dícese de los tripulantes de la embarcación que, en virtud del contrato estipulado con el Estado bajo cuyo pabellón navegaban, asaltaban y robaban barcos mercantes de otros países. || Dícese también de dicha embarcación. || Pirata mercenario.

filibustero. Pirata de la isla Tortuga perteneciente a la Cofradía de los Hermanos de la Costa, de 1630. En este islote se formó esta sociedad paralela, con normas y sistemas de convivencia propios, en la que no había Estado, Administración ni impuestos, y todos los piratas convivían en plano de igualdad. Después, se instalaron en Jamaica, bajo el gobierno inglés.

pirata. Bandido o ladrón de los mares.

RAFAEL ESTRADA, *Diccionario pirata* (Adaptación)

1. Responde las siguientes preguntas sobre el texto:
   - ¿Cómo era la bandera pirata? ¿En qué momento empezó a usarse?
   - ¿Cuántos significados tiene la palabra *corsario*? ¿Qué diferencia a corsarios de filibusteros?
   - ¿Cuáles de los términos sirven para designar a un ladrón de mar?

Conocer tipos de diccionarios

2. ¿Crees que el *Diccionario pirata* es un diccionario general o especializado? Justifica tu respuesta con ejemplos del texto.

3. ¿Con qué forma se recogen los términos destacados en el diccionario?

> La embarcación estaba **empavesada**. Los **foques** comprados por mil **florines relingaban** y **flameaban** al viento.

Usar el punto y la coma

4. Copia las oraciones escribiendo las comas o puntos que faltan.
   - Escuche capitán el barco se dirige hacia aquí pero avanza poco
   - Los piratas agotados tras la batalla repartieron el botín el botín estaba compuesto de anillos collares brazaletes y monedas

Identificar adverbios, preposiciones y conjunciones

5. Indica las clases de estos adverbios y escribe una oración con cada uno.
   - exclusivamente
   - también
   - después
   - especialmente

6. Localiza en este fragmento las preposiciones y conjunciones que haya. Indica de qué tipo son estas últimas.

> La señal para pedir a una embarcación que mostrara la bandera era un cañonazo, pero los piratas solían engañar a sus víctimas con otra bandera; así se confiaban y podían abordarlos por sorpresa.

La estrofa y el poema

El viajero

Está en la sala familiar, sombría,
y entre nosotros, el querido hermano
que en el sueño infantil de un claro día
vimos partir hacia un país lejano.

Hoy tiene ya las sienes plateadas,
un gris mechón sobre la angosta frente;
y la fría inquietud de sus miradas
revela un alma casi toda ausente.

ANTONIO MACHADO

1 Las estrofas

Algunos poemas están formados por grupos de versos que mantienen un esquema rítmico determinado. Cada uno de estos grupos se denomina estrofa. Los versos de Machado que has leído se agrupan en dos estrofas.

Las **estrofas** son combinaciones de versos consagradas por la tradición que mantienen un esquema fijo en cuanto a la rima y el número y medida de los versos.

2 Principales estrofas

Terceto. Estrofa de tres versos de arte mayor que riman en consonante según distintos esquemas. A menudo se presentan como una serie engarzada por la rima (tercetos encadenados): ABA BCB CDC…

11A *Pasáronse las flores del verano,*
11B *el otoño pasó con sus racimos,*
11A *pasó el invierno con sus nieves cano;*

11B *las hojas que en las altas selvas vimos*
11C *cayeron, y nosotros a porfía*
11B *en nuestro engaño inmóviles vivimos.*

ANDRÉS FERNÁNDEZ DE ANDRADA

Serventesio. Estrofa de cuatro versos de arte mayor, generalmente endecasílabos, que riman en consonante de acuerdo con este esquema: ABAB.

11A *¡Primavera soriana, primavera*
11B *humilde, como el sueño de un bendito,*
11A *de un pobre caminante que durmiera*
11B *de cansancio en un páramo infinito!*

ANTONIO MACHADO

SABER MÁS

Otras clases de estrofas

- **El pareado**

  Es la estrofa más sencilla; consta de dos versos de arte mayor o menor que riman entre sí en asonante o en consonante: AA, aa.

  8a *Lindas son rosas y flores,*
  8a *más lindos son mis amores.*

- **La cuarteta**

  La estrofa con el mismo esquema de rimas que el serventesio, pero con versos de arte menor, se llama **cuarteta**.

  8a *Caminar por caminar,*
  8b *sin voluntad ni destino,*
  8a *por el placer de tornar*
  8b *otra vez por el camino.*

  GERARDO DIEGO

Cuarteto. Estrofa de cuatro versos de arte mayor, generalmente endecasílabos, que riman en consonante con el siguiente esquema: ABBA.

11A *Sobre la pena duermo solo y uno,*
11B *pena es mi paz y pena es mi batalla,*
11B *perro que ni me deja ni se calla,*
11A *siempre a su dueño fiel, pero importuno.*

MIGUEL HERNÁNDEZ

Lira. Estrofa de cinco versos heptasílabos y endecasílabos con rima consonante que se combinan según el siguiente esquema: 7a 11B 7a 7b 11B.

7a *Buscando mis amores*
11B *iré por esos montes y riberas;*
7a *ni cogeré las flores*
7b *ni temeré las fieras,*
11B *y pasaré los fuertes y fronteras.*

SAN JUAN DE LA CRUZ

SABER MÁS

Otras clases de estrofas

- **La redondilla**

La estrofa con el mismo esquema de rimas que el cuarteto, pero con versos de arte menor, se llama **redondilla**.

8a *¿Te me has vuelto, prenda [mía,*
8b *ave del anochecer,*
8b *que no se te puede ver*
8a *en lo más claro del día?*

MIGUEL HERNÁNDEZ

3 El poema

El **poema** es un mensaje completo escrito en verso. Su extensión es variable: hay poemas de un verso y poemas con miles de versos.

Según su organización, se pueden distinguir dos tipos:

- Los **poemas estróficos** están formados por una o varias estrofas. Destaca el soneto, que es un poema formado por catorce versos endecasílabos, organizados en dos cuartetos con la misma rima (ABBA ABBA) y dos tercetos de rima variable (CDC DCD, CDC CDC, CDE CDE…).
- Los **poemas no estróficos** no se agrupan en estrofas, sino que forman series de versos de extensión variable. Entre los poemas no estróficos destaca el romance, formado por versos octosílabos con rima asonante en los versos pares y sin rima en los impares: 8– 8a 8– 8a 8– 8a…

Claves para estudiar

Resuelve estas actividades:

- Define estrofa y poema.
- Explica la diferencia entre poema estrófico y no estrófico.
- Define las siete estrofas que se mencionan en estas páginas.

ACTIVIDADES

1 ¿En cuál de estos fragmentos los versos se agrupan en estrofas? Di de qué clase de estrofa se trata.

A una rosa

Ayer naciste y morirás mañana.
Para tan breve ser, ¿quién te dio vida?
¿Para vivir tan poco estás lucida,
y para no ser nada estás lozana?

Si te engañó tu hermosura vana,
bien presto la verás desvanecida,
porque en tu hermosura está escondida
la ocasión de morir muerte temprana.

LUIS DE GÓNGORA

El conde Niño

Conde Niño, por amores
es niño y pasó a la mar;
va a dar agua a su caballo
la mañana de San Juan.
Mientras el caballo bebe,
él canta dulce cantar;
todas las aves del cielo
se paraban a escuchar.

ANÓNIMO

2 ¿A qué tipo de composición pertenecen los versos de la actividad anterior que no se agrupan en estrofas?

En el tiempo que me vi

En el tiempo que me vi
más alegre y placentero,
encontré con un palmero
que me habló y dijo así:
–¿Dónde vas, el caballero?
¿Dónde vas, triste de ti?
Muerta es tu linda amiga,
muerta es, que yo la vi;
las andas[1] en que ella iba
de luto las vi cubrir,
duques, condes la lloraban,
todos por amor de ti;
dueñas[2], damas y doncellas
llorando dicen así:
«¡Oh triste del caballero
que tal dama pierde aquí!».

ANÓNIMO

[1] **andas:** caja con varas en que se llevaban a enterrar los muertos.
[2] **dueñas:** viudas.

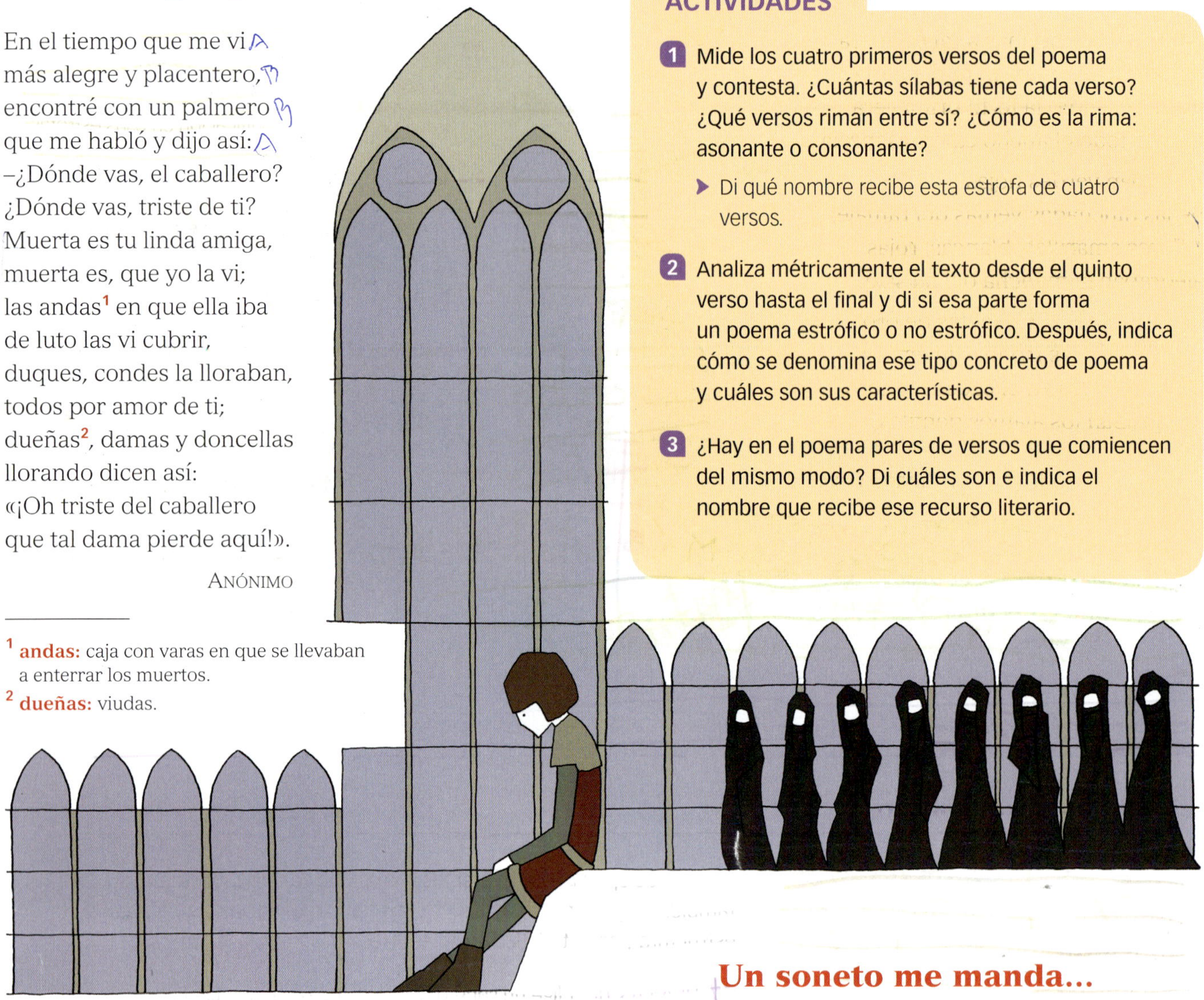

ACTIVIDADES

1. Mide los cuatro primeros versos del poema y contesta. ¿Cuántas sílabas tiene cada verso? ¿Qué versos riman entre sí? ¿Cómo es la rima: asonante o consonante?
   - Di qué nombre recibe esta estrofa de cuatro versos.
2. Analiza métricamente el texto desde el quinto verso hasta el final y di si esa parte forma un poema estrófico o no estrófico. Después, indica cómo se denomina ese tipo concreto de poema y cuáles son sus características.
3. ¿Hay en el poema pares de versos que comiencen del mismo modo? Di cuáles son e indica el nombre que recibe ese recurso literario.

Un soneto me manda...

Un soneto me manda hacer Violante,
que en mi vida me he visto en tanto aprieto;
catorce versos dicen que es soneto;
burla burlando van los tres delante.

Yo pensé que no hallara consonante,
y estoy a la mitad de otro cuarteto;
mas si me veo en el primer terceto,
no hay cosa en los cuartetos que me espante.

Por el primer terceto voy entrando,
y parece que entré con pie derecho,
pues fin con este verso le voy dando.

Ya estoy en el segundo, y aun sospecho
que voy los trece versos acabando;
contad si son catorce, y está hecho.

LOPE DE VEGA

ACTIVIDADES

1. Lee el soneto y contesta.
   - ¿Qué le pide Violante al autor?
   - ¿Cómo reacciona este ante lo que le pide? ¿Qué actitud tiene?
2. Este soneto es una especie de juego literario. Explica en qué consiste ese juego.
3. Redacta una definición de soneto con la información que proporciona el poema.
4. Realiza el análisis métrico del poema: mide los versos, indica las rimas y anota la estructura métrica.

Acaso

Como atento no más a mi quimera
no reparaba en torno mío, un día
me sorprendió la fértil primavera
que en todo el ancho campo sonreía.

Brotaban verdes hojas
de las hinchadas yemas del ramaje,
y flores amarillas, blancas, rojas,
alegraban la mancha del paisaje.

Y era una lluvia de saetas de oro
el sol sobre las frondas juveniles;
del amplio río en el caudal sonoro
se miraban los álamos gentiles.
[…]

ANTONIO MACHADO

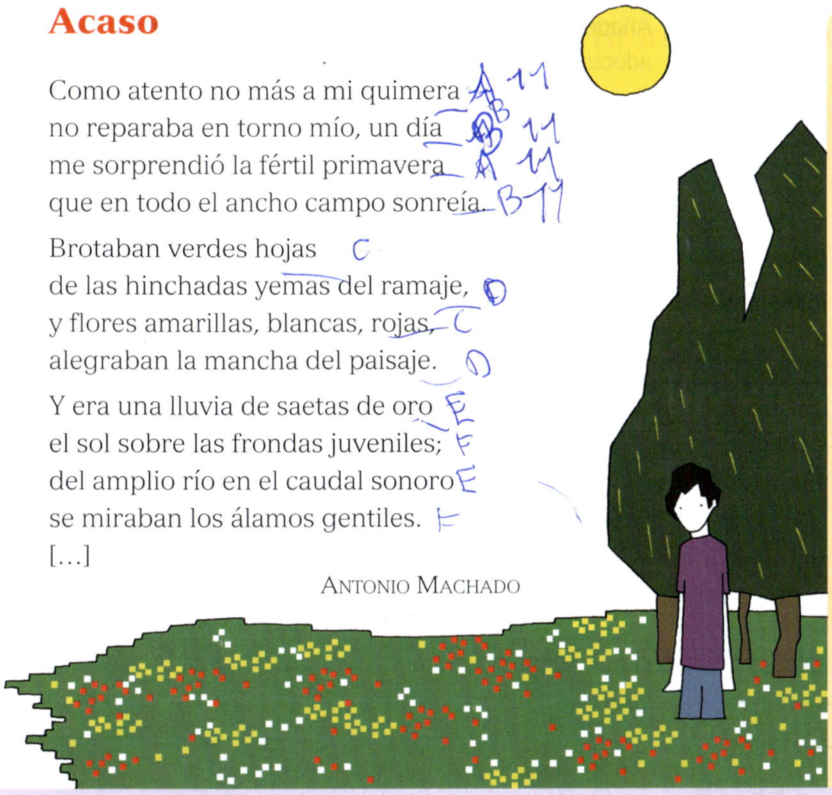

ACTIVIDADES

1 Señala cómo es la naturaleza que describe el poeta. ¿Qué emoción transmite?

- ¿Hay alguna personificación en esas estrofas?

2 Localiza en el poema algún ejemplo de epíteto.

3 ¿Qué crees que significa «una lluvia de saetas de oro»?

- Indica cómo se llama este recurso estilístico.

4 Analiza métricamente la primera estrofa del poema.

- ¿Cuál es la medida de los versos? ¿Son de arte mayor o menor?
- ¿Cómo es la rima de los versos: asonante o consonante?
- ¿Qué versos riman entre sí? Expón mediante letras el esquema.
- Di el nombre de este tipo de estrofa.

SABER HACER

Modificar un soneto

Autores de épocas muy diferentes han escrito sonetos sobre temas también muy diferentes; eso sí, todos ellos han tenido que ajustarse a la estructura y características propias de esa composición poética.

1 USA LAS TIC. Elige un soneto que te guste para modificarlo. Puedes escoger uno que conozcas o bien buscar uno de los siguientes:

- «Vida», de José Hierro.
- «Primavera», de Juan Ramón Jiménez.
- «Desmayarse, atreverse, estar furioso…», de Lope de Vega.

2 Piensa qué versos vas a cambiar. Puedes elegir entre las siguientes opciones:

- Cambiar todos los versos pares o bien todos los impares.
- Cambiar el primer cuarteto y el primer terceto, o bien el segundo cuarteto y el segundo terceto.

3 Haz todas las modificaciones que quieras, pero debes respetar la rima y el número de sílabas métricas.

4 Si quieres, puedes modificar el tono del poema para crear un efecto de contraste: por ejemplo, si es un poema serio lo puedes convertir en un poema humorístico, o al revés.

La descripción y el diálogo en la narración

1 La descripción en la narración

Las **secuencias descriptivas** se encuentran frecuentemente dentro de un texto más amplio que les sirve de marco. Ese texto más amplio puede ser narrativo, expositivo, dialogado…

En los textos narrativos, especialmente si son de carácter literario, las **descripciones** sirven para ambientar la acción y dar credibilidad a los personajes y los hechos narrados.

La descripción de los personajes permite al lector conocerlos mejor. Es muy común que en estas descripciones se incluyan tanto rasgos físicos como rasgos de carácter, ya que así el lector tendrá una idea de conjunto del personaje.

El narrador suele describir también el lugar donde se desarrolla la acción con el fin de que el lector recree el entorno en el que se mueven los personajes. Normalmente, el narrador no se limita a hacer una mera descripción visual, sino que procura transmitir al lector la impresión que produce el lugar: alegría, tristeza, misterio, terror…

2 El diálogo en la narración

Los personajes que aparecen en los textos narrativos se comunican entre sí. El narrador, por tanto, debe incluir **secuencias dialogadas**.

En los textos narrativos, los **diálogos** son introducidos por el narrador mediante verbos de habla que presentan las intervenciones de los personajes.

En la narración, el diálogo de los personajes puede cumplir diversas funciones. Algunas de las más habituales son estas:

- **Caracterizar al personaje**. Los personajes se expresan por medio del diálogo, lo que permite al lector intuir cómo son. Dependiendo de cómo se dirigen a los demás personajes, deducimos si son buenos, malos, inteligentes, egoístas, amables, antipáticos…
- **Hacer avanzar la trama**. A veces el narrador recurre a los diálogos de los personajes para explicar hechos importantes que no han sido contados. Los diálogos pueden servir también para organizar, resumir o aclarar hechos narrados anteriormente.
- **Constituir una acción**. En ciertos casos las palabras que intercambian los personajes en un diálogo constituyen en sí mismas una acción. Así ocurre, por ejemplo, cuando un personaje ofende a otro, le insulta o le declara su amor.

SABER MÁS

La descripción y el ritmo narrativo

Muchas veces, las descripciones suponen una ruptura del ritmo de la narración: cuando el narrador describe algo, dejan de «suceder» cosas.

En los textos narrativos con abundancia de descripciones, el ritmo es lento y hay pocas acciones. Sin embargo, en los textos narrativos con pocas descripciones, el ritmo es rápido y se multiplican las acciones.

RECURSOS

Secuencias descriptivas y dialogadas

Los textos narrativos suelen incluir secuencias descriptivas y dialogadas. Con las descripciones, el narrador puede caracterizar a los personajes o detallar dónde tiene lugar la acción. Mediante los diálogos, los personajes se expresan por sí mismos e intercambian información relevante. Veamos un ejemplo de narración que contiene secuencias descriptivas y dialogadas.

Sobrevolando volcanes

El globo Victoria iba despacio. Hacia el atardecer, Joe señaló un enorme fulgor por el oeste; el cielo parecía incendiado. El doctor examinó atentamente el fenómeno.

–Solo puede ser un volcán en erupción –dijo.

–Pues el viento nos lleva sobre él –replicó Kennedy.

–Bien. Lo pasaremos a una altura tranquilizadora.

Tres horas más tarde el Victoria estaba en medio de las montañas; ante él, un cráter llameante vomitaba torrentes de ardiente lava y proyectaba a gran altura fragmentos de rocas; chorros de fuego líquido caían formando deslumbrantes cascadas. Un magnífico y peligroso espectáculo, ya que el viento empujaba el globo hacia esa atmósfera incendiada.

Como no se podía rodear el obstáculo, hubo que franquearlo; el soplete desplegó su llama de fuego al máximo y el globo subió mucho, dejando entre él y el volcán una gran distancia.

La parte inferior del globo resplandecía en la noche; un calor tórrido subía hasta la cesta.

A las diez de la noche la montaña era solo un punto rojo en el horizonte y el Victoria proseguía tranquilamente su viaje por una zona menos elevada.

JULIO VERNE, *Cinco semanas en globo* (Adaptación)

Secuencia dialogada: los personajes (Joe y el doctor Kennedy) conversan sobre lo que están viendo. Así nos enteramos de lo que ocurre, a la vez que vamos conociendo cómo son los protagonistas de la historia.

Secuencia descriptiva: el narrador detalla lo que ven los personajes en ese momento. En este caso, su descripción del volcán intenta transmitir sensaciones de peligro y de miedo.

ACTIVIDADES

1 ¿Cómo averigua el lector que el fulgor en la distancia es un volcán? ¿Y que el globo se dirige hacia el volcán?

- Explica, a partir de tus respuestas, cómo el diálogo de este texto hace avanzar la trama.

2 Resume de forma breve los sucesos narrados en el texto. Para ello comenta el planteamiento, el nudo y el desenlace. Después reflexiona y responde:

- ¿Has incluido en tu resumen la secuencia dialogada?
- ¿Y alguna secuencia descriptiva?
- ¿Dirías que son innecesarias en la narración?

3 ¿De qué tipo son las secuencias descriptivas del texto: de carácter objetivo o subjetivo?

- Copia algún ejemplo que justifique tu respuesta.

4 Añade en alguna parte del texto estas secuencias:

- Una secuencia dialogada en la que el lector averigüe que el globo se aleja del peligro.
- Una secuencia descriptiva que detalle cómo es el globo Victoria.

Ese hombre viene hacia nosotros

Un hombre había bajado del puente de mando y se dirigía hacia ellos, con una mano posada en la culata de una pistola que pendía de su cintura.

Iba íntegramente vestido de negro, con una elegancia que no era habitual entre los filibusteros[1] del golfo de México, hombres que se preocupaban más por sus armas que por su indumentaria y se conformaban con un par de calzones y una camisa.

Su elevada estatura, su esbeltez, su porte elegante, sus manos aristocráticas daban a entender que se trataba de un hombre de alta condición social, acostumbrado al mando.

Los dos marineros del bote, al ver que se acercaba, se miraron con cierta inquietud, murmurando: «¡El Corsario Negro!».

EMILIO SALGARI, *El Corsario Negro* (Adaptación)

[1] **filibusteros:** piratas que llevaban a cabo sus fechorías en el mar de las Antillas.

ACTIVIDADES

1 ¿A quién se refiere el pronombre *ellos* que aparece en el primer párrafo del texto? ¿Cómo has podido averiguarlo?

2 Identifica los dos párrafos del texto en que se concentra la descripción del personaje.

- ¿Qué rasgos tienen que ver con su sobrenombre?

3 ¿Conocen los dos marineros al hombre que se acerca a ellos? ¿Qué sentimiento les provoca su presencia? ¿Por qué?

4 Los marineros murmuran inquietos: «¡El Corsario Negro!». ¿Qué podemos deducir acerca de la fama del personaje por este comportamiento?

ACTIVIDADES

1 En el texto hay narración, diálogo y descripción. Responde.

- ¿Qué se describe en el texto?
- ¿Cuántos personajes participan en el diálogo?
- ¿Qué se narra al final del texto?

2 De los personajes que dialogan, ¿cuál es el narrador? ¿Cuál de esos personajes lleva a cabo la descripción?

3 ¿Qué dos personajes muestran al final su sorpresa? ¿Qué es lo que les sorprende?

Tal cual

–Se ha sugerido llamar a ese pulpo gigante «calamar de Bouguer».

–¿No mediría unos seis metros? –dijo Conseil, que, apostado ante el cristal, examinaba de nuevo las cavidades del acantilado submarino.

–Exactamente –respondí.

–¿No tendría la cabeza –prosiguió Conseil– coronada de ocho tentáculos que se agitaban en el agua como una nidada de serpientes?

–Exactamente.

–Pues bien, créame, señor, si no es el calamar de Bouguer, este es al menos uno de sus hermanos.

Miré a Conseil, mientras Ned Land se precipitaba hacia el cristal.

–¡Qué espantoso animal! –exclamó.

Miré a mi vez, y no pude reprimir un gesto de repulsión. Ante mis ojos se agitaba un animal horrible, digno de figurar en las leyendas de monstruos.

JULIO VERNE
Veinte mil leguas de viaje submarino (Adaptación)

SABER HACER

Escribir un cuento con diálogos

Muchas veces los cuentos que leemos incluyen diálogos. Así podemos «oír» la voz de los personajes. Vamos a escribir un cuento con diálogos.

1 Copia este texto utilizando tres colores: uno para el narrador, otro para las palabras de Críspula y otro para las de Valmar.

> **Un disfraz eficaz**
>
> *En un claro del bosque, se encontraron Valmar y Críspula. Valmar desenvainó la espada. Críspula estaba disfrazada de bandolero.*
>
> *–¡Ponte en guardia, forajido! –exclamó Valmar.*
>
> *–No soy ningún forajido –susurró Críspula, desenvainando a su vez–. Ahora verás.*
>
> *–Ya me darás explicaciones cuando te hayas rendido –replicó Valmar.*

- Escribe el texto en estilo indirecto.

2 Copia este fragmento empleando el estilo directo.

> *Valmar y Críspula se miraron. Él le dijo que sentía mucho haberla amenazado con la espada. Ella respondió que no se preocupase. Pero Valmar estaba disgustado. Decía que tenía que haberse dado cuenta de que Críspula no era un forajido, sino su propia esposa disfrazada.*

3 Ahora escribe un cuento breve que incluya diálogos. No olvides elaborar un borrador del desarrollo de la acción ni utilizar rayas para marcar las intervenciones de los personajes.

Contar oralmente una conversación

Con frecuencia, queremos contarle a una persona una conversación que hemos tenido con otra. Vamos a contar ante la clase una conversación interesante que hayamos oído.

1 Presenta la conversación. Para ello explica dónde ocurrió y quiénes participaron.

2 Alterna el estilo directo y el estilo indirecto. Recuerda que en el estilo indirecto el discurso original sufre modificaciones.

> Estilo directo: *... y oí que una señora decía: «¿Tienen botas de montaña?»*
>
> Estilo indirecto: *El dependiente le dijo que esperara un momento.*

Las acepciones de las palabras

1 Acepciones de las palabras

Las palabras polisémicas, como sabes, son las que tienen más de un significado. Cada uno de esos significados recibe el nombre de **acepción**.

Llamamos **acepciones** a los distintos significados que presenta una palabra polisémica.

2 Las acepciones en el diccionario

Las acepciones de una palabra se recogen en el diccionario separadas mediante números. Junto a cada acepción, aparecen a menudo notas de uso que indican el ámbito social o cultural en el que se emplea o la zona geográfica de la que es propia:

fisura. 1. f. Grieta que se produce en un objeto. 2. f. *Geol.* Hendidura de una masa mineral. 3. f. *Med.* Hendidura sin rotura de un hueso.

ñato, ta. 1. adj. *Am.* Chato, de nariz poco prominente. 2. m. y f. coloq. *Ur.* Se emplea para llamar a los jóvenes. 3. m. *Ur.* Boxeador.

En el primer ejemplo, las abreviaturas *Geol.* (Geología) y *Med.* (Medicina) hacen referencia a los ámbitos profesionales con los que se relacionan las acepciones. En el segundo, las abreviaturas *Am.* (América) y *Ur.* (Uruguay) precisan la zona geográfica en la que se usa la palabra, y la abreviatura *coloq.* indica que es de uso coloquial.

ACTIVIDADES

1. Busca en un diccionario la palabra *prensa* y copia las acepciones correspondientes a estas oraciones:
   - La **prensa** entrevistó a la actriz en la sala.
   - Para hacer el mosto, pasan la uva por la **prensa**.

2. Estos dibujos representan dos acepciones diferentes de la misma palabra. ¿Cuál es?

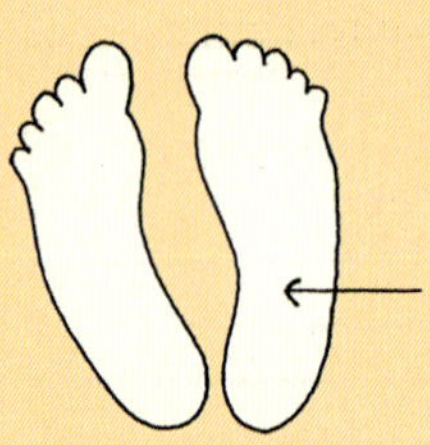

   ▸ Escribe dos oraciones, una con cada acepción.

3. Fíjate en el significado de estas abreviaturas:

   coloq.: que es de uso coloquial.

   Inform.: relacionado con la informática.

   ▸ Busca en el diccionario las palabras *ventana* y *pasta* y contesta.
   - ¿A qué acepción de la palabra *ventana* se asocia la abreviatura *Inform.*?
   - ¿A qué acepción de la palabra *pasta* se asocia la abreviatura *coloq.*?

4. Busca en el diccionario dos palabras de cada tipo.
   - Palabras con una sola acepción.
   - Palabras que tengan varias acepciones, una de ellas propia del ámbito de la informática.

Los dos puntos

1 Reglas de uso de los dos puntos

Los **dos puntos** indican que lo que viene a continuación completa el sentido del enunciado. Se utilizan los dos puntos en los siguientes casos:

USO DE LOS DOS PUNTOS	EJEMPLOS
En los encabezamientos de las cartas.	*Queridos amigos:* *Os escribo para contaros…*
Después de las fórmulas *expone*, *solicita*, *certifica*… que se incluyen en ciertos documentos jurídicos y administrativos.	*Doña Salomé Montes* *EXPONE:* *Que estando presente…*
Para introducir las palabras que pronuncia otra persona.	*El señor dijo: «El ladrón se escapó por la ventana».*
Antes de una enumeración introducida mediante una palabra o expresión que engloba a todos los términos que la integran.	*La sociedad se dividía en tres estamentos: nobles, guerreros y plebeyos.*
Para introducir una explicación, una consecuencia o un resumen de lo dicho anteriormente.	*Al final perdió el vuelo: se quedó dormido.*

Por regla general, después de los dos puntos se escribe minúscula. Sin embargo, tras los dos puntos que se usan en los encabezamientos de las cartas, en las citas y en ciertos documentos administrativos, se escribe mayúscula.

ACTIVIDADES

1 Transforma las oraciones según el ejemplo.

- El niño dijo que su entrenador era muy exigente.
- El anciano afirmó que iría a las clases de canto.
- Carla murmuró que estaba cansada.
- La profesora anunció que el viaje sería a París.

Ejemplo: Ella me dijo que iría. ▶ *Ella me dijo: «Iré».*

2 Copia estas oraciones y alárgalas añadiendo enumeraciones.

En la caja había tres juguetes.	Tengo un ramo de flores variadas.

3 Copia y puntúa correctamente estas oraciones:

- Tienes muy buenas notas te felicito.
- Prepararemos una gran fiesta es tu cumpleaños.
- Tengo tres meses de plazo enero febrero y marzo.
- Estoy contenta he tomado una buena decisión.

4 AUTODICTADO. Copia este texto y escribe las comas, puntos y dos puntos que faltan en él.

Fiesta gótica

Querido tío

Espero que estés bien No me ha dado tiempo a hacer las compras para tu fiesta se me hizo tarde y cerraron la tienda Necesito que me compres tres cosas una capa negra un sombrero de copa y una lima de colmillos Aunque sé que ahora se llevan largos no me gusta llamar tanto la atención

Un abrazo

Tu sobrino Iván

SABER MÁS

Grupos sintácticos dentro de otros grupos

El grupo preposicional puede aparecer como complemento del núcleo de otro grupo sintáctico.

Odio los juegos de lógica.
Det. Núcleo — Compl. /G. Prep.
Grupo nominal

El sintagma o grupo adverbial

El **grupo adverbial** tiene como núcleo un adverbio. La palabra que precede al núcleo es también un adverbio.

poco	*después*	*de las doce*
Modificador	Núcleo	Complemento

La función característica del grupo adverbial es la de **complemento del verbo**.

El apagón ocurrió poco después de las doce.
ocurrió: Verbo — poco después de las doce: Complemento del verbo

El sintagma o grupo preposicional

El **grupo preposicional** es una construcción sintáctica formada por una preposición y su **término**. En la mayoría de los casos, el término es un sintagma nominal.

de	*Pablo*		*con*	*mis padres*
Preposición	Término		Preposición	Término

El grupo preposicional puede desempeñar la función de complemento del nombre o de complemento del verbo.

Esta es la habitación de Pablo.
habitación: Nombre — de Pablo: Compl. del nombre

Renunció a la oferta.
Renunció: Verbo — a la oferta: Compl. del verbo

Claves para estudiar

Comprueba lo que sabes:

- Explica qué es un sintagma y qué elementos se pueden distinguir en él.
- ¿Qué clases de sintagmas hay?
- Explica la estructura de los sintagmas que has mencionado.

ACTIVIDADES

8 Identifica el núcleo de cada grupo y di de qué clase de sintagma se trata.

- muchos turistas
- los pájaros exóticos
- vive en esa calle
- bastante alto
- ignoran las reglas
- muy tarde

▶ Analiza la estructura de esos sintagmas y escribe una oración con cada uno de ellos.

9 Escribe sintagmas en los que estas palabras actúen como núcleo:

sorpresa — escuché — sonriente — lejos — apto — antes

▶ ¿De qué clase es cada uno de esos sintagmas?

10 Amplía estos grupos sintácticos añadiendo todos los complementos que puedas:

los jugadores — no recuerdo

11 Copia y completa los sintagmas destacados con una palabra e indica la clase de cada uno.

- **Las ____ de vaqueros** me encantan.
- Tu idea me parece **____ disparatada**.
- Mónica **no ____ lejos de su casa**.
- El padre de Álvaro está **____ Málaga**.
- Las manzanas están **muy ____**.
- Los niños **llegaron ____ de tiempo**.

12 Identifica la preposición y el término de los grupos preposicionales de estas oraciones:

- Llevo una maleta con ruedas.
- Viajo a París el martes.
- Iremos sin tus amigos.
- ¿Traes el libro de Carlos?
- Ella entró en el coche azul.

▶ Indica qué función cumple cada uno de los sintagmas preposicionales.

SABER HACER

Retrato del señor Scrooge

¡Ay, pero Scrooge era un avaro incorregible! ¡Un viejo pecador que en su insaciable codicia extorsionaba, tergiversaba, usurpaba, rebañaba y arrebataba! Era duro e incisivo como el pedernal, del que ningún acero había conseguido nunca arrancar una chispa de generosidad; reservado, hermético y solitario como una ostra. El frío que albergaba en su interior helaba sus ajadas facciones, afilaba su puntiaguda nariz, acartonaba sus mejillas y envaraba su paso; le enrojecía los ojos, le amorataba los finos labios y se delataba astutamente en su áspera voz. Una gélida escarcha cubría su cabeza, sus cejas y su tenso mentón. Siempre llevaba consigo su gélida temperatura, que congelaba su despacho los días de canícula y que nunca ascendía un solo grado por Navidad.

CHARLES DICKENS, *Cuento de Navidad*

1 Copia estas palabras del texto:

- Cinco verbos que describan el comportamiento del señor Scrooge.
- Dos nombres de materiales que indiquen dureza, frialdad.
- Tres adjetivos que permitan saber que es una persona retraída.
- Siete verbos que indiquen cómo su frío carácter influía en su físico.

Identificar acepciones

2 Busca en el diccionario de la RAE (*www.rae.es*) estas palabras:

ceja | mentón | temperatura | congelar

- ¿Cuál de esas palabras tiene una sola acepción?
- Dos de ellas tienen una acepción coloquial. ¿Las conocías? ¿Por qué crees que esas acepciones son coloquiales?
- ¿Qué palabras tienen acepciones propias del ámbito de la economía, el cine o la música? ¿Cuál se usa en otro país?

Usar los dos puntos

3 Copia el texto corrigiendo el uso de los dos puntos.

> Estimado señor Scrooge:
>
> Me dirijo a usted para pedirle que reconsidere su opinión. Me dolió oírle decir: aquellas palabras «La Navidad es una tontería». No son tonterías: las ilusiones, los buenos deseos y compartir la felicidad con tus seres queridos.

Identificar sintagmas

4 Indica de qué tipo son los siguientes grupos sintácticos y analízalos.

- un avaro incorregible
- no era generoso
- acartonaba sus mejillas
- en su insaciable codicia

5 Escribe un grupo sintáctico para cada una de estas estructuras:

- Grupo nominal: determinante + complemento + núcleo.
- Grupo adjetival: núcleo + complemento.
- Grupo preposicional: preposición + término.

El teatro

Balbuceos

Oscuridad. Se oyen los ruidos típicos que los padres dedican a sus bebés. Se hace la luz.

PADRE 1. ¡Aiiiaiiiaiiii! ¡Ajoo, ajoooo!

PADRE 2. ¡Ajoo, ajoooo! ¡Aiiiaiiiaiiii!

(Entra un tercer padre que se los queda mirando con compasión.)

PADRE 3. ¡Así salen después!

PADRE 1. ¿Qué?

PADRE 3. «Ajó, ajó, rorro, rorro...». ¡Vaya manera de hablarles!

PADRE 2. ¡Si acaban de nacer...!

PADRE 3. ¿Y qué?

PADRE 1. ¿Qué quiere? ¿Que les comentemos el periódico?

PACO MIR, *Neonatos* (Adaptación)

1 El género dramático

El **teatro** o **género dramático** está formado por las obras en las que la acción se expresa mediante el diálogo de los personajes sin la presencia de la voz de un narrador.

Las obras de teatro se conciben para ser representadas. Por este motivo, en ellas se consideran dos elementos: el texto y la representación. El texto de Paco Mir es una obra teatral.

2 El texto dramático

El **texto dramático** está compuesto por los diálogos de los personajes y las acotaciones del autor.

La obra teatral gira en torno al **diálogo** entre los personajes que los actores ponen en escena ante el público. He aquí un ejemplo:

LADY WINDERMERE. *Lord Darlington, ya sabe que le quiero mucho. Pero dejaría de quererle en absoluto si pensase que es usted como la mayoría de los hombres. Créame: es usted mejor.*

LORD DARLINGTON. *Es absurdo dividir a la gente en buena y mala. La gente es tan solo encantadora o aburrida. Yo estoy al lado de la gente encantadora, y usted, lady Windermere, lo es.*

OSCAR WILDE (Adaptación)

SABER MÁS

El teatro de títeres

El teatro de títeres o guiñol es una forma de teatro popular en la que los personajes son marionetas.

La acción es sencilla, de carácter cómico. Los personajes son planos (el bueno, el malo, la dama, el bobo...) y en sus diálogos se dirigen con frecuencia al público para comentar la acción, pedir consejo, etc.

Las **acotaciones** son indicaciones del autor acerca de la escenografía, los movimientos de los actores, sus acciones… Normalmente se escriben entre paréntesis y en cursiva. Este es un ejemplo de acotación:

> *Oscuridad. Se oyen los ruidos típicos que los padres dedican a sus bebés. Se hace la luz.*

Los textos dramáticos se suelen dividir en **actos**, entre los cuales se producen cambios de situación, tiempo o lugar. Los actos se dividen en **escenas**, marcadas por las entradas y salidas de los personajes del escenario.

3 La representación

La **representación** es la puesta en escena de un texto teatral llevada a cabo por unos actores ante un público.

La representación teatral se basa en un montaje que realiza una compañía, formada por el director de escena, los actores, el escenógrafo, los maquilladores, los encargados de vestuario…

4 Los subgéneros teatrales

Se distinguen tres subgéneros teatrales: la tragedia, la comedia y el drama.

- La **tragedia**. Está protagonizada por personajes que luchan contra la adversidad, que supone una fuerza superior a ellos, y sufren un final desdichado. La intención de la tragedia es conmover al espectador.
- La **comedia**. En ella una serie de personajes vulgares representan sucesos cotidianos que desembocan en un final feliz. La comedia enfoca de manera humorística y desenfadada los pequeños conflictos a los que se enfrentan los personajes. Su intención es divertir a los espectadores.
- El **drama**. Presenta elementos propios de la tragedia y de la comedia, combinando situaciones tristes con motivos humorísticos. Su intención es hacer reflexionar al público acerca de un tema social, ético o existencial.

SABER MÁS

Otros subgéneros teatrales

Algunos subgéneros teatrales de carácter popular son la farsa, el sainete y el entremés.

Por lo común, se trata de piezas breves, de humor burlesco, que parodian defectos como la envidia, el orgullo, los celos…, con el único fin de entretener con una acción sencilla y divertida.

Claves para estudiar

Intenta resolver estas actividades:

- ¿Qué obras forman el género dramático?
- ¿Qué dos elementos componen el texto dramático?
- Explica en qué se diferencia un acto de una escena.
- ¿Qué personas intervienen en una representación teatral?
- ¿Cuáles son y qué características tienen los tres subgéneros teatrales?

ACTIVIDADES

1 Explica qué es un texto dramático utilizando ejemplos del siguiente:

En clase de rugidos

(Aparecen dos osos en un bosque: Papá Oso y Osito).

PAPÁ OSO. Pues ya te he enseñado a robarle la miel a las abejas, a desenterrar raíces, a coger huevos de los nidos… Ahora te voy a enseñar a rugir.

OSITO. ¿Rugir?

PAPÁ OSO. Claro. A rugir. Como yo. Escucha. *(Suelta un gran rugido).* ¿Qué te ha parecido?

OSITO. Pues… ruidoso.

PAPÁ OSO. ¡Pues claro! ¡Es un rugido! Venga, ruge.

(El osito trata de rugir, pero le sale un gruñidito de lo más risible).

OSITO. ¿Qué tal?

PAPÁ OSO. ¿Cómo que qué tal? Una porquería de rugido. Parece el chillido de un ratón. ¡Eres un oso, ¿te enteras?! ¡Hay que rugir así! *(Gran rugido).*

IGNACIO DEL MORAL (Adaptación)

Tres sombreros de copa

Habitación de un hotel de segundo orden en una capital de provincia. Al levantarse el telón, la escena está sola y oscura hasta que entran Dionisio, de calle, con sombrero, gabán y bufanda, y don Rosario, que enciende la luz.

DON ROSARIO. Pase usted, don Dionisio. Aquí, en esta habitación, le hemos puesto el equipaje.

DIONISIO. Pues es una habitación muy mona, don Rosario.

DON ROSARIO. Es la mejor habitación, don Dionisio. Y la más sana. El balcón da al mar. Y la vista es hermosa. *(Yendo hacia el balcón)*. Acérquese. Ahora no se ve bien porque es de noche. Pero, sin embargo, mire usted allí las lucecitas de las farolas del puerto. Hace un efecto muy lindo. Todo el mundo lo dice. ¿Las ve usted?

DIONISIO. No. No veo nada.

DON ROSARIO. Parece usted tonto, don Dionisio.

DIONISIO. ¿Por qué me dice usted eso, caramba?

DON ROSARIO. Porque no ve las lucecitas. Espérese. Voy a abrir el balcón. Así las verá usted mejor.

DIONISIO. No. No, señor. Hace un frío enorme. Déjelo. *(Mirando nuevamente)*. ¡Ah! Ahora me parece que veo algo. *(Mirando a través de los cristales)*. ¿Son tres lucecitas que hay allá a lo lejos?

DON ROSARIO. Sí. ¡Eso! ¡Eso!

DIONISIO. ¡Es precioso! Una es roja, ¿verdad?

DON ROSARIO. No. Las tres son blancas. No hay ninguna roja.

DIONISIO. Pues yo creo que una de ellas es roja. La de la izquierda.

DON ROSARIO. No. No puede ser roja. Llevo quince años enseñándoles a todos los huéspedes, desde este balcón, las lucecitas de las farolas del puerto, y nadie me ha dicho nunca que hubiese ninguna roja.

DIONISIO. Pero ¿usted no las ve?

DON ROSARIO. No. Yo no las veo. Yo, a causa de mi vista débil, no las he visto nunca. Esto me lo dejó dicho mi papá. Al morir mi papá me dijo: «Oye, niño, ven. Desde el balcón de la alcoba rosa se ven tres lucecitas blancas del puerto lejano. Enséñaselas a los huéspedes y se pondrán todos muy contentos...». Y yo siempre se las enseño.

DIONISIO. Pues hay una roja, yo se lo aseguro.

DON ROSARIO. Entonces, desde mañana, les diré a mis huéspedes que se ven tres lucecitas: dos blancas y una roja...

MIGUEL MIHURA, *Tres sombreros de copa* (Adaptación)

ACTIVIDADES

1 TRABAJO COOPERATIVO. Leed el texto en voz alta y por parejas en clase. Intentad dar expresividad a las intervenciones.

2 ¿Hay narrador en el texto? ¿Cómo se transmiten las acciones que hay en él?

3 ¿Dónde tiene lugar la acción? ¿Cómo viste Dionisio?
- ¿En qué parte se da esa información?

4 Localiza una acotación que señale un movimiento.

5 ¿Cómo es la escena del texto: trágica, cómica o tragicómica? Razona tu respuesta con ejemplos.

6 Imagina que un personaje se queda solo en escena. Escribe un monólogo de cuatro líneas en el que exprese sus pensamientos.

El poema

LUIS. *(Dando un papel doblado a* MALULI*).* Toma.

MALULI. ¿Qué es esto?

LUIS. Una poesía. La he escrito para ti.

MALULI. ¿Tú escribes poesías?

LUIS. Bueno… Las escribo muy mal, pero me gusta escribirlas… ¿A ti te gustan?

MALULI. Mucho. Casi todas las noches leo poesías.

LUIS. ¿Y qué poeta te gusta más?

MALULI. A mí, Bécquer. Tengo un libro con todas sus poesías. Me lo regaló papá.

LUIS. Las *Rimas*.

MALULI. Sí.

LUIS. Yo también lo tengo. Lo tenía mi padre, y yo me he quedado ahora con todos sus libros. *(*MALULI *desdobla el papel).*

LUIS. No, no lo leas ahora.

MALULI. ¿Por qué?

LUIS. No sé… Pero… Me parece que me da vergüenza.

FERNANDO FERNÁN-GÓMEZ
Las bicicletas son para el verano

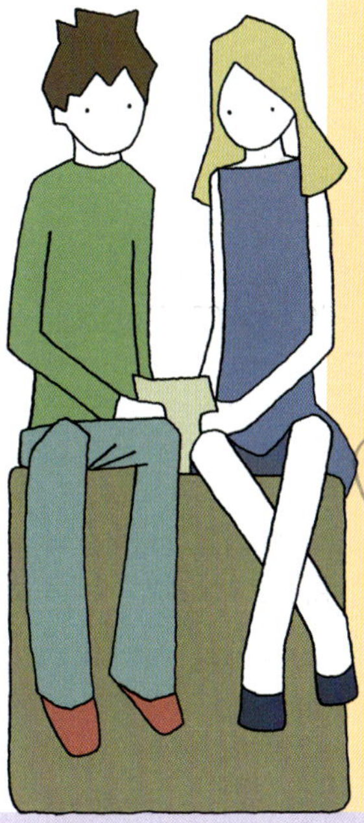

ACTIVIDADES

1 Lee las acotaciones del texto y cópialas en tu cuaderno.

- Explica si esas acotaciones detallan actitudes y emociones de los personajes o se limitan a indicar acciones.
- Inventa una acotación para este fragmento en la que indiques algo relativo a la forma de hablar de uno de los personajes.

2 ¿Cuántos actores serían necesarios para interpretar esta escena?

- Imagina en qué lugar podría tener lugar la escena y descríbelo.

3 ¿En las intervenciones de qué personaje aparecen puntos suspensivos?

- Señala qué crees que pretende expresar el autor con ese uso reiterado de los puntos suspensivos.

SABER HACER

Transformar un texto narrativo en texto teatral

El texto teatral expresa la acción a través de los diálogos de los personajes y las acotaciones, sin la intervención de un narrador.

1 Elige un cuento para transformarlo en un texto teatral.

2 Haz un esquema previo sobre la narración. Anota estos aspectos:

- Marco narrativo (espacio, tiempo…).
- Hechos fundamentales que acontecen en el texto.
- Características de los personajes que los protagonizan.

3 Agrupa las acciones en escenas.

Cada conjunto de acciones que transcurran en un mismo lugar forman parte de una única escena. Indica el lugar mediante una acotación.

4 Desarrolla el diálogo de cada una de las escenas que has trazado. Usa acotaciones para aquello que no puedas convertir en un diálogo.

5 TRABAJO COOPERATIVO. Leed los textos en clase y representad alguno.

BANCO DE ACTIVIDADES

NIVEL I

1 Escribe un cuento popular que conozcas intercalando descripciones e intervenciones de los personajes.

2 Copia de un diccionario la acepción que corresponde a la palabra *ojo* en cada caso.

- El **ojo** derecho.
- El **ojo** del puente.
- El **ojo** de la aguja.
- El **ojo** de la cerradura.

3 Escribe la palabra que designa estos tres objetos:

- Escribe una oración con cada acepción.

4 Relaciona los elementos de cada columna y copia con la puntuación adecuada.

- Ana exclamó
- ¿Te aburres?
- Luis preguntó
- ¡Ni hablar!

5 Completa estos enunciados con enumeraciones:

- En su viaje visitaron estos países ______.
- Al soplar, pedí dos deseos ______.

6 Ordena las palabras de cada grupo para formar sintagmas e indica a qué clase pertenece cada uno.

- niños los altos
- esa compra tienda en
- alegre muy
- manzanas muchas rojas
- profundo poco
- de lejos bastante aquí

7 Escribe sintagmas con estos núcleos e indica su clase.

- coche
- delgado
- escucha

8 Lee este fragmento y explica qué características del texto dramático se pueden observar en él.

Esa es la cuestión

Sale HAMLET *por un lado mientras* OFELIA *permanece, desapercibida por él, al otro extremo del tablado.*

HAMLET. Ser o no ser. Esa es la cuestión. ¿Qué es más noble? ¿Permanecer impasible ante los avatares de una fortuna adversa o afrontar los peligros de un turbulento mar y, desafiándolos, terminar con todo de una vez?

WILLIAM SHAKESPEARE

NIVEL II

9 Busca en el diccionario el sustantivo *deber* y copia la acepción que está relacionada con el ámbito escolar.

- ¿A qué otra categoría gramatical puede pertenecer la palabra *deber*?

10 En la siguiente oración los dos puntos introducen una causa o explicación.

Hoy nos quedaremos en casa: estamos muy cansados.

- Escribe una oración que exprese la misma idea que la anterior, pero en la que los dos puntos introduzcan la consecuencia o conclusión.

11 Inventa una acotación para el texto de la actividad 8.

DISFRUTA Y APRENDE

Teatro improvisado

En el teatro improvisado los actores no saben qué personajes van a representar o cuál es la historia, por eso cada obra es única. Normalmente el público participa haciendo sugerencias a los intérpretes: propone un título, dice una palabra... A partir de ahí, los actores construyen la obra.

- Escribid en un trozo de papel tres palabras: un sustantivo, un adjetivo y un verbo. El profesor meterá todos los papeles en una bolsa. Después, formad grupos de cuatro o cinco personas. Cada grupo cogerá un papel al azar y... ¡a actuar!

Una visita

Decorado: campo de batalla. Se oyen tiros, bombazos, ráfagas de ametralladora. ZAPO, *solo en escena, está acurrucado entre los sacos. Tiene mucho miedo. Cesa el combate. Silencio.* ZAPO *saca de una cesta de tela una madeja de lana y unas agujas. Se pone a hacer un jersey que ya tiene bastante avanzado. Suena el timbre del teléfono de campaña que* ZAPO *tiene a su lado.*

ZAPO. Diga... Diga... A sus órdenes, mi capitán... Sin novedad, mi capitán... Perdone, mi capitán, ¿cuándo comienza otra vez la batalla?... Y las bombas, ¿cuándo las tiro?... ¿Pero, por fin, hacia dónde las tiro, hacia atrás o hacia delante?... No se ponga usted así conmigo. No lo digo para molestarle... *(El capitán le riñe).* A sus órdenes... A sus órdenes, mi capitán. *(*ZAPO *cuelga el teléfono. Refunfuña).*

Entra en escena el matrimonio TEPÁN *con cestas, como si vinieran a pasar un día en el campo.*

ZAPO. Pero, papaítos, ¿cómo os habéis atrevido a venir aquí con lo peligroso que es? Os tenéis que marchar. Está prohibido venir a la guerra si no se es soldado.

SR. TEPÁN. A mí me importa un pito. Nosotros no venimos al frente para hacer la guerra. Solo queremos pasar un día de campo contigo, aprovechando que es domingo.

ZAPO. Bueno, lo que queráis, pero si viene el capitán, yo diré que no sabía nada. Él nos repite siempre: «En la guerra, disciplina y bombas, pero nada de visitas».

FERNANDO ARRABAL, *Pic-nic* (Adaptación)

ACTIVIDADES

1 Reescribe la escena del texto anterior en forma de narración. No olvides incluir descripciones.

2 ¿Con quién dialoga Zapo en su primera intervención? ¿Qué medio emplea para mantener ese diálogo?
- Indica algún rasgo del carácter de Zapo.

3 Busca en el diccionario estas palabras y escribe oraciones con al menos dos de sus significados.
- orden
- frente
- timbre

4 Busca la palabra *aguja* en un diccionario y copia la acepción con que se emplea en el texto.

5 Explica la función de los dos puntos en este fragmento:

Él nos repite siempre: «En la guerra, disciplina y bombas, pero nada de visitas».

6 ¿Qué tipo de sintagma es el título del texto? ¿Qué elementos lo forman?

7 Identifica el núcleo de cada sintagma y cópialo. Luego, di de qué tipo de sintagma se trata en cada caso.

una cesta de tela | tiene mucho miedo

- ¿Cuáles son los complementos del núcleo?

8 Escribe algunas preguntas que podría hacer Zapo al capitán. Cada pregunta debe contener un adjetivo interrogativo que acompañe a un sustantivo.

9 Define el género teatral con ejemplos del texto.

10 Indica a qué subgénero teatral crees que pertenece el texto. Justifica tu respuesta.

COMUNICACIÓN. **La descripción y el diálogo en la narración**

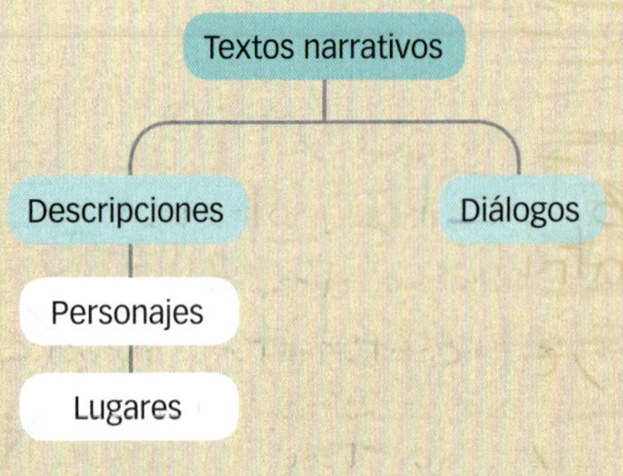

En los textos narrativos, las **secuencias descriptivas** sirven para ambientar la acción y dar credibilidad a los hechos. La descripción de personajes permite al lector conocerlos mejor; y la descripción de lugares, recrear el entorno de la acción.

En los textos narrativos, las **secuencias dialogadas** son introducidas por el narrador mediante verbos de habla que presentan las intervenciones de los personajes. Sus funciones más habituales son caracterizar al personaje por medio de su forma de expresión, hacer avanzar la trama explicando hechos importantes o constituir acciones en sí mismas.

GRAMÁTICA. **Los grupos sintácticos**

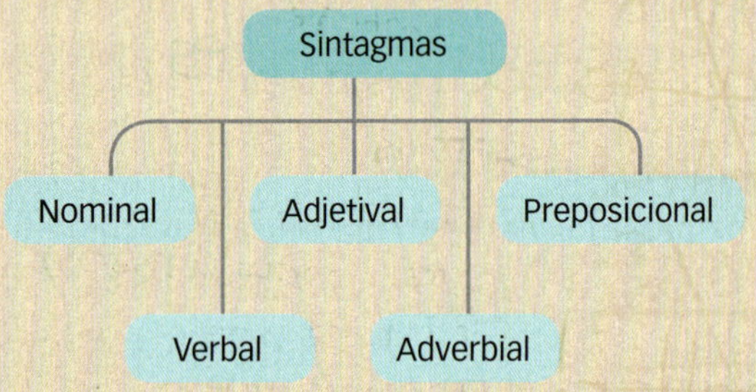

Las palabras se agrupan en conjuntos capaces de desempeñar una función sintáctica. Estos conjuntos se llaman **grupos sintácticos** o **sintagmas**.

Un sintagma se compone de tres elementos: el **núcleo**, en torno al cual se organizan los demás componentes; el **complemento** del núcleo; y el **modificador**.

Hay distintas **clases de sintagmas**: el nominal, el verbal, el adjetival, el adverbial y el preposicional. Sus funciones características son, respectivamente, la de sujeto, la de predicado, la de complemento del nombre, la de complemento del verbo y la de complemento del nombre o del verbo.

LITERATURA. **El teatro**

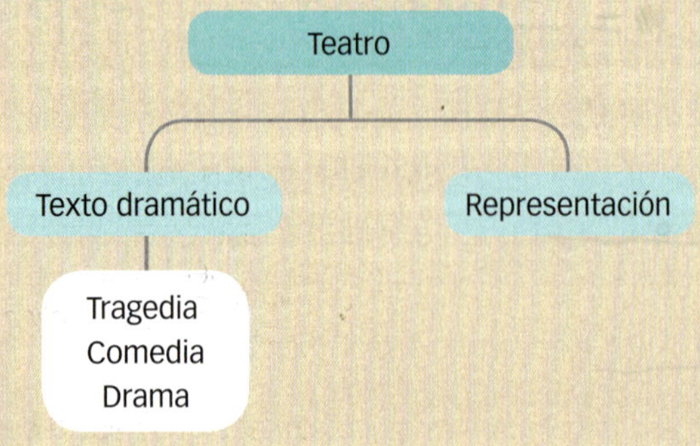

El **teatro** o género dramático está formado por las obras en las que la acción se expresa mediante el diálogo de los personajes sin la presencia de la voz de un narrador.

El **texto dramático** está compuesto por los diálogos de los personajes y las acotaciones del autor; y se divide en actos y escenas. La **representación** es la puesta en escena de un texto teatral por unos actores ante un público.

Hay tres subgéneros teatrales:

- La **tragedia** está protagonizada por personajes que luchan contra la adversidad y sufren un final desdichado.
- La **comedia** representa sucesos cotidianos con final feliz.
- El **drama** tiene elementos propios de la tragedia y de la comedia.

Lenguaje e Internet
La oración. Sujeto y predicado
La literatura y el cine

12

Comunicación

SABER

- Lenguaje e Internet

SABER HACER

- Escribir un correo electrónico
- Explicar cómo se busca en Internet

Estudio de la lengua

SABER

- Los diccionarios digitales
- Ortografía e Internet
- La oración. Sujeto y predicado

SABER HACER

- Usar diccionarios digitales
- Corregir textos electrónicos
- Reconocer enunciados y oraciones
- Distinguir sujeto y predicado

Educación literaria

SABER

- La literatura y el cine

SABER HACER

- Adaptar al cine un texto literario

Escucha y contesta.

- ¿Quién es el entrevistado? ¿Está de acuerdo con adaptarse a la nueva realidad digital?
- ¿Qué palabras y expresiones relacionadas con el mundo digital se han incluido en el *Diccionario de la Real Academia Española*?
- ¿Se muestra el entrevistado preocupado por los efectos del *WhatsApp* y del SMS en la escritura? ¿Por qué? ¿Qué argumento utiliza para defender su postura?

Lenguaje e Internet

1 El lenguaje empleado en Internet

Internet es un medio de comunicación mediante el cual se puede transmitir información de muy diverso tipo: imagen, vídeo, música, texto… El lenguaje, aisladamente o combinado con otros códigos, cumple un importante papel en el proceso de comunicación a través de Internet.

El **lenguaje** es uno de los principales modos de transmitir información en Internet.

En Internet se usa en ocasiones la modalidad **oral** del lenguaje: gracias a dispositivos como los micrófonos y las cámaras se puede entablar una conversación con una persona a distancia en la que están presentes tanto los elementos verbales de la comunicación lingüística (palabras y oraciones) como los elementos gestuales (expresiones faciales y gestos).

Pero la modalidad del lenguaje más frecuente en Internet es la **escrita**, ya que a los muchos actos comunicativos que se realizan por medio de la escritura se suman hoy otros que antes se llevaban a cabo oralmente, bien en persona, bien por teléfono.

En la actualidad, gracias a Internet, se emplea más que nunca la **escritura** como forma de comunicación verbal.

2 Usos del lenguaje escrito en Internet

El uso en Internet de la escritura para situaciones comunicativas cotidianas y habituales hace que en ocasiones el lenguaje empleado tenga similitudes con el lenguaje oral, que por definición es más espontáneo y menos cuidado que el escrito. Esa inmediatez se manifiesta, por ejemplo, en el empleo de abreviaturas (*dnd* por *dónde*, o *xo* por *pero*) y de emoticonos (representaciones usadas para expresar estados de ánimo).

También es frecuente el descuido o abandono de las normas ortográficas, especialmente de aquellas que se omiten para ganar velocidad en la escritura: empleo de mayúsculas, de tildes, de signos de puntuación… Este abandono de las normas ortográficas es desaconsejable, ya que dichas normas han de respetarse siempre, con independencia de cuál sea el medio que se use.

En algunos contextos comunicativos de Internet se pueden usar abreviaturas y emoticonos, pero en todos los casos han de respetarse las **normas ortográficas**.

SABER MÁS

Los emoticonos

Se considera que el emoticono nació en 1982, cuando un científico estadounidense propuso usar los dos puntos seguidos de un paréntesis de cierre para identificar claramente una broma en un correo electrónico y así evitar malentendidos.

Desde entonces los emoticonos han evolucionado. Antes solo existían los que se componen con comas, puntos, paréntesis…, pero ahora la variedad es enorme: animales, objetos, flores…

RECURSOS

Oralidad, escritura y ortografía en Internet

En los entornos de Internet apropiados para una comunicación informal (mensajes de texto, foros, chats, redes sociales…) la escritura imita muchos rasgos de la oralidad e incurre, por la velocidad al escribir, en frecuentes incorrecciones ortográficas. Veamos un ejemplo en un chat telefónico.

La conversación de este chat presenta ejemplos característicos de la escritura en teléfonos móviles e Internet. Algunos rasgos que denotan **similitud con la lengua oral** son estos:

- El empleo enfático de mayúsculas en algunos enunciados.
- El alargamiento de vocales (*vaaaaale*).
- La abundancia de signos de exclamación y de puntos suspensivos.
- Las onomatopeyas (en este caso imitan carcajadas).
- La relajación de consonantes entre vocales (*pesao*).

Las **incorrecciones ortográficas** más abundantes consisten en la ausencia de los siguientes elementos:

- Signos de exclamación e interrogación.
- Puntos finales de enunciado.
- Mayúscula inicial.

También se observa la presencia de **abreviaturas** como *vams* y **emoticonos** como ;)

ACTIVIDADES

1 Copia todos los comentarios de este chat de modo que se respeten las reglas ortográficas.

- ¿Hay algún comentario en el que no hayas hecho ningún cambio? ¿A quién pertenece?

2 Explica.

- ¿Qué tipo de información se puede compartir en Internet?
- ¿Qué modalidades del lenguaje se emplean en Internet?

3 Escribe tres ejemplos de abreviaturas habitualmente empleadas en Internet.

4 Explica el significado de estos emoticonos:

5 Inventa y escribe una conversación breve mediante chat telefónico.

No olvides añadir abreviaturas y emoticonos.

Los diccionarios digitales

1 Los diccionarios en soporte electrónico

Los diccionarios tradicionales están escritos en papel y encuadernados. Pero también existen **diccionarios en soporte electrónico** que se consultan a través de Internet.

La principal diferencia entre los diccionarios alojados en Internet y los tradicionales radica en cuestiones como la agilidad de las consultas y la actualización de los contenidos.

2 Características de los diccionarios digitales

Los **diccionarios digitales** presentan varias ventajas frente a los tradicionales: rapidez en la consulta, diversidad de las búsquedas posibles y capacidad de actualización.

- Para buscar una palabra en un diccionario electrónico, es suficiente con teclearla en la casilla correspondiente, sin tener que localizarla en un listado ordenado alfabéticamente, por lo que la consulta es muy rápida.
- En algunos de estos diccionarios, las búsquedas ofrecen muchas posibilidades: buscar formas complejas tecleando cualquiera de las palabras que las componen, visualizar la conjugación completa de un verbo, buscar palabras ordenadas alfabéticamente por su terminación…
- Los diccionarios digitales pueden ser actualizados por su autor o gestor periódicamente, lo que les permite ofrecer una información renovada y adaptada.

ACTIVIDADES

1 USA LAS TIC. Visita la página de la Real Academia Española (*www.rae.es*) y accede al *Diccionario de la lengua española*. Después, consulta el verbo *erguir* y escribe su significado.

- Localiza en la pantalla correspondiente a este verbo el botón de «Conjugar», pincha en él y escribe las formas verbales del presente de indicativo.

2 Contesta a estas preguntas consultando el *Diccionario panhispánico de dudas* en la página de la RAE.

- ¿Qué diferencia hay entre las construcciones *deber* + infinitivo y *deber de* + infinitivo?
- ¿Cuántos participios tienen los verbos *imprimir* y *freír*? ¿Cómo se usan?

3 Busca en el *Diccionario* de la RAE las siguientes palabras y comprueba que conoces bien sus significados.

blog · friki · chat

- Fíjate en las definiciones y responde: ¿qué tienen en común las tres palabras?

4 Consulta en Internet un diccionario de sinónimos y antónimos y escribe una oración con un sinónimo y un antónimo de cada una de estas palabras:

- envolver
- codicia
- perder
- alegría
- valiente
- cotilla
- interesante
- admirar
- aburrimiento

Ortografía e Internet

1 La ortografía y la tecnología

Las comunicaciones que se establecen a través del correo electrónico, los foros, los chats… utilizan un lenguaje que se caracteriza por la rapidez, la economía y la inmediatez de los mensajes. No obstante, hay que tener en cuenta que no es lo mismo enviar un mensaje a un amigo que escribir algo en un foro especializado donde lo pueden leer muchas personas.

Cuando un mensaje está correctamente escrito, es más fácil comunicarse. Por eso, conviene ser respetuoso con la ortografía y tener en cuenta algunas recomendaciones.

RECOMENDACIONES	EJEMPLOS
El uso indiscriminado de palabras en mayúscula se considera descortés. Se pueden utilizar para destacar algo, pero no de forma generalizada.	*Mándame la ÚLTIMA versión del documento, gracias.*
No se deben suprimir los signos de apertura de los enunciados interrogativos y exclamativos.	*¿Cómo estás? ¡Yo hoy me siento muy despejado!*
En los mensajes de texto, la entonación no está presente, por lo que es conveniente ser claros y asegurarnos de que el mensaje se va a comprender bien. El uso de emoticonos puede ayudar a entender la intención del emisor.	*Ana, llámame enseguida. No ha pasado nada grave, pero necesito hablar contigo.* 😁
La inmediatez y espontaneidad no es incompatible con escribir correctamente. Conviene respetar las normas ortográficas para que los demás nos puedan comprender.	*He sujetado bien la baca. Cuando queráis, podéis bajar las maletas.*

ACTIVIDADES

1 Explica cómo se puede mejorar el siguiente mensaje de correo electrónico:

> Apreciado equipo:
> Estoy organizando la fiesta de Navidad de este año para el departamento. Me gustaría saber:
> QUIÉN QUIERE ASISTIR A LA CENA? CUAL ES VUESTRO RESTAURANTE PREFERIDO?
> ESPERO VUESTRAS RESPUESTAS.
> JUAN GARCÍA

2 Explica qué emoticonos podrías añadir a este mensaje para que fuera amable.

> Estoy aquí. Ven a verme.

3 Di qué harías para reflejar en un mensaje estas acciones:

- resaltar algo
- preguntar
- gritar

4 AUTODICTADO. Copia este correo electrónico haciendo todas las correcciones necesarias:

> **Asunto: vacaciones**
> Queridas amigas He encontrado unas ofertas muy interesantes de viajes a las islas Necesito que me digais que destino elegis Quien se apunta a sicilia Quien prefiere malta Tambien me gustaria saber con que presupuesto contamos Espero vuestra respuesta en mi nueva cuenta de correo mariaperez@sinmail.es
> Un fuerte abrazo Maria 😘

La oración. Sujeto y predicado

1 El enunciado

El **enunciado** es la unidad lingüística mínima capaz de transmitir un mensaje.

Al comunicarnos con los demás transmitimos mensajes. Estos mensajes pueden ser una información, una orden, una pregunta, la expresión de un sentimiento…

Mañana hará calor. *¿Te vienes conmigo?*
Sentaos a la mesa. *¡Qué buena suerte!*

Los enunciados pueden estar formados por una palabra, por un sintagma o por una oración.

¡Felicidades!	*¡Menuda sorpresa!*	*El partido ha terminado.*
Interjección	Sintagma nominal	Oración

2 Clases de enunciados

Hay dos clases de enunciados: enunciados oracionales y no oracionales.

- Los **enunciados oracionales** u **oraciones** contienen un predicado.

  Los jugadores (Sujeto) *saltaron al campo.* (Predicado)

  En la estructura de las oraciones se pueden diferenciar dos elementos: un sujeto y un predicado. Por lo común, el predicado es un sintagma verbal y tiene como núcleo un verbo en forma personal.

- Los **enunciados no oracionales** transmiten un mensaje, pero carecen de predicado. No tienen verbo en forma personal ni sujeto.

  ¡Gol! *Hasta mañana.* *Enhorabuena, Carmen.*

Claves para empezar

- Explica la diferencia entre los enunciados *¡Qué frío!* y *Tengo mucho frío*.
- ¿Quién desempeña la acción en la oración *Has llegado tarde*? ¿Cómo lo sabes?
- Explica por qué la oración **Luis trabajan mucho* es incorrecta, y corrígela.

ACTIVIDADES

1. Escribe dos enunciados formados por una sola palabra.
2. Escribe un enunciado no oracional para cada cartel.

3. Transforma estas oraciones en enunciados no oracionales:
   - Es una buena idea.
   - Quiero agua, por favor.
   - El día es muy frío.
   - Os deseamos buen viaje.

   Ejemplo: Es una buena idea. ▶ *¡Qué buena idea!*
4. Escribe un enunciado oracional y un enunciado no oracional para cada una de estas acciones:
   - Decir a un amigo que tenga cuidado.
   - Pedir un café con leche en un bar.
   - Desear buena suerte a alguien.

3 El sujeto

El **sujeto** es el sintagma o grupo nominal que designa la persona, animal o cosa de que se dice algo en la oración.

Nuestros amigos han faltado hoy a clase.
Sujeto

En este ejemplo, el sintagma *nuestros amigos* es el sujeto de la oración porque es un sintagma nominal que nombra unos seres de los que decimos algo: que han faltado hoy a clase.

Un pronombre o un nombre propio constituyen por sí mismos un sintagma nominal y, por tanto, pueden ser sujeto de la oración.

Ellos no han venido. (Sujeto: Ellos) *Sandra ha acabado ya el trabajo.* (Sujeto: Sandra)

El sujeto tácito u omitido

A veces, el sujeto no aparece en la oración. Este sujeto no expreso recibe el nombre de **sujeto tácito** u **omitido**.

Tengo sueño. *Nos espera en casa.*

En el primer ejemplo, la forma verbal *tengo* indica que la persona que tiene sueño no puede ser sino la que habla (*yo*). Y en el segundo, la identidad de quien espera en la casa se podrá deducir de algún enunciado anterior.

(Yo) Tengo sueño. *Juan ha llamado. (Juan) Nos espera en casa.*

SABER MÁS

Oraciones impersonales

En ciertos casos, en la oración aparece un verbo en forma personal, pero no hay ni puede haber ningún sujeto. En esos casos, el enunciado sigue siendo oracional, y se dice que la oración es impersonal.

Esto ocurre, por ejemplo, con los verbos referidos a fenómenos atmosféricos:

Llueve desde ayer.

Anochecerá pronto.

ACTIVIDADES

5 Escribe enunciados combinando los sintagmas de cada columna:

• los desayunos del bar	• ha llegado a tiempo
• la lámpara nueva	• es un ave nocturna
• el búho	• no tienen la culpa
• tus hermanos	• son muy abundantes
• la lluvia	• está estropeada
• mi amiga Eva	• es muy inteligente

› Explica de qué clase son los enunciados que has escrito: oracionales o no oracionales.

› Di cuál es el sujeto de cada uno.

6 Forma oraciones añadiendo un predicado a cada sujeto.

- los columpios del parque
- la moto de mi tío
- nuestras amigas

7 ¿Qué clase de sujeto tienen estas oraciones?

- Participamos en el concurso.
- Buscaré tus gafas de sol por toda la casa.
- Has llegado tarde para oír su historia.

› Añade un sujeto expreso a cada oración.

8 Evita en cada caso la repetición del sintagma que funciona como sujeto y explica cómo lo has hecho.

La profesora nos ha hablado de África.
La profesora vivió allí durante cinco años.

El médico me ha visto esta tarde.
El médico dice que cambie de hábitos.

9 PARA PENSAR. Explica en cuál de estas oraciones puedes identificar el sujeto y en cuál no.

- Nieva bastante.
- Fuimos al cine.

4 El predicado

El **predicado** es el sintagma o grupo verbal que expresa lo que en la oración se dice del sujeto.

En esta oración, *pitó el final del partido* es el predicado porque expresa lo que se dice de *el árbitro*, que es el sujeto.

El árbitro pitó el final del partido.
Predicado: *pitó el final del partido*

Estructura del predicado

El predicado es un sintagma verbal y, en consecuencia, su **núcleo** (N) es un verbo. El verbo puede ir acompañado por un **modificador** y por uno o varios **complementos** (Compl.).

El pintor	*no*	*plasmó*	*los horrores de la guerra*	*en su cuadro.*
	Mod.	N (verbo)	Compl.	Compl.
Sujeto	Predicado			

La concordancia

En una oración, el verbo y el núcleo del sujeto **concuerdan** entre sí, pues comparten los rasgos de número y persona.

En la primera de las siguientes oraciones, el núcleo del sujeto (*nosotros*) y el verbo (*saldremos*) son formas plurales de primera persona. En la segunda oración, el núcleo del sujeto (*amiga*) y el verbo (*viene*) son formas singulares de tercera persona.

Nosotros saldremos pronto. — Sujeto: *Nosotros*; Verbo: *saldremos*

Tu amiga viene a menudo por aquí. — Sujeto: *Tu amiga*; Verbo: *viene*

La concordancia nos permite identificar el sujeto de la oración.

Para hacerlo, debemos cambiar el número del verbo y observar qué otras palabras varían también de número. Por lo general, las palabras que varían de número a la vez que el verbo forman parte del sujeto.

Claves para estudiar

Asegúrate de que sabes resolver estas actividades:

- Define el concepto de enunciado e indica qué dos clases se distinguen.
- Explica en qué se diferencian las oraciones *Está amaneciendo* y *Llegó ayer*.
- ¿Qué es un predicado? ¿Qué elementos lo forman?
- ¿Qué rasgos gramaticales deben compartir el núcleo del sujeto y el verbo? ¿Cómo se llama esa propiedad?

ACTIVIDADES

10 Identifica el sujeto y el predicado de estas oraciones:

- La nueva biblioteca tiene muchos libros.
- Su hermana ha traído pasteles.
- Me entusiasma esa novela de aventuras.
- El coche antiguo hace mucho ruido.

➤ Cambia el número del sujeto de cada oración y contesta. ¿Qué cambio se produce en el predicado?

11 Escribe tres oraciones cuyo predicado contenga algún complemento.

12 Identifica el núcleo y, si los hay, el modificador y los complementos de cada predicado.

- Las obras han avanzado muy rápido en el edificio.
- También vino conmigo al cine la prima de Ana.
- El viaje a Roma no duró demasiado tiempo.

13 Alarga las siguientes oraciones añadiendo complementos al núcleo del predicado.

Mi prima canta. | Carlos conduce.

SABER HACER

Cinco poetuits

I

Mientras me amaba,
me mantuve siempre
en una edad exacta
de quince años.

Bastó que me dejara
para volver
a treinta y seis.

II

El daño que me hice
cuando ella me dejó caer
solo demuestra
lo alto
que me había subido.

III

Sí. A ti.

No quiero amarte
durante mucho tiempo.

Quiero amarte
durante siempre.

IV

Lo más bello de un náufrago
que llega a la costa
es la espuma que surge
de las rocas.

Yo soy el náufrago.
Yo soy las rocas.

La espuma es ella.

V

No es solo que me guste.

Es que desde que estoy con ella
también he empezado
a gustarme yo.

Neorrabios@

1 Realiza las siguientes actividades sobre los poemas:

- Di cuál de ellos se dirige a la persona amada.
- Indica cuáles hablan de desamor y cuáles de amor.
- Explica qué consecuencias negativas ha tenido el desamor para el poeta. ¿Cuál ha sido la consecuencia positiva del amor para él?

Usar diccionarios digitales

2 Explica tres ventajas de los diccionarios digitales respecto a los diccionarios en papel.

3 Imagina una definición para cada una de estas palabras. Después, comprueba en el diccionario digital de la RAE su significado.

crencha — colodrillo — lúnula — jeme

Corregir textos electrónicos

4 Corrige este mensaje de un foro de Internet. A continuación, explica qué aspectos has corregido.

> l ser humano no s solo carnivoro !! tb tolera stupndamente las verduras y las frutas. xq nos intentan convncr d q no?

Reconocer enunciados y oraciones

5 Indica cuántos enunciados hay en los poemas I y II.

- Busca en el texto III dos enunciados no oracionales.

6 Explica por qué *Hasta siempre* es un enunciado, pero no una oración.

Distinguir sujeto y predicado

7 Identifica el sujeto y el predicado de las siguientes oraciones e indica si el sujeto es tácito o no.

- Me mantuve siempre en una edad exacta de quince años.
- La espuma surge de las rocas.
- También he empezado a gustarme yo.

Mentira piadosa

PISO DE MANOLITO. TERRAZA DE ALUMINIO. INTERIOR. NOCHE.

Manolito y su abuelo abren el sofá cama donde duermen en la terraza del piso, cerrada con aluminio visto. En una mesita están el vaso con la dentadura del abuelo y la radio, un paquete de kleenex *y unos cuantos usados, unas gotas y algunas cosas más, hasta tenerla casi llena de objetos.*

La luz de la farola entra por la ventana. Manolito y el abuelo están los dos echados para el mismo lado. Manolito tiene los ojos abiertos en la oscuridad.

MANOLITO. Todavía se lo tengo que decir a mi padre cuando venga mañana. ¿Qué me dirá?

ABUELO. Dame la dentadura, que una explicación larga sin dientes no me sale.

Manolito mete la mano en el vaso de agua y se la da. El abuelo se la encaja (oímos claramente el sonido).

ABUELO. He llegado a un acuerdo con tu madre, pero hay que cumplirlo, y tú el primero. Estudiarás este verano y no diremos nada a tu padre del suspenso, se lo diremos en septiembre, cuando ya lo hayas aprobado con buena nota.

MANOLITO. ¿Y no se enfadará por la mentira?

ABUELO. Es que es una mentira piadosa.

MANOLITO. ¿Lo contrario de una mentira podrida?

ABUELO. Todo lo contrario.

El abuelo se quita la dentadura y la echa al vaso.

MANOLITO. ¿Y solo podré estudiar y todo el día *ná* más que estudiando?

ABUELO. El verano es muy largo. Podrás estudiar, ir a la piscina, tomar helados, ver películas, contarte los dedos de los pies, ver a tu Orejones... Anda que no da de sí un verano.

El abuelo cierra los ojos. Se oyen voces que llegan desde el bar «El Tropezón». Manolito le da la espalda a su abuelo y le sigue hablando.

MANOLITO. (Voz en *off.*) Me daba mucha vergüenza lo que quería decirle, y lo que quería decirle era...

MANOLITO. Abu, abu, muchas gracias, qué haría yo sin ti. [...]

MANOLITO. (*Voz en off.*) Esperaba que mi abuelo tuviera que secarse unas lágrimas de emoción incontenible, pero no hizo nada de eso. Me levanté para verle la cara y vi que los labios se le estaban hundiendo, como si mi abuelo se estuviera tragando a sí mismo.

ELVIRA LINDO y MIGUEL ALBALADEJO
Guion de la película *Manolito Gafotas*

ACTIVIDADES

1 ¿Cuál es el plan que ha acordado el abuelo con la madre? ¿Qué sentimiento hacia el abuelo despierta la idea en el niño?

2 Localiza en el texto un ejemplo de cada clase: encabezado, descripción, acotación y diálogo.

3 ¿Qué efectos de luz y sonido tienen lugar en la escena?

- Escribe, a partir de tu respuesta, una reflexión sobre las diferencias que hay entre el cine y la literatura.

4 En dos ocasiones los pensamientos de Manolito aparecen introducidos mediante la expresión «voz en *off*».

- Indica a qué tipo de narrador literario crees que corresponde este procedimiento. Justifica tu respuesta.

5 Convierte el guion en un texto narrativo en el que un narrador cuente las acciones e introduzca los diálogos de los personajes.

Viajes de ficción

Había empezado a hacer mis viajes en el cine Minero, en aquellas butacas destartaladas que acababan convertidas muchas tardes, a la luz crepuscular de la pantalla, en los bamboleantes asientos de una carreta o de una diligencia que cruzaba, acechada por mil peligros, las polvorientas praderas del Oeste americano, y había seguido haciéndolo al hilo de aquellas viejas novelas.

El proceso era el mismo en los dos casos. Cuando, en la oscuridad del cine, se encendía el proyector o, en la de mi habitación, la linterna se abría paso entre las sábanas, otra luz diferente se encendía ante mis ojos y me transportaba lejos del lugar en el que estaba. A partir de ese instante, y hasta que me despertaba, yo cabalgaba con el protagonista, dormía a su lado bajo una manta o me subía en el coche en el que viajaba, compartiendo con él sus aventuras y afrontando a su lado los múltiples peligros que le acechaban. Y, cuando de repente la luz del cine se encendía porque la película ya se había acabado o la de la linterna languidecía porque el sueño me vencía o porque la novela o la pila ya se habían agotado, a veces yo seguía cabalgando o viajando en solitario.

JULIO LLAMAZARES, *Escenas de cine mudo*

ACTIVIDADES

1. ¿Quién es el narrador del texto? ¿Qué le sucede cuando va al cine o lee una novela?
2. Señala la relación que establece el narrador entre la luz del proyector y la de la linterna.
3. PARA PENSAR. ¿A qué género cinematográfico hace alusión el texto?
   - Escribe todo lo que sepas sobre ese género de películas.
4. Explica las semejanzas y diferencias entre literatura y cine.

SABER HACER

Adaptar al cine un texto literario

Rodar una película no es fácil y requiere mucha planificación. Por eso son tan importantes los guiones, que contienen todas las indicaciones necesarias para el director y los actores.

1. Piensa en un cuento que hayas leído y que te gustaría que fuera adaptado al cine.
2. Haz un esquema de las escenas en las que lo dividirías.
3. Escribe un encabezado en el que se detallen con muy pocas palabras, y sin verbos, las circunstancias en las que tiene lugar la escena.
   No olvides emplear la letra mayúscula.
4. Describe de forma detallada todo lo que acontece en la escena antes de que los actores hablen.
5. Redacta los diálogos, o sea, los enunciados que dicen los actores.
   Debes escribir al principio de cada intervención el nombre del personaje.
6. Incluye, por último, las acotaciones que indican qué acciones llevan a cabo los personajes a lo largo de la escena.
   Recuerda que debes escribir las acotaciones entre paréntesis.

NIVEL I

1 Cambia el sentido de las respuestas de estos chats modificando la puntuación y, en un caso, suprimiendo la tilde de una palabra.

2 Explica por qué las palabras destacadas están mal empleadas. Consulta para ello el *Diccionario panhispánico de dudas* de la RAE (*www.rae.es*).

- **Contra** más estudies más aprenderás.
- No **debiste de** hacer eso.
- Le gusta **infligir** todas las normas.

3 Escribe de forma correcta los siguientes mensajes:

No llegare a tiempo. paciencia!

llamame cuando puedas vale?

4 Copia y clasifica estos enunciados en oraciones y enunciados no oracionales:

- ¿Tienes hambre?
- ¡Qué maravilla!
- Hasta pronto.
- ¡Me he quemado!

5 Identifica el sujeto y el predicado de estas oraciones:

- El público aplaudía con entusiasmo al payaso.
- El camino atraviesa un monte de eucaliptos.
- Nuestra casa del pueblo es muy grande.
- Elisa y su hermana se divierten mucho juntas.

▶ Añade una oración de sujeto tácito a cada una de las oraciones anteriores.

6 Elige una breve escena de una película que te guste y escribe la parte del guion correspondiente.

NIVEL II

7 Escribe los siguientes mensajes mediante abreviaturas y añade algún emoticono.

- Estoy en casa. ¿Puedo llamarte?
- Después te llamo. Adiós.

8 Escribe oraciones cuyos predicados tengan estas estructuras:

N + Compl. + Compl.

N + Compl.

9 Piensa en un cuento o un libro que te gustaría que se adaptara el cine. Después, escoge una escena y haz el *story-board* correspondiente.

DISFRUTA Y APRENDE

El lenguaje tecnológico

En la tecnología domina el inglés. Por eso muchos términos de este ámbito proceden de ese idioma. A veces se trata de palabras que no han sido adaptadas al español, como *cookie*; para otras hay un equivalente, como *enlace* por *link*. Pero la influencia del inglés ha hecho que nazcan palabras que son una españolización de un vocablo inglés, y que no son aceptadas por la RAE. Por ejemplo, *atachar* proviene del verbo inglés *to attach*, que en español es *adjuntar*.

▶ Inventa cinco términos pertenecientes al ámbito de la tecnología. Debes escribir también su significado.

¡Artrópodo!

Tecleo en el teléfono de papá:

hla ma k tal? i aki supr b! oy hemos tado n mxos lgars gnials no t preoqps q pa n va rpido cn l kmion :-) mxos bss tq.

Mamá contesta:

Mi precioso, mil gracias por el mensajito. Mamá está bien, pero te echa un montón de menos. Ten cuidado cuando subas y bajes de Pedro[1]. *Hoy he ido a la piscina. Eres mi sol, besitos a papi.*

Mamá no sabe usar el teléfono, me río. ¿Cómo que no?, dice papá. Si lo usa todos los días. Y lo tiene desde antes que tú nacieras, artrópodo gruñón. Bueno, contesto, pero no sabe. Siempre manda mensajes con veinte o treinta letras de más. Así le sale más caro. Y desperdicia como cien letras. En algunas cosas, dice papá, no hace falta ahorrar. Y tú, sigo yo, tampoco sabes usarlo. Ah, caramba, disculpe, dice él, ¿por? A ver, le digo, ¿en qué parte del menú están los juegos? Eso es trampa, protesta él. Pregúntame por algo que me interese usar. Está bien, está bien, contesto. ¿Cómo se hace una copia de tu lista de contactos? Él se queda callado. ¿Ves?, digo. Después levanto los brazos y suelto aliento como si acabase de meter un gol. ¡Artrópodo!, dice papá.

ANDRÉS NEUMAN
Hablar solos

[1] **Pedro:** es el nombre con el que se refieren al camión del padre.

ACTIVIDADES

1 En el texto *¡Artrópodo!* aparecen dos mensajes enviados a través del teléfono móvil; ¿en qué se diferencian?

- ¿Qué características propias del lenguaje de Internet presenta el primer mensaje?

2 Reescribe el primer mensaje corrigiendo las faltas ortográficas y completándolo con las letras y signos de puntuación que faltan.

3 PARA PENSAR. Busca en el diccionario *on-line* de la RAE el significado de la palabra *artrópodo* y contesta.

- ¿Por qué crees que el padre llama «artrópodo» al hijo? Si tienes dudas, relaciona las características de los artrópodos con la acción de escribir un mensaje de telefonía móvil.

4 Expón las características de los diccionarios en Internet empleando ejemplos de la búsqueda que has realizado en la actividad anterior.

5 Di si los enunciados son oracionales o no oracionales.

- Besitos a papi.
- ¡Artrópodo!
- Eres mi sol.
- Así le sale más caro.

6 Identifica el sujeto y el predicado de estas oraciones:

- Papá no va rápido con el camión.
- Los juegos están en esta parte del menú.
- Eso es trampa.
- Señala en cada caso la palabra que funciona como núcleo del sintagma nominal sujeto y la que funciona como núcleo del sintagma verbal predicado.

7 Reescribe el texto *¡Artrópodo!* en forma de guion cinematográfico. No olvides que tu guion debe tener un encabezado, una descripción, diálogos y acotaciones.

8 Imagina qué viñetas necesitarías para representar la escena del texto en un *story-board* y dibújalas.

COMUNICACIÓN. **Lenguaje e Internet**

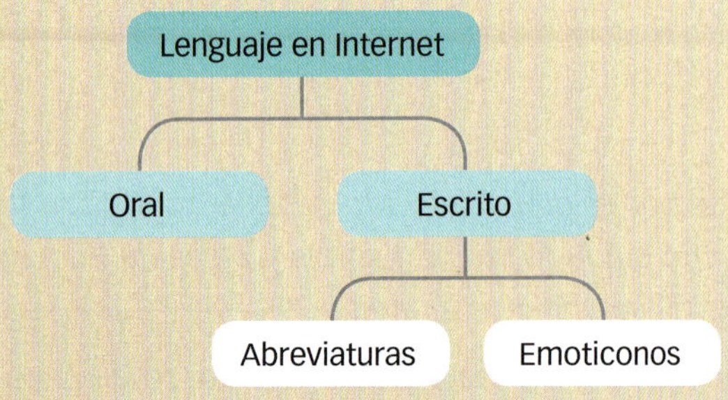

El **lenguaje** es uno de los principales modos de transmitir información en Internet. Gracias a dispositivos como los micrófonos o las cámaras, se usa en ocasiones la modalidad oral del lenguaje, pero en la actualidad se emplea más que nunca la escritura como forma de comunicación verbal.

En algunos contextos comunicativos de Internet se pueden usar abreviaturas y emoticonos, pero en todos los casos han de respetarse las **normas ortográficas**.

GRAMÁTICA. **La oración. Sujeto y predicado**

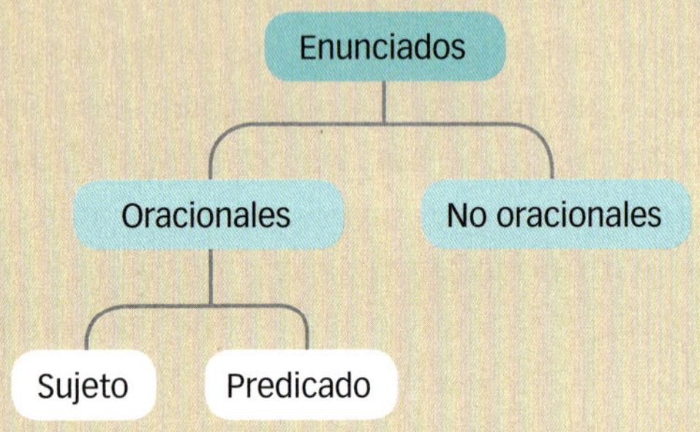

El enunciado es la unidad lingüística mínima capaz de transmitir un mensaje. Hay dos clases: los **enunciados oracionales** u **oraciones**, que contienen un predicado; y los **enunciados no oracionales**, que carecen de predicado.

En una oración se pueden diferenciar dos elementos, un sujeto y un predicado, que concuerdan entre sí.

El **sujeto** es el grupo nominal que designa a la persona, animal o cosa de que se dice algo en la oración. Cuando no aparece, recibe el nombre de sujeto tácito u omitido.

El **predicado** es el grupo verbal que expresa lo que en la oración se dice del sujeto. Su núcleo es un verbo que puede ir acompañado de complementos.

LITERATURA. **La literatura y el cine**

La literatura y el cine son dos modalidades artísticas estrechamente relacionadas.

Una **adaptación cinematográfica** es la transformación de una obra literaria en una película.

El **guion cinematográfico** es un texto que contiene los diálogos de los personajes e indicaciones sobre los escenarios y el curso de la acción. Se divide en escenas, cada una de las cuales suele presentar estos elementos: el encabezado, la descripción inicial, las acotaciones y los diálogos.

El ***story-board*** o **guion gráfico** es un conjunto de ilustraciones que desarrollan la trama del relato cinematográfico, como se haría en las viñetas de un cómic. Permite imaginar las secuencias de la historia y el orden que van a adoptar.

Apéndices

La palabra y los morfemas

PALABRA: es un conjunto de sonidos dotado de significado. EJEMPLO: *niña,* sonidos: *n-i-ñ-a*.

MORFEMAS: son las unidades mínimas que, dentro de la palabra, aportan significado. Hay tres clases fundamentales.

CLASES DE MORFEMAS:

- **Raíz o lexema.** Morfema que aporta el significado principal de la palabra. Es una parte no modificable. EJEMPLO: *niña* → *niñ-*.
- **Morfemas flexivos y desinencias.** Morfemas que se añaden a la raíz para expresar el género, el número, el tiempo... EJEMPLO: *niños* → raíz: *niñ-*, morfemas: *-o* + *-s*; canté → raíz: *cant-*, morfema: *-é*.
- **Morfemas derivativos o afijos.** Morfemas que se añaden a una palabra o a la raíz de una palabra, no para expresar una distinción gramatical, sino para crear una palabra diferente. EJEMPLO: *niñera* → raíz: *niñ-*, afijo: *-era*.

La derivación y la composición

PALABRAS DERIVADAS: son las que se forman añadiendo un morfema derivativo o afijo a una palabra o a la raíz de una palabra. EJEMPLO: *paloma* → *palomar.*

CLASES DE PALABRAS DERIVADAS:

- **Por prefijación.** Se añade un prefijo (afijo que se sitúa delante) a una palabra. EJEMPLO: *innecesario* → prefijo: *in-* + raíz: *-necesario*.
- **Por sufijación.** Se añade un sufijo (afijo que se sitúa detrás) a la raíz de una palabra. EJEMPLO: *azulado* → raíz: *azul-* + sufijo: *-ado*.

PALABRAS COMPUESTAS: son las palabras que contienen más de una raíz. EJEMPLO: *malhumor* → *mal* + *humor.*

En su formación pueden intervenir raíces de distintas clases: sustantivos, adjetivos, verbos...

El sustantivo

SUSTANTIVOS: son palabras variables que indican realidades: personas, animales, objetos, lugares, sentimientos, ideas...

FORMA: varían para indicar cambio de género o de número.

GÉNERO: su género puede ser masculino o femenino, y pueden ser de distinto tipo:

- Sustantivos con un **solo género.** EJEMPLO: *videojuego*.
- Sustantivos con **variación de género por su terminación.** EJEMPLO: *abuelo / abuela*.
- Sustantivos con **la misma forma pero diferente artículo.** EJEMPLO: *el periodista / la periodista*.
- Sustantivos que forman **parejas de palabras.** EJEMPLO: *toro / vaca*.

NÚMERO: su número puede ser **singular** o **plural,** que generalmente se forma añadiendo *-s* a los sustantivos que terminan en vocal y *-es* a los que terminan en consonante. EJEMPLO: *día* → *días; camión* → *camiones*.

CLASES:

- **Comunes** o **propios.** EJEMPLO: *película / Lucía*.
- **Individuales** o **colectivos.** EJEMPLO: *perro / manada*.
- **Concretos** o **abstractos.** EJEMPLO: *caricia / generosidad*.

Los determinantes

DETERMINANTES: son palabras variables que se anteponen al sustantivo para delimitarlo y concretarlo. EJEMPLO: ***mi*** *casa,* ***estos*** *chicos*.

CLASES: **artículos, demostrativos, posesivos, cuantificadores, relativos, interrogativos, exclamativos.**

El artículo

ARTÍCULOS: son palabras variables que indican si lo designado es algo conocido o desconocido. EJEMPLO: ***la** ciudad / **una** ciudad.*

CLASES:

- **Determinados.** La entidad designada es conocida por el oyente. EJEMPLO: ***La** chica entró llorando.*
- **Indeterminados.** La entidad designada es desconocida por el oyente. EJEMPLO: ***Una** chica entró llorando.*

FORMAS:

	SINGULAR			PLURAL	
	Masculino	**Femenino**	**Neutro**	**Masculino**	**Femenino**
Determinados	el	la	lo	los	las
Indeterminados	un	una	–	unos	unas

Los demostrativos

DEMOSTRATIVOS: son palabras variables que sitúan al sustantivo en el espacio o en el tiempo, señalando la distancia que media entre él y el hablante. EJEMPLO: ***este** coche.*

CLASES: los demostrativos pueden ser **determinantes** o **pronombres**.

FORMAS:

	FORMAS DE LOS DEMOSTRATIVOS				
	Singular			**Plural**	
	Masculino	**Femenino**	**Neutro**	**Masculino**	**Femenino**
Cercanía	este	esta	esto	estos	estas
Distancia media	ese	esa	eso	esos	esas
Lejanía	aquel	aquella	aquello	aquellos	aquellas

Los posesivos

POSESIVOS: son palabras variables que expresan relaciones de posesión o pertenencia. EJEMPLO: ***mis** amigos / **tu** teléfono.*

CLASES: pueden ser **formas plenas** o **formas apocopadas**.

FORMAS:

		FORMAS PLENAS				FORMAS APOCOPADAS	
		Singular		**Plural**		**Singular**	**Plural**
		Masculino	**Femenino**	**Masculino**	**Femenino**		
1.ª PERSONA	**Un poseedor**	mío	mía	míos	mías	mi	mis
	Varios poseedores	nuestro	nuestra	nuestros	nuestras	–	–
2.ª PERSONA	**Un poseedor**	tuyo	tuya	tuyos	tuyas	tu	tus
	Varios poseedores	vuestro	vuestra	vuestros	vuestras	–	–
3.ª PERSONA	**Uno o varios poseedores**	suyo	suya	suyos	suyas	su	sus

Los cuantificadores

CUANTIFICADORES: son palabras que indican una cantidad. EJEMPLO: ***cuatro** días.*

CLASES PRINCIPALES:

- **Numerales.** Indican el número o el orden de modo preciso. Pueden ser **cardinales,** si expresan un número exacto (*Tengo **trece** años*); u **ordinales,** si expresan una posición (*Soy el **segundo** de mis hermanos*).
- **Indefinidos.** Expresan de forma imprecisa cantidad o existencia. Pueden ser **existenciales,** si indican la existencia o inexistencia (*¿Hay **alguien** en casa?*); **de indistinción** o **de libre elección,** si se refieren a algún elemento indeterminado de la oración (***cualquier** día de estos*); o **evaluativos** si realizan una estimación sobre la cantidad (*Te quiero **mucho***).

1 El verbo *saltar* (modelo de la primera conjugación)

Formas no personales

FORMAS SIMPLES	
INFINITIVO:	saltar
GERUNDIO:	saltando
PARTICIPIO:	saltado

FORMAS COMPUESTAS	
INFINITIVO COMPUESTO:	haber saltado
GERUNDIO COMPUESTO:	habiendo saltado
PARTICIPIO:	no tiene forma compuesta

Formas personales

MODO INDICATIVO

Tiempos simples		Tiempos compuestos	
Presente		**Pretérito perfecto compuesto**	
yo	salto	yo	he saltado
tú	saltas	tú	has saltado
él	salta	él	ha saltado
nosotros	saltamos	nosotros	hemos saltado
vosotros	saltáis	vosotros	habéis saltado
ellos	saltan	ellos	han saltado
Pretérito imperfecto		**Pretérito pluscuamperfecto**	
yo	saltaba	yo	había saltado
tú	saltabas	tú	habías saltado
él	saltaba	él	había saltado
nosotros	saltábamos	nosotros	habíamos saltado
vosotros	saltabais	vosotros	habíais saltado
ellos	saltaban	ellos	habían saltado
Pretérito perfecto simple		**Pretérito anterior**	
yo	salté	yo	hube saltado
tú	saltaste	tú	hubiste saltado
él	saltó	él	hubo saltado
nosotros	saltamos	nosotros	hubimos saltado
vosotros	saltasteis	vosotros	hubisteis saltado
ellos	saltaron	ellos	hubieron saltado
Futuro simple		**Futuro compuesto**	
yo	saltaré	yo	habré saltado
tú	saltarás	tú	habrás saltado
él	saltará	él	habrá saltado
nosotros	saltaremos	nosotros	habremos saltado
vosotros	saltaréis	vosotros	habréis saltado
ellos	saltarán	ellos	habrán saltado
Condicional simple		**Condicional compuesto**	
yo	saltaría	yo	habría saltado
tú	saltarías	tú	habrías saltado
él	saltaría	él	habría saltado
nosotros	saltaríamos	nosotros	habríamos saltado
vosotros	saltaríais	vosotros	habríais saltado
ellos	saltarían	ellos	habrían saltado

MODO SUBJUNTIVO

Tiempos simples		Tiempos compuestos	
Presente		**Pretérito perfecto compuesto**	
yo	salte	yo	haya saltado
tú	saltes	tú	hayas saltado
él	salte	él	haya saltado
nosotros	saltemos	nosotros	hayamos saltado
vosotros	saltéis	vosotros	hayáis saltado
ellos	salten	ellos	hayan saltado
Pretérito imperfecto		**Pretérito pluscuamperfecto**	
yo	saltara saltase	yo	hubiera saltado hubiese saltado
tú	saltaras saltases	tú	hubieras saltado hubieses saltado
él	saltara saltase	él	hubiera saltado hubiese saltado
nosotros	saltáramos saltásemos	nosotros	hubiéramos saltado hubiésemos saltado
vosotros	saltarais saltaseis	vosotros	hubierais saltado hubieseis saltado
ellos	saltaran saltasen	ellos	hubieran saltado hubiesen saltado
Futuro simple		**Futuro compuesto**	
yo	saltare	yo	hubiere saltado
tú	saltares	tú	hubieres saltado
él	saltare	él	hubiere saltado
nosotros	saltáremos	nosotros	hubiéremos saltado
vosotros	saltareis	vosotros	hubiereis saltado
ellos	saltaren	ellos	hubieren saltado

MODO IMPERATIVO

salta	tú
salte	usted
saltad	vosotros
salten	ustedes

2 El verbo *comer* (modelo de la segunda conjugación)

Formas no personales

FORMAS SIMPLES	
INFINITIVO:	comer
GERUNDIO:	comiendo
PARTICIPIO:	comido

FORMAS COMPUESTAS	
INFINITIVO COMPUESTO:	haber comido
GERUNDIO COMPUESTO:	habiendo comido
PARTICIPIO:	no tiene forma compuesta

Formas personales

MODO INDICATIVO

Tiempos simples		Tiempos compuestos	
Presente		**Pretérito perfecto compuesto**	
yo	como	yo	he comido
tú	comes	tú	has comido
él	come	él	ha comido
nosotros	comemos	nosotros	hemos comido
vosotros	coméis	vosotros	habéis comido
ellos	comen	ellos	han comido
Pretérito imperfecto		**Pretérito pluscuamperfecto**	
yo	comía	yo	había comido
tú	comías	tú	habías comido
él	comía	él	había comido
nosotros	comíamos	nosotros	habíamos comido
vosotros	comíais	vosotros	habíais comido
ellos	comían	ellos	habían comido
Pretérito perfecto simple		**Pretérito anterior**	
yo	comí	yo	hube comido
tú	comiste	tú	hubiste comido
él	comió	él	hubo comido
nosotros	comimos	nosotros	hubimos comido
vosotros	comisteis	vosotros	hubisteis comido
ellos	comieron	ellos	hubieron comido
Futuro simple		**Futuro compuesto**	
yo	comeré	yo	habré comido
tú	comerás	tú	habrás comido
él	comerá	él	habrá comido
nosotros	comeremos	nosotros	habremos comido
vosotros	comeréis	vosotros	habréis comido
ellos	comerán	ellos	habrán comido
Condicional simple		**Condicional compuesto**	
yo	comería	yo	habría comido
tú	comerías	tú	habrías comido
él	comería	él	habría comido
nosotros	comeríamos	nosotros	habríamos comido
vosotros	comeríais	vosotros	habríais comido
ellos	comerían	ellos	habrían comido

MODO SUBJUNTIVO

Tiempos simples		Tiempos compuestos	
Presente		**Pretérito perfecto compuesto**	
yo	coma	yo	haya comido
tú	comas	tú	hayas comido
él	coma	él	haya comido
nosotros	comamos	nosotros	hayamos comido
vosotros	comáis	vosotros	hayáis comido
ellos	coman	ellos	hayan comido
Pretérito imperfecto		**Pretérito pluscuamperfecto**	
yo	comiera comiese	yo	hubiera comido hubiese comido
tú	comieras comieses	tú	hubieras comido hubieses comido
él	comiera comiese	él	hubiera comido hubiese comido
nosotros	comiéramos comiésemos	nosotros	hubiéramos comido hubiésemos comido
vosotros	comierais comieseis	vosotros	hubierais comido hubieseis comido
ellos	comieran comiesen	ellos	hubieran comido hubiesen comido
Futuro simple		**Futuro compuesto**	
yo	comiere	yo	hubiere comido
tú	comieres	tú	hubieres comido
él	comiere	él	hubiere comido
nosotros	comiéremos	nosotros	hubiéremos comido
vosotros	comiereis	vosotros	hubiereis comido
ellos	comieren	ellos	hubieren comido

MODO IMPERATIVO

come	tú
coma	usted
comed	vosotros
coman	ustedes

6 Verbos *acertar*, *probar* y *medir*

EL VERBO *ACERTAR**

MODO INDICATIVO	
Presente	
yo	acierto
tú	aciertas
él	acierta
nosotros	acertamos
vosotros	acertáis
ellos	aciertan

MODO SUBJUNTIVO	
Presente	
yo	acierte
tú	aciertes
él	acierte
nosotros	acertemos
vosotros	acertéis
ellos	acierten

MODO IMPERATIVO	
acierta	tú
acierte	usted
acertad	vosotros
acierten	ustedes

* En este verbo y en los siguientes solo se recogen los tiempos que tienen formas irregulares. Los demás tiempos se ajustan, en su conjugación, a los respectivos verbos modelos.

EL VERBO *PROBAR*

MODO INDICATIVO	
Presente	
yo	pruebo
tú	pruebas
él	prueba
nosotros	probamos
vosotros	probáis
ellos	prueban

MODO SUBJUNTIVO	
Presente	
yo	pruebe
tú	pruebes
él	pruebe
nosotros	probemos
vosotros	probéis
ellos	prueben

MODO IMPERATIVO	
prueba	tú
pruebe	usted
probad	vosotros
prueben	ustedes

EL VERBO *MEDIR*

Formas no personales

INFINITIVO	GERUNDIO	PARTICIPIO
medir	midiendo	medido

Formas personales

MODO INDICATIVO			
Presente		**Pretérito perfecto simple**	
yo	mido	yo	medí
tú	mides	tú	mediste
él	mide	él	midió
nosotros	medimos	nosotros	medimos
vosotros	medís	vosotros	medisteis
ellos	miden	ellos	midieron

MODO IMPERATIVO	
mide	tú
mida	usted
medid	vosotros
midan	ustedes

MODO SUBJUNTIVO					
Presente		**Pretérito imperfecto**		**Futuro simple**	
yo	mida	yo	midiera o midiese	yo	midiere
tú	midas	tú	midieras o midieses	tú	midieres
él	mida	él	midiera o midiese	él	midiere
nosotros	midamos	nosotros	midiéramos o midiésemos	nosotros	midiéremos
vosotros	midáis	vosotros	midierais o midieseis	vosotros	midiereis
ellos	midan	ellos	midieran o midiesen	ellos	midieren

7 Verbos *sentir* y *hacer*

EL VERBO *SENTIR*

Formas no personales

INFINITIVO	GERUNDIO	PARTICIPIO
sentir	sintiendo	sentido

Formas personales

MODO INDICATIVO			
Presente		**Pretérito perfecto simple**	
yo	siento	yo	sentí
tú	sientes	tú	sentiste
él	siente	él	sintió
nosotros	sentimos	nosotros	sentimos
vosotros	sentís	vosotros	sentisteis
ellos	sienten	ellos	sintieron

MODO IMPERATIVO	
siente	tú
sienta	usted
sentid	vosotros
sientan	ustedes

MODO SUBJUNTIVO					
Presente		**Pretérito imperfecto**		**Futuro simple**	
yo	sienta	yo	sintiera o sintiese	yo	sintiere
tú	sientas	tú	sintieras o sintieses	tú	sintieres
él	sienta	él	sintiera o sintiese	él	sintiere
nosotros	sintamos	nosotros	sintiéramos o sintiésemos	nosotros	sintiéremos
vosotros	sintáis	vosotros	sintierais o sintieseis	vosotros	sintiereis
ellos	sientan	ellos	sintieran o sintiesen	ellos	sintieren

EL VERBO *HACER*

Formas no personales

INFINITIVO	GERUNDIO	PARTICIPIO
hacer	haciendo	hecho

Formas personales

MODO INDICATIVO							
Presente		**Pretérito perfecto simple**		**Futuro simple**		**Condicional simple**	
yo	hago	yo	hice	yo	haré	yo	haría
tú	haces	tú	hiciste	tú	harás	tú	harías
él	hace	él	hizo	él	hará	él	haría
nosotros	hacemos	nosotros	hicimos	nosotros	haremos	nosotros	haríamos
vosotros	hacéis	vosotros	hicisteis	vosotros	haréis	vosotros	haríais
ellos	hacen	ellos	hicieron	ellos	harán	ellos	harían

MODO IMPERATIVO	
haz	tú
haga	usted
haced	vosotros
hagan	ustedes

MODO SUBJUNTIVO					
Presente		**Pretérito imperfecto**		**Futuro simple**	
yo	haga	yo	hiciera o hiciese	yo	hiciere
tú	hagas	tú	hicieras o hicieses	tú	hicieres
él	haga	él	hiciera o hiciese	él	hiciere
nosotros	hagamos	nosotros	hiciéramos o hiciésemos	nosotros	hiciéremos
vosotros	hagáis	vosotros	hicierais o hicieseis	vosotros	hiciereis
ellos	hagan	ellos	hicieran o hiciesen	ellos	hicieren

8 Verbos *tener* y *caber*

EL VERBO *TENER*

Formas no personales

INFINITIVO	GERUNDIO	PARTICIPIO
tener	teniendo	tenido

Formas personales

MODO INDICATIVO							
Presente		**Pret. perfecto simple**		**Futuro simple**		**Condicional simple**	
yo	tengo	yo	tuve	yo	tendré	yo	tendría
tú	tienes	tú	tuviste	tú	tendrás	tú	tendrías
él	tiene	él	tuvo	él	tendrá	él	tendría
nosotros	tenemos	nosotros	tuvimos	nosotros	tendremos	nosotros	tendríamos
vosotros	tenéis	vosotros	tuvisteis	vosotros	tendréis	vosotros	tendríais
ellos	tienen	ellos	tuvieron	ellos	tendrán	ellos	tendrían

MODO IMPERATIVO	
ten	tú
tenga	usted
tened	vosotros
tengan	ustedes

MODO SUBJUNTIVO					
Presente		**Pretérito imperfecto**		**Futuro simple**	
yo	tenga	yo	tuviera o tuviese	yo	tuviere
tú	tengas	tú	tuvieras o tuvieses	tú	tuvieres
él	tenga	él	tuviera o tuviese	él	tuviere
nosotros	tengamos	nosotros	tuviéramos o tuviésemos	nosotros	tuviéremos
vosotros	tengáis	vosotros	tuvierais o tuvieseis	vosotros	tuviereis
ellos	tengan	ellos	tuvieran o tuviesen	ellos	tuvieren

EL VERBO *CABER*

Formas no personales

INFINITIVO	GERUNDIO	PARTICIPIO
caber	cabiendo	cabido

Formas personales

MODO INDICATIVO							
Presente		**Pret. perfecto simple**		**Futuro simple**		**Condicional simple**	
yo	quepo	yo	cupe	yo	cabré	yo	cabría
tú	cabes	tú	cupiste	tú	cabrás	tú	cabrías
él	cabe	él	cupo	él	cabrá	él	cabría
nosotros	cabemos	nosotros	cupimos	nosotros	cabremos	nosotros	cabríamos
vosotros	cabéis	vosotros	cupisteis	vosotros	cabréis	vosotros	cabríais
ellos	caben	ellos	cupieron	ellos	cabrán	ellos	cabrían

MODO IMPERATIVO	
cabe	tú
quepa	usted
cabed	vosotros
quepan	ustedes

MODO SUBJUNTIVO					
Presente		**Pretérito imperfecto**		**Futuro simple**	
yo	quepa	yo	cupiera o cupiese	yo	cupiere
tú	quepas	tú	cupieras o cupieses	tú	cupieres
él	quepa	él	cupiera o cupiese	él	cupiere
nosotros	quepamos	nosotros	cupiéramos o cupiésemos	nosotros	cupiéremos
vosotros	quepáis	vosotros	cupierais o cupieseis	vosotros	cupiereis
ellos	quepan	ellos	cupieran o cupiesen	ellos	cupieren

9 Verbos *conducir* y *traer*

EL VERBO *CONDUCIR*

Formas no personales

INFINITIVO	GERUNDIO	PARTICIPIO
conducir	conduciendo	conducido

Formas personales

MODO INDICATIVO			
Presente		**Pretérito perfecto simple**	
yo	conduzco	yo	**conduje**
tú	conduces	tú	**condujiste**
él	conduce	él	**condujo**
nosotros	conducimos	nosotros	**condujimos**
vosotros	conducís	vosotros	**condujisteis**
ellos	conducen	ellos	**condujeron**

MODO IMPERATIVO	
conduce	tú
conduzca	usted
conducid	vosotros
conduzcan	ustedes

MODO SUBJUNTIVO					
Presente		**Pretérito imperfecto**		**Futuro simple**	
yo	**conduzca**	yo	**condujera** o **condujese**	yo	**condujere**
tú	**conduzcas**	tú	**condujeras** o **condujeses**	tú	**condujeres**
él	**conduzca**	él	**condujera** o **condujese**	él	**condujere**
nosotros	**conduzcamos**	nosotros	**condujéramos** o **condujésemos**	nosotros	**condujéremos**
vosotros	**conduzcáis**	vosotros	**condujerais** o **condujeseis**	vosotros	**condujereis**
ellos	**conduzcan**	ellos	**condujeran** o **condujesen**	ellos	**condujeren**

EL VERBO *TRAER*

Formas no personales

INFINITIVO	GERUNDIO	PARTICIPIO
traer	trayendo	traído

Formas personales

MODO INDICATIVO			
Presente		**Pretérito perfecto simple**	
yo	**traigo**	yo	**traje**
tú	traes	tú	**trajiste**
él	trae	él	**trajo**
nosotros	traemos	nosotros	**trajimos**
vosotros	traéis	vosotros	**trajisteis**
ellos	traen	ellos	**trajeron**

MODO IMPERATIVO	
trae	tú
traiga	usted
traed	vosotros
traigan	ustedes

MODO SUBJUNTIVO					
Presente		**Pretérito imperfecto**		**Futuro simple**	
yo	**traiga**	yo	**trajera** o **trajese**	yo	**trajere**
tú	**traigas**	tú	**trajeras** o **trajeses**	tú	**trajeres**
él	**traiga**	él	**trajera** o **trajese**	él	**trajere**
nosotros	**traigamos**	nosotros	**trajéramos** o **trajésemos**	nosotros	**trajéremos**
vosotros	**traigáis**	vosotros	**trajerais** o **trajeseis**	vosotros	**trajereis**
ellos	**traigan**	ellos	**trajeran** o **trajesen**	ellos	**trajeren**

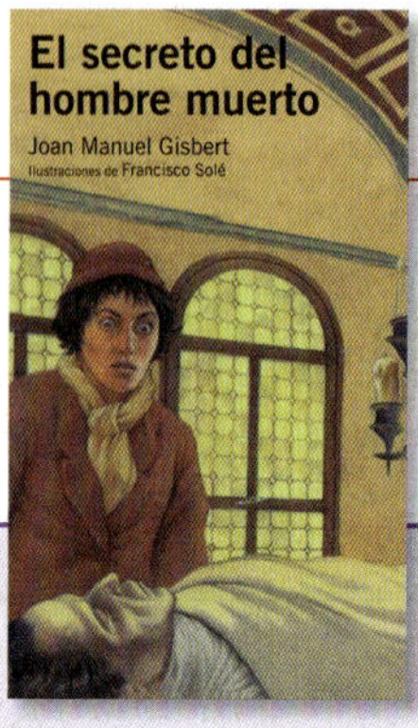

El secreto del hombre muerto
JOAN MANUEL GISBERT

PRESENTACIÓN

La obra: género y ambientación

El secreto del hombre muerto es una novela de misterio con ingredientes de aventura y acción. La trama está llena de intrigantes sucesos que recrean un mundo en el que lo fantástico parece cobrar vida de forma inquietante.

Las peripecias se enmarcan en la Venecia del siglo XVII, con sus canales, palacios e iglesias llenas de secretos. Su protagonista es Luca, un chico de trece años.

El argumento

Luca busca trabajo en Venecia. Una mujer lo acoge en un palacio semiabandonado, en el que ella sirve a un enigmático personaje, bajo la condición de que no visite a su señor en su habitación. Al día siguiente Luca descubre que el dueño del palacio está muerto, casi al mismo tiempo que los guardias de la ciudad lo averiguan. En el juicio correspondiente se descubre que el muerto está vivo y esconde un secreto; a partir de aquí el lector sigue el hilo de una intrincada intriga, y averiguará que Carla Cottafavi, prima del supuesto muerto, es la que ha urdido una estrategia para conocer el secreto del palacio de su primo.

El autor

Joan Manuel Gisbert nació en Barcelona en 1949. Tras trabajar durante una época en el mundo editorial, se ha dedicado hasta hoy a la literatura. Es uno de los más prestigiosos autores de literatura infantil y juvenil de España, con más de cincuenta obras publicadas, por las que ha obtenido múltiples e importantes premios literarios.

CLAVES DE LECTURA

Contenido

La trama de la novela se desarrolla en torno a un misterio de tipo sobrenatural: un hombre aparentemente muerto que en realidad no lo está. Más allá de eso, el suspense se elabora en torno a un secreto que el hombre parece poseer y que mueve a los personajes a averiguarlo. Esa búsqueda proporciona al autor algunos de los motivos fundamentales sobre los que reflexiona la novela, como la codicia, la obsesión o las relaciones familiares.

Organización

La novela se divide en veintidós capítulos y un epílogo. Cada capítulo tiene un título que resume su contenido de modo original, ya que recoge expresiones pronunciadas por los personajes. La exposición de los hechos sigue un orden cronológico, si bien al final los sucesos clave del desenlace se cuentan *a posteriori* con el fin de crear suspense.

Personajes

El protagonista de la novela es Luca. Los personajes más importantes son Valerio Gentile, el supuesto muerto; su prima Carla Cottafavi, que pretende conocer su secreto a cualquier precio; su hermano, Francesco Cottafavi, sumiso a la maldad de Carla; Alberto Foscari, protector de Luca; Sara Prandi, criada de Gentile, y Lucía, joven novicia.

Estilo

El estilo literario es el característico de los relatos de misterio. Por un lado, la trama se ambienta en lugares tétricos como palacios abandonados, criptas, conventos e iglesias, y principalmente en la oscuridad de la noche. La caracterización de estos espacios, por tanto, es muy importante. Por otro lado, el autor proporciona pistas falsas para despistar al lector y suspende una acción que se anunciaba inminente para incrementar la intriga.

ACTIVIDADES

1 Responde.

- ¿Quién es el protagonista de la novela?
- ¿Cómo es su familia?
- ¿Por qué tiene que buscar trabajo de casa en casa?

2 En el capítulo IV la novela nos dice que Luca tiene un extraño sueño.

Explica en qué consiste el sueño y qué función cumple en la trama.

3 Comenta el episodio crucial que tiene lugar en el capítulo XII para que Luca no se desentienda del misterio del hombre muerto.

4 El capítulo XIV revela las pérfidas intenciones de los hermanos Cottafavi.

Explica con cierto detalle cómo son estos personajes, qué relación mantienen entre ellos y cómo evoluciona a lo largo de la novela.

5 Los capítulos XV y XVI se desarrollan en el convento de la Caridad.

Cita pasajes de estos capítulos que ejemplifiquen el carácter misterioso y tétrico del lugar.

6 Explica con tus palabras cómo se genera la intriga y el suspense cuando Lucía y Luca mantienen una conversación dentro de la iglesia.

7 ¿Cómo obtiene Carla el secreto del palacio? ¿En qué cree ella que consiste? ¿Y cuál es en realidad el secreto?

- Lee atentamente las palabras que dice Gentile en ese pasaje del libro y extrae de ellas una reflexión personal.

8 Explica la razón por la que Luca y Gentile consiguen mantenerse con vida.

9 Señala qué función cumplen las entrevistas del procurador en el hospital de la Salud, al final del libro.

10 Reflexiona sobre el título de los capítulos e indica cuáles de ellos colaboran en mayor medida a crear un ambiente de misterio y suspense. Justifica tus respuestas.

- Repasa el índice, intenta recordar quién pronuncia cada una de las frases que da nombre a cada capítulo y escribe su nombre.

VALORACIÓN GLOBAL

- La trama de esta novela está elaborada de tal modo que genere intriga y capte así la atención del lector.

  Comenta cuáles han sido tus impresiones sobre este aspecto de la novela *El secreto del hombre muerto* a medida que la leías: si la has leído rápidamente o no, si crees que el suspense está logrado y si has previsto el desenlace antes del final de la lectura.

- La ambientación de la novela es fundamental para proporcionarle su carácter misterioso.

  Valora los recursos expresivos que emplea el autor (descripción de lugares, uso de adjetivos, caracterización de personajes) para confeccionar ese ambiente.

- En determinados pasajes de la novela, las conversaciones entre personajes cobran bastante importancia.

  Indica cuáles son concretamente esos pasajes, y relaciónalos con el contenido y la temática de toda la novela.

- Esta novela contiene una reflexión de tipo moral sobre la codicia.

  Explica cuál crees que es esa reflexión y ponla en relación con la trama, con determinado personaje y, especialmente, con su desenlace.

- Escribe una valoración de la novela en la que expliques qué te ha parecido, qué es lo que más te ha gustado y por qué.

Dirección de arte: José Crespo González.
Proyecto gráfico: Estudio Pep Carrió.
Fotografía de portada: Antonio Fernández.
Ilustración: Almudena Díez García.
Jefa de proyecto: Rosa Marín González.
Coordinación de ilustración: Carlos Aguilera Sevillano.
Jefe de desarrollo de proyecto: Javier Tejeda de la Calle.
Desarrollo gráfico: Raúl de Andrés González, Rosa Barriga Gaitán, Olga de Dios Ruiz, Jorge Gómez Tobar y Julia Ortega Peralejo.

Dirección técnica: Jorge Mira Fernández.
Subdirección técnica: José Luis Verdasco Romero.
Coordinación técnica: Javier Pulido Martínez.
Confección y montaje: Victoria Lucas Díaz e Hilario Simón Macías.
Elaboración cartográfica: Tania López González y Marcos Testón Cossío.
Corrección: Beatriz Ruiz Rodríguez.
Documentación y selección fotográfica: Marina de León-Sotelo Barberá.

Fotografía: 123RF; J. Gual; J. Jaime; J. V. Resino; L. M. Iglesias; R. Quintero; S. Enríquez; S. Padura; A. G. E. FOTOSTOCK/JT Vintage, Zoonar/Uwe Norkus, INTERFOTO, Michael Mahovlich, Nikhilesh Haval, M Thomsen, Glowimages RM, Palladium, Andreas Pacek, Mika, Hagg/Kropp, G Baden, Chih-Chung Johnny Cha, Gemena communication, Wolfgang Weinhäupl, ImageSource, Hero, Tomás Rodríguez, Rob Lewine, Terry Vine; ALBUM/WALT DISNEY PICTURES/MOUNTAIN, PETER, akg-images/British Library; CORDON PRESS/CORBIS/Loop Images/Rick McEvoy, Demotix/Elena Ignatyeva; DIGITALVISION; EFE/lafototeca.com/Fernando Alvarado, Walt Disney/lafototeca.com, Marta Pérez; GARCÍA-PELAYO/JUANCHO; GETTY IMAGES SALES SPAIN/Compassionate Eye Foundation/Chris Windsor, Alina Solovyova-Vincent, Hill Street Studios, Adrian Weinbrecht, Glow Images, Inc, Stephen Swintek, Photos.com Plus, Justin Sullivan, caracterdesign, Toby Maudsley, Mitch Diamond, Malte Mueller, Howard Berman, Vesna Andjic, Phil Ashley, Hero Images, Thinkstock, Design Pics/Ben Welsh, Rob Lewine, John Lund, Riou, Tetra Images; HIGHRES PRESS STOCK/AbleStock.com; INDEX/Art Gallery of New South Wales, Sydney, Australia/The Bridgeman Art Library, Private Collection/The Stapleton Collection/The Bridgeman Art Library; ISTOCKPHOTO/Getty Images Sales Spain; SEIS X SEIS; Helen Chelton López de Haro/Jorge Cueto; SERIDEC PHOTOIMAGENES CD; ARCHIVO SANTILLANA.

Avenida de los Artesanos, 6
28760 Tres Cantos, Madrid
Printed in Spain

ISBN: 978-84-680-1577-4
CP: 497887
Depósito legal: M-8010-2015